SOUVENIRS

SUR LA VIE PRIVÉE

DU

GÉNÉRAL LAFAYETTE.

IMPRIMERIE ET FONDERIE NORMALES
DE JULES DIDOT L'AINÉ,
Nº 4, boulevart d'Enfer, à Paris.

SOUVENIRS

SUR LA VIE PRIVÉE

DU

GÉNÉRAL LAFAYETTE

PAR M. JULES CLOQUET.

PARIS,

A. ET W. GALIGNANI ET Cᴵᴱ,

RUE VIVIENNE, Nᵒ 18.

1836.

AU LECTEUR.

Peu de jours après la mort du général Lafayette, je reçus d'un Américain, M. J. Townsend d'*Albany*, la lettre suivante :

« Paris , 28 mai 1834.

« Monsieur,

« Il vous a été donné de remplir, aux yeux des « Américains, un des plus saints devoirs. L'amitié d'un « grand homme, et sa confiance bien méritée dans « vos talents et vos lumières, vous ont valu la triste « distinction d'assister au lit de mort de celui que na- « guère encore nous nommions avec orgueil le pre- « mier de nos concitoyens, et d'adoucir, par tous les « moyens que l'art a pu suggérer à l'affection, les « douleurs qu'une maladie fatale a dû faire éprouver à « Lafayette. Il vous a été permis de soigner les der- « niers instants de la vie de notre général, d'écouter

a

« ses dernières paroles, de recueillir ses derniers sou-
« pirs !

« Aujourd'hui que l'abattement où sa mort a plongé
« tous ceux qui savent pleurer la vertu, et apprécier
« l'étendue d'une telle calamité pour le monde entier,
« commence à céder à une affliction plus accessible à
« la consolation, un étranger, qui n'a d'autre titre à
« votre attention que celui d'être citoyen d'un pays où
« votre illustre ami fut idolâtré, vient vous prier,
« monsieur, de tracer, pour lui et pour ses compatriotes
« affligés, la dernière scène de cette grande vie dont
« vous avez été témoin, et qui aura pour eux un intérêt
« si puissant !

« Je n'ai pas besoin de vous dire que ce n'est pas une
« curiosité oisive ou vulgaire qui me porte à vous faire
« cette demande ; vous l'attribuerez avec justice à un
« sentiment bien autrement digne des liens qui nous
« unissaient à notre vertueux citoyen et bienfaiteur.

« Quand l'arrêt du ciel enlève à sa famille un père bien-
« aimé, il est permis à la piété filiale, après les pre-
« miers moments d'accablement, de rechercher toutes
« les circonstances qui ont précédé un événement si
« funeste, et, en s'y arrêtant avec attendrissement, de
« voir revivre l'objet chéri de son culte, de croire en-
« tendre ses paroles, et de se laisser ainsi entraîner à
« des illusions fugitives, il est vrai, mais douces et
« propres à amortir la douleur.

« Cette consolation, monsieur, vous ne voudrez pas
« nous la refuser; nous vous la demandons pour nous
« et nos frères, pour toute une nation qui se glorifie
« dans ce moment même de pouvoir appeler Lafayette
« le dernier de ses pères; car elle ne sait pas encore la
« perte qu'elle vient d'éprouver, cette nation que la
« nouvelle de sa mort va trop tôt couvrir d'un deuil
« universel. Cette nation, nos amis, nos parents,
« tous ceux qui nous accordent leur indulgence

« ou nous honorent de leur confiance, vont tourner

« vers nous leurs regards affligés et nous deman-

« der tous les détails du malheur qui vient d'arri-

« ver. Au milieu de vous, nous diront-ils, notre

« noble vieillard a expiré : vous devez tout savoir :

« ne nous laissez donc pas ignorer si la nature lui a

« épargné des douleurs que sa vie ne dut pas mériter ;

« si son ame pure et bienfaisante s'est élancée sans

« peine pour rejoindre celle de l'ami, du père de

« sa jeunesse ; s'il a pu conserver jusqu'à la fin cette

« intelligence élevée, immaculée, qui fut long-temps

« notre guide et notre idole ? oh ! sur-tout, dites-nous

« si, en éprouvant la pénible transition de cette vie à

« l'immortalité, rien n'a pu ébranler sa conviction de

« notre fidélité, de notre amour ? Ne lui a-t-il pas

« été permis, à son heure suprême, de jeter un

« dernier regard sur sa grande famille américaine, de

« la bénir d'une dernière parole ?.... Elle, qui l'aima

« tant ! elle, que son souvenir, son approbation enivra
« si souvent d'enthousiasme ! elle, qui est aujourd'hui
« réduite à offrir un vain culte à sa mémoire ! Vous,
« monsieur, vous pouvez nous fournir le moyen de ré-
« pondre à nos concitoyens ; et vous ne voudriez point,
« j'aime à le croire, que nous restassions muets à leur
« légitime appel.

« Je le sens bien, monsieur, j'ai déja trop occupé
« votre attention ; mais vous me pardonnerez sans
« doute, en réfléchissant combien il doit être difficile
« pour une personne de mon pays de ne pas s'épancher
« en parlant d'un tel sujet. Je termine donc, en répé-
« tant la prière, de vouloir bien employer quelques
« instants du loisir que vous pourrez dérober à vos
« importantes occupations, pour rassembler vos sou-
« venirs encore tout récents sur les actions de la
« vie privée et les derniers moments de notre La-
« fayette ; et de me permettre de les transmettre à

« ma famille et au gouverneur de mon État, à qui
« je serais heureux d'offrir une preuve si éclatante de
« mon amitié.

« Agréez, monsieur, l'assurance de la très grande
« considération que je partage avec tous les étrangers
« pour vos talents, et de la profonde reconnaissance que
« j'éprouve, comme Américain, pour les soins que
« vous avez prodigués au grand citoyen pendant cette
« maladie fatale qui vient de l'enlever à l'Amérique et
« à la France.

« Isaïah TOWNSEND. »

Il m'était difficile de ne point répondre à la juste
et touchante demande d'un homme qui savait si bien
apprécier les vertus de Lafayette, et me parlait au nom
de ses concitoyens. Je voulais d'abord ne lui écrire
qu'une seule lettre; mais, à mesure que je pensais
à la réponse que je devais faire, les idées se présentèrent en si grande abondance à mon esprit, que je fus

réellement embarrassé dans mon choix. Les vacances de la Faculté approchaient, et je me décidai à profiter du temps qu'elles me laisseraient, pour composer une série de lettres que j'adressai successivement à M. Townsend. D'après sa demande, je l'autorisai à les communiquer à ses compatriotes; il eut la patience de les traduire; et sa traduction, plus correcte que le texte original, fut insérée dans l'un des journaux de New-York, l'*Evening-Star*. Ces lettres revinrent en France, après avoir reçu en quelque sorte le baptême de l'Amérique, patrie adoptive de Lafayette. Plusieurs personnes en eurent connaissance à Paris et m'en parlèrent. MM. Galignani me proposèrent de les publier, dans la persuasion où ils étaient qu'elles intéresseraient nos compatriotes. Puissent-ils avoir deviné juste!

Je ne savais trop quel parti suivre; je me sentais peu disposé à publier des lettres écrites à la hâte, le plus souvent composées pendant la nuit, après les fatigues de la journée, et que j'avais à peine eu le temps de relire; il était douteux pour moi qu'elles fussent dignes de recevoir les honneurs de l'impression. Dans mon incertitude, je consultai ceux de mes amis que je regardais comme les meilleurs juges et conseillers en pareille matière. Les uns me prièrent de les laisser imprimer, les matériaux qu'elles renferment ne devant pas, selon eux, être perdus pour l'histoire et sur-tout pour les personnes qui avaient connu Lafayette; les autres ne furent pas de cet avis : ils me firent observer que je sortais de ma ligne; que j'avais plus l'habitude de tenir le bistouri que la plume, et que le public difficile pourrait bien ne pas goûter même de bonnes choses, à moins qu'elles ne fussent écrites d'une manière digne de lui.

Nouvelle incertitude pour moi : je ne doutais ni de l'intérêt que ces amis me portaient, ni de la sincérité

de leurs avis; et cependant ils étaient loin d'être d'accord! Que faire? Mes lettres étaient achevées; elles
avaient été reçues avec bienveillance par les Américains; on pouvait les prendre dans leurs journaux, les
réimprimer, peut-être aussi les traduire de l'anglais,
et y ajouter de nouvelles fautes. Ces dernières raisons me décidérent; je consentis à leur publication, et,
de plus, je promis aux éditeurs de revoir et de corriger
mon premier manuscrit.

Une pensée m'avait soutenu et encouragé dans la résolution que je venais de prendre; c'était qu'en livrant
ces lettres au public, j'avais moins la prétention
d'écrire un bon livre, que le desir de faire une bonne
action, en payant un faible tribut de ma gratitude
à l'homme illustre qui m'avait honoré de son amitié
et de sa confiance. Ces derniers motifs, je l'espère,
me donneront droit à l'indulgence de mes compatriotes auxquels je présente mon livre.

D'ailleurs, j'avais entendu raconter sur Lafayette tant de choses fausses ou inexactes; j'avais, par expérience, une si profonde conviction que ceux qui le jugeaient mal ne le connaissaient pas, ce qui n'est pas surprenant, quand on pense que les hommes en général parlent le plus volontiers de ce qu'ils connaissent le moins, que je regardais presque comme un devoir de conscience, pour les réfuter ou les détromper, de leur présenter simplement Lafayette tel qu'il était.

Après la mort s'éteignent les passions haineuses ou intéressées qui poursuivent un grand homme pendant sa vie : aussi depuis que Lafayette n'est plus, on commence à lui rendre plus généralement justice, et à reconnaître ses hautes vertus et l'immense influence qu'il a exercée sur la civilisation, sur les libertés de la France et du monde entier. J'ai écarté de ces lettres, autant que je l'ai pu, tout ce qui se rattache spécialement à la politique des temps présents; la partie publique de la vie de Lafayette appartenant à l'histoire, et d'autres écrivains s'en étant déja occupés. Si j'ai parlé de quelques unes des opinions de Lafayette, si j'ai développé, commenté quelques unes de ses idées, ce n'est qu'avec la réserve qui convient à ma position. Loin de moi la pensée d'avoir voulu jamais en faire d'application particulière à personne, sur-tout quand elles auraient pu avoir quelque chose de pénible ou seulement de désagréable! J'ai tâché d'user sans abuser de cette précieuse, de cette inappréciable liberté que nous avons de penser et d'écrire, liberté dont un sage emploi est aussi utile au bien public que son abus lui est préjudiciable.

J'ai voulu montrer Lafayette dans sa vie intime, le peindre du moins comme je l'ai vu. On verra, je pense, qu'il devait tout à sa bonne nature, à la pureté de ses sentiments, et au développement de sa haute intelligence ; qu'il n'a joué aucun rôle, dans ce sens qu'il s'est toujours montré dans les affaires publiques tel qu'il était au sein de sa famille, et que sa vie privée n'a été réellement que la contre-épreuve de sa vie politique. Les citations que j'ai empruntées aux écrits de Lafayette, les lettres inédites de lui que je publie, et les matériaux que j'ai trouvés dans sa correspondance avec son ami Masclet, forment la partie la plus importante de ce livre.

Malgré les changements, transpositions, corrections, additions ou suppressions que j'ai faites à mon premier manuscrit, le lecteur pourra trouver encore peu d'ordre dans les matières que j'ai traitées ; il y verra de nombreuses lacunes, et probablement des erreurs involontaires ou des incorrections de style. Peut-être aussi y trouvera-t-il trop de sujets médicaux, et pourra-t-il avec raison m'adresser le reproche fait à M. Josse ; peut-être aussi pensera-t-il que plusieurs de mes épisodes m'ont éloigné de mon sujet principal : mais, je le répète, ces lettres avaient d'abord été écrites presque confidentiellement; et, sous le cachet de l'amitié, on enferme beaucoup de choses qu'on ne voudrait pas exposer au grand jour : néanmoins, je ne crus pas devoir les changer, malgré les nombreux défauts que j'y remarquai, et dont j'ai corrigé quelques uns, car il m'aurait fallu refaire tout l'ouvrage, et j'aurais été obligé d'y renoncer. Je les livre donc au lecteur telles à-peu-près qu'elles ont été primitivement composées.

Je me suis vu dans la nécessité de parler de plusieurs personnes encore existantes qui appartiennent à la famille Lafayette ou lui sont étrangères. Elles voudront bien me pardonner de les avoir nommées sans avoir préalablement obtenu leur aveu; et j'ose d'autant plus espérer mon pardon, que j'ai été assez heureux pour n'avoir à les présenter que sous des rapports honorables.

Pensant que les êtres matériels qui frappent les yeux se gravent bien mieux dans l'esprit que la description qu'on peut en donner, j'avais envoyé à M. Townsend de simples croquis à la plume, représentant plusieurs des objets dont je parlais. Ces dessins, faits grossièrement et à la hâte, comme le texte, n'avaient que le mérite de l'exactitude; ils ont été recopiés, et bien améliorés par trois artistes, qu'unissent l'amitié et le talent, MM. Andrew, Best et Leloir. Ces messieurs ont mis une complaisance et un zèle dignes d'éloges, pour les reproduire plus correctement; un habile dessinateur, M. Letellier, les a secondés de son crayon. Les planches de ces messieurs prouveront, je pense, les progrès incontestables que la gravure en bois a faits en France depuis quelques années. Deux de mes amis, MM. Pradier et Gudin, ont bien aussi voulu me prêter leur talent pour deux des planches de ce livre.

MM. Galignani, en se rendant éditeurs de mes lettres, ont eu moins en vue une spéculation commerciale que le desir de concourir à rendre hommage à la mémoire de notre grand concitoyen, et ont mis dans leur publication cette libéralité qui doit unir le commerce aux sciences et aux beaux-arts. Enfin l'impression de ce livre a été confiée à M. Jules Didot aîné, qui s'en est acquitté d'une manière digne de sa réputation typographique.

Pour faciliter, autant que possible, la lecture de ces lettres, et remédier au défaut d'ordre, et peut-être même à la confusion qui règne dans quelques unes, j'ai cru devoir ajouter à la fin de l'ouvrage une table analytique et une liste alphabétique des noms propres qui s'y trouvent cités.

Je m'estimerai heureux si, nonobstant les imperfections de cet écrit, le lecteur y trouve quelques passages dignes de son intérêt, et qui le disposent à l'indulgence que je réclame de lui. S'il a eu des rapports intimes avec Lafayette, je desire qu'il le reconnaisse; et s'il pouvait me fournir à son sujet quelques faits nouveaux qui pussent se grouper avec ceux que j'ai déja rassemblés, je lui serai bien reconnaissant de me les communiquer; je m'empresserai de les publier, en supposant, toutefois, que mon livre arrive à une seconde édition.

Paris, le 15 octobre 1835.

SOUVENIRS

SUR LA VIE PRIVÉE

DU

GÉNÉRAL LAFAYETTE.

————————

LETTRE PREMIÈRE.

Paris, 24 août 1834.

En me demandant, monsieur, de vous faire connaître les circonstances qui ont accompagné la maladie à laquelle vient de succomber le général Lafayette, et de vous communiquer sur sa vie privée tout ce qu'ont pu me fournir mes rapports intimes avec lui et sa famille, vous m'imposez une tâche pénible par les souvenirs douloureux qu'elle me rappelle, et qui serait au-dessus de mes forces si je voulais m'élever à la hauteur d'un sujet qui appartient maintenant à l'histoire.

Quelle existence, en effet, que celle de Lafayette ! Un enfant d'une faible complexion, élevé dans les préjugés et les idées aristocratiques de son époque, auquel on présente la science du blason comme la première des connaissances humaines, sort à peine de l'adolescence, qu'il sent tout-à-coup son cœur battre d'un noble élan aux cris de détresse d'un peuple qui lève l'étendard de l'indépendance pour se soustraire à la trop pesante tutelle de l'Angleterre. Cet homme, à l'âge de dix-neuf ans, quitte une femme belle et jeune qu'il adore, et à laquelle il vient d'unir sa destinée; il brave et surmonte tous les obstacles qui s'opposent à son généreux dessein, passe les mers, et court offrir aux peuples opprimés de l'Amérique septentrionale ses conseils, son bras et sa fortune. Après avoir versé son sang pour eux aux plaines de la Brandywine, il ramène la victoire sous leurs drapeaux; par son influence personnelle et par le crédit de sa famille, il détermine le cabinet de Versailles à reconnaître et à soutenir l'indépendance des États-Unis, et assure ainsi le triomphe de la plus sainte des causes.

Ce même homme traverse pur un siècle de corruption : inaccessible aux plaisirs de la cour de Louis XV, à la dissipation vers laquelle la jeunesse se trouve entraînée sous le règne suivant, il est témoin des abus et de la faiblesse du pouvoir, de la résistance qu'on lui oppose de toutes parts, et assiste aux premiers ébranlements qui annoncent la réforme et précèdent la tourmente révolutionnaire. Les opinions et les intérêts des différentes classes sont aux prises; les liens de la société se relâchent; ses éléments confondus, opposés les uns aux autres, se heurtent; les masses se soulèvent, et menacent de tout soumettre à la force brutale de leurs passions déchaînées. Un pacte fédératif naît de ce conflit; il est juré sur l'autel de la patrie par le Roi, par l'armée, par quatorze mille députés des gardes nationales, par Lafayette au nom de ses concitoyens et aux acclamations de trois cent mille spectateurs. Le plus solemnel des serments civiques, qui semble assurer à jamais le bonheur de la France, est répété d'un bout de l'empire à l'autre; mais il est bientôt rompu. Commandant de la garde nationale, de cette garde citoyenne qu'il avait créée, Lafayette affronte avec calme les dangers qui l'environnent, et repousse avec horreur les excès dont se souille, dès son début, cette révolution qui devint aussi féconde en crimes qu'en traits d'héroïsme. Sa conscience est l'étoile qui le guide; son courage, le gouvernail qui le dirige au milieu de la tempête qui bouleverse la France; et il ne marque son passage à travers cette grande époque, que par son patriotisme, son courage civique, les réformes utiles qu'il opère, et les institutions libérales dont il concourt à doter la France.

La pureté de ses sentiments et sa morale politique deviennent pour lui, après le 10 août 1792, un titre de proscription. Il n'a que l'alternative de quitter sa patrie ou de violer ses serments au gouvernement constitutionnel : il ne balance pas, et s'exile. Ses perfides ennemis le saisissent sur un territoire neutre, contre le droit des gens, et le jettent dans les fers, espérant abréger, ou du moins faire oublier des jours sur lesquels veillait la Providence. Ils l'abreuvent des plus indignes traitements; le promènent pendant cinq ans des prisons de la Prusse à celles de l'Autriche; et les cachots d'Olmutz ne retiennent qu'à regret, sur des ordres arrachés à l'Empereur, tant de vertu, de courage et de résignation !

Lafayette absent de la scène politique, la France, grâce à l'institution des gardes nationales, malgré la guerre civile qui désole ses provinces, continue à résister aux efforts de l'Europe conjurée. L'ancienne monarchie est sapée de toutes parts; son trop faible héritier, malgré ses vertus et la constitution qui le protége, tombe, et son trône s'écroule avec fracas. Les partis, tour-à-tour vainqueurs et vaincus, se montrent tantôt cruels et sanguinaires, tantôt grands et magnanimes, mais toujours terribles. Rien n'est respecté: de burlesques ou sanglantes saturnales expriment la joie, ou plutôt le délire d'un peuple ivre de licence, et avilissent le culte qu'il rend à l'Être-Suprême; les temples sont pollués ou renversés, leurs ministres bannis ou immolés; des villes entières, déclarées rebelles, doivent être rasées au nom de la loi, pour ne plus souiller le territoire de la république; la mort plane sur la France, aux noms profanés de la liberté et de l'égalité; la hache révolutionnaire fait tomber l'élite d'une société qu'elle prétend niveler; et les hommes les plus distingués par leur rang, leurs vertus et leurs lumières paient de leur tête le généreux dévouement qu'ils portent aux intérêts de la patrie. Les frénétiques représentants de la montagne, les coryphées du despotisme populaire, sont bientôt eux-mêmes égorgés: avec eux finit le règne de la terreur, ouragan qui, après avoir dévasté le palais des rois, jetait au loin l'épouvante et la désolation.

Après une longue et cruelle détention, Lafayette, rendu à la liberté, est encore obligé de traîner ses jours dans l'exil. A peine a-t-il mis le pied sur le sol qui l'a vu naître, qu'il trouve ses compatriotes fascinés par la gloire du soldat qui doit plus tard les courber sous son sceptre d'airain, en immolant la liberté avec l'arme dont il s'est servi pour abattre l'anarchie. Il se réduit alors à une vie obscure et comme oubliée, dans une retraite où il cultive à-la-fois ses champs et l'amitié. Là, il résiste aux puissantes sollicitations du conquérant dont la renommée éblouit l'Europe et l'enchaîne à son char. Napoléon n'est à ses yeux qu'un génie supérieur, qui abuse de sa puissance pour asservir le monde; et, malgré ses obligations personnelles envers lui, il refuse de graviter dans la sphère du despotisme impérial.

Après les malheurs de l'empire, tristes fruits de nos conquêtes, la paix vient consoler la France, déchirée et envahie par ses ennemis, sous le titre d'alliés. L'aurore de la liberté commence à se lever sur cette terre chérie, qui cesse d'être mise en coupes réglées pour opprimer les autres peuples. L'institution à laquelle la France doit ses triomphes, et à laquelle l'Europe devra un jour son émancipation, la garde nationale renaît; Lafayette se réveille à l'espérance; son cœur palpite d'une ardeur nouvelle; il sort de sa retraite, court à la tribune défendre les libertés publiques contre les vieux préjugés et l'empiétement d'un pouvoir restauré par la force; et sa voix se fait entendre dès qu'il s'agit de l'honneur, de la gloire ou de l'indépendance de son pays.

Les Américains l'appellent à grands cris: il va retremper ses forces auprès de ses vieux compagnons d'armes, qu'il conduisait, il y a plus de cinquante ans, sous les murs de York-Town, pour cueillir avec eux les palmes de la victoire, et en ombrager le berceau de leur liberté naissante. Les enfants de l'Amérique libre ont hérité de la reconnaissance de leurs pères, et décernent à leur défenseur un triomphe unique dans les fastes du monde.

De retour en France, une insurrection populaire, mais légale, venge la charte, en renversant le souverain qui l'a violée. Au milieu de cette glorieuse révolution, dont le bruit, semblable à celui du tonnerre, retentit dans toute l'Europe qu'elle menace d'une conflagration générale, Lafayette, conséquent à ses principes, fidèle au mandat qu'il a reçu du peuple, tâche d'asseoir, sur des bases plus larges et plus solides, la liberté et le bonheur de sa patrie; et depuis cette époque jusqu'à sa mort, ses efforts sont constamment dirigés vers ce but.

Que cette esquisse rapide sera belle à développer pour l'écrivain qui inscrira un jour la vie de Lafayette dans les fastes de l'histoire! L'obligation que vous m'imposez, monsieur, est heureusement plus facile, puisqu'elle ne consiste qu'à vous communiquer des faits isolés sur la vie intérieure de cet homme illustre. Mes fonctions près de lui m'ont permis de le voir de près, de l'observer dans les moindres circonstances de sa vie privée, et de saisir, je crois, le fond de sa pensée sur une foule de matières qui faisaient le sujet de ses entretiens particuliers. Les sentiments de vénération et de reconnaissance que vous exprimez dans votre lettre pour le libérateur de votre pays, me sont de sûrs garants de l'intérêt que vous prendrez aux détails que je vous donnerai sur lui; et je m'estimerai heureux si ma simple narration peut vous offrir, ainsi qu'à ceux de vos compatriotes qui la liront, une partie de l'intérêt que vous seriez en droit d'attendre d'une plume mieux exercée que la mienne. Ne pouvant d'ailleurs consacrer à vous écrire que les instants de loisir que me laissent à peine mes fonctions publiques et les devoirs de ma profession, mes lettres se ressentiront, sans doute, des circonstances dans lesquelles je me trouve : aussi je compte assez sur votre indulgence pour espérer que vous en excuserez, en faveur du sujet, la forme et la rédaction.

Lié depuis le commencement de ma carrière médicale avec le général Lafayette, honoré de sa confiance et de son amitié, reçu dans l'intimité de sa famille, je ne croirai pas faire de révélations indiscrètes en publiant tout ce que ma mémoire pourra me retracer de ses actions ou de ses paroles dans le foyer domestique. Ses cendres ne réclament aujourd'hui que la vérité due aux morts ; et je peux, sans réticence aucune, dire tout ce que je sais de son beau caractère et de sa personne. Il est, certes, bien peu d'hommes pour lesquels on puisse ainsi s'avancer, sans crainte d'être obligé de reculer devant le tribunal de l'opinion publique. Mais rien dans sa vie qui ne fût grand et généreux, qui n'eût pour but le bien des hommes, dont il était l'ami sincère, et auxquels il offrit un si bel exemple par ses vertus, par son *invariable* et irréprochable conduite.

Comme introduction, permettez-moi d'abord de vous rappeler les traits de Lafayette, autant toutefois que ma mémoire et ma plume pourront suppléer le pinceau d'un peintre habile.

Lafayette était d'une taille élevée et bien proportionnée. Son embonpoint, assez prononcé, n'allait pas jusqu'à l'obésité; sa tête était forte; son visage ovale, régulier; son front haut et découvert; ses yeux, d'un bleu grisâtre, grands, saillants, surmontés de sourcils blonds, bien arqués, mais peu fournis, étaient pleins de bonté et d'esprit; son nez était aquilin; sa bouche, naturellement souriante, ne s'ouvrait guère que pour dire des choses bonnes et gracieuses; son teint était clair, ses joues légèrement colorées; et, à l'âge de soixante-dix-sept ans, aucune ride ne sillonnait son visage, dont l'expression générale était celle de la candeur et de la franchise.

Doué d'une forte et vigoureuse complexion qui ne s'était développée qu'assez tard, et que n'avaient affaiblie ni les vicissitudes d'une vie passée au milieu des orages politiques, ni les souffrances et les privations qu'il avait endurées pendant sa captivité, Lafayette jouissait, malgré son âge avancé, de toute l'intégrité de ses fonctions intellectuelles, et son énergie morale le mettait au-dessus des circonstances qui font fléchir ou brisent la plupart des hommes. Sa santé, dans les dernières années de sa vie, était bonne; rarement elle était troublée par de légères indispositions ou par quelques accès d'une goutte erratique dont il avait ressenti les premières atteintes il y a quelques années. — Lorsqu'il avait besoin des secours de l'art, mon ami le professeur Guersent le visitait comme médecin, et moi comme chirurgien.

Il avait conservé une excellente vue; son ouïe, depuis quelque temps, avait perdu de sa finesse, et l'affaiblissement de ce sens était plus prononcé lorsqu'il se trouvait indisposé.

Lafayette sentait vivement au moral et au physique, et donnait ordinairement un libre cours à la manifestation de ses impressions agréables. Doué de beaucoup de force de réaction contre les affections pénibles ou douloureuses, il savait les dissimuler, afin d'épargner à ses amis ses chagrins ou ses souffrances.

Sa physionomie, habituellement calme, reflétait fidèlement les mouvements de son ame; elle prenait beaucoup d'expression, moins sous l'influence des sensations que sous celle des sentiments qu'il éprouvait; et, suivant les circonstances dans lesquelles il se trouvait, la joie et l'espérance, la pitié ou la gratitude, la tendresse ou la sévérité, venaient tour-à-tour se peindre dans ses yeux et sur les traits de son visage.

Son port avait de la noblesse et de la dignité; seulement sa démarche était restée moins libre depuis de graves accidents qu'il avait éprouvés en 1803, à la suite d'une fracture de la cuisse gauche; il était obligé, en marchant, de s'appuyer sur sa canne, et ne pouvait s'asseoir que lentement, à cause de la raideur qui existait dans l'articulation de la hanche. Il y avait de l'harmonie dans ses autres mouvements, et bien qu'il eût peu d'adresse dans les doigts, ses gestes étaient gracieux, coordonnés, et rarement brusques, même dans les moments d'une conversation animée. Sa voix, naturellement grave, était douce et agréable, ou forte et retentissante, suivant les circonstances dans lesquelles il parlait. Quand le sujet de la conversation y prêtait, il riait de tout son cœur, sans que sa gaieté néanmoins se manifestât jamais par des éclats bruyants. Il dînait chez lui le plus souvent qu'il le pouvait. Son petit repas se composait régulièrement d'un peu de poisson et d'une aile de poulet. Il ne buvait que de l'eau. Je ne mets pas en doute que sa sobriété, sa tempérance et la régularité de son régime n'aient pour beaucoup contribué à écarter de lui les infirmités de la vieillesse.

Lafayette avait une mise très simple, exempte de toute recherche. Ordinairement vêtu d'une longue redingote grise ou de couleur foncée, couvert d'un chapeau rond, il portait pantalon et guêtres, comme M. Scheffer l'a représenté dans le portrait en pied qu'il en fit il y a quelques années, et qui est d'une ressemblance parfaite sous tous les rapports.

Il était d'une propreté remarquable, et qu'on aurait pu appeler minutieuse : aussi Bastien, son valet de chambre, qui le servait depuis long-temps et ne le quittait jamais, était-il pour lui un homme indispensable. Il connaissait toutes ses habitudes, et devinait en quelque sorte ce dont il pouvait avoir besoin.

Dans ses dernières années, Lafayette menait une vie douce, fort régulière, et dont chaque instant avait son emploi. Il cherchait ses délassements au sein de sa famille et dans l'intimité de ses amis, et leur consacrait les moments qu'il ne donnait pas à ses travaux législatifs ou à sa nombreuse correspondance. Il regardait le temps comme le bien dont il fallait faire le meilleur usage. Selon lui, « Il n'était pas « permis de le perdre, et encore moins de le faire perdre « aux autres; » et s'il n'a pas toujours été aussi exact qu'il l'aurait dû aux rendez-vous qu'il donnait ou qu'il acceptait, il ne faut en accuser que la multiplicité de ses affaires, et sa préoccupation d'esprit. Cependant, quand il s'agissait de choses importantes, son exactitude était exemplaire.

Je ne l'ai jamais vu se livrer à aucun de ces jeux de société auxquels on a recours comme distraction, ou pour tuer le temps, comme on le dit généralement. Il aimait beaucoup la campagne; et dès que ses affaires ne le retenaient plus à Paris, il se retirait à Lagrange, où son existence devenait tout-à-fait patriarcale.

Les facultés morales et intellectuelles de Lafayette s'étaient largement développées vers ce qu'il y a de bon, de grand, de généreux dans l'humanité. Sa raison était trop solide et son jugement trop sûr pour qu'il abandonnât les rênes à son ardente imagination : aussi son enthousiasme avait toujours pour motif un sujet qu'approuvaient sa conscience et sa raison. Le beau idéal pour lui devait être utile, juste, honorable, et renfermé dans les bornes du possible.

Son esprit était orné et son instruction fort étendue, surtout dans les sciences historiques, morales et politiques. Il lisait beaucoup, écrivait ou dictait souvent. Il s'était trouvé dans des positions sociales si différentes, avait été en rapport avec tant d'hommes et d'événements, qu'il avait été, plus que personne, à même de se perfectionner dans la connaissance du cœur humain et des institutions qui régissent ou doivent régir la société, suivant son état de civilisation.

Il était grand, même dans les petites choses, qu'il semblait relever par l'attention qu'il leur donnait. Sa vue planait d'en haut sur les principes généraux de morale et de politique, qu'il connaissait à fond; mais quelquefois son cœur trompait

sa raison, et il se faisait d'honorables illusions quand il fallait en faire l'application aux hommes, qu'il ne connaissait pas,
je crois, aussi bien. Il jugeait ces derniers d'après ses propres
sentiments; et, s'il ne les a pas toujours bien connus, c'est
qu'il les voyait tels qu'ils devraient être ; qu'il les croyait
meilleurs qu'ils ne sont réellement; qu'il était trop vertueux
pour son siécle. N'ayant jamais eu une seule pensée qui n'eût
le bien pour point de départ, il ne concevait qu'avec peine
le mal dans les autres, et par conséquent ne pouvait que difficilement l'y soupçonner : sentiment noble et généreux, dé-
parti aux âmes élevées, et que ne comprendront pas ces
hommes qui n'ont vu Lafayette qu'à travers le prisme faux
de leurs passions ou de leurs préjugés.

LETTRE DEUXIÈME.

Paris, le 31 août 1834.

Permettez-moi, monsieur, de continuer, à l'avenir, sans préambule, le cours de la narration que j'aurai été obligé d'interrompre. Ce sera le moyen de ne pas perdre notre temps, vous à lire, et moi à écrire d'inutiles et banales formules épistolaires.

Une mémoire heureuse retraçait fidèlement à Lafayette toutes les circonstances dans lesquelles il avait joué un rôle actif, et celles dont il n'avait été que témoin. Maintes fois il nous a raconté des événements de son enfance et de sa jeunesse, avec une exactitude et une fraîcheur d'idées, qui auraient pu donner à penser que les faits s'étaient passés la veille. Il se rappelait d'une manière surprenante les dates, la généalogie ou les anecdotes des familles dont on parlait dans la conversation ; et sous ce rapport, comme sous beaucoup d'autres, il y avait une grande ressemblance entre lui et le comte de Ségur, son parent, son ami, et son ancien frère d'armes dans les guerres de l'indépendance américaine.

Doué de pénétration, d'un tact exquis et de beaucoup de finesse d'esprit, il ne se servait de ces facultés et de son expérience qu'en se tenant sur la défensive : il avait trop de générosité dans le caractère, pour en faire un autre usage, et elles ne le préservèrent pas toujours des piéges que lui tendit la mauvaise foi. Une dame aussi sensée que spirituelle, madame Dupaty, fille de Cabanis, me disait, en parlant de Lafayette, avec la famille duquel elle est fort liée : « Pour « bien apprécier sa franchise, il fallait le connaître intime- « ment comme nous; il était trop honnête homme pour ne « pas laisser toujours ses clefs aux serrures, même en politi- « que : » cette heureuse métaphore est d'une grande vérité.

La conversation de Lafayette était facile et pleine de bon-homie; il s'exprimait avec grâce ou force, selon le sujet dont il parlait, et donnait un charme tout particulier aux choses même les plus ordinaires, sans rien dire d'inutile. Il savait sai-sir l'à-propos : ses reparties étaient vives, mais elles frappaient juste. Lorsqu'il eut été arrêté par les Autrichiens en 1792, un aide-de-camp du prince de***, général de l'armée ennemie, vint de la part de son chef réclamer de lui le trésor de l'armée qu'il avait été obligé de quitter. Lafayette, étonné de cette demande, se mit à rire de bon cœur; et comme l'aide-de-camp l'engageait à prendre la chose au sérieux, il lui dit : « Comment pourrais-je ne pas rire? car tout ce que je peux comprendre à la demande que vous êtes chargé de me faire, c'est que si votre prince avait été à ma place, il aurait volé la caisse de l'armée. » L'aide-de-camp ne trouva rien à répli-quer, prit congé du prisonnier, et partit comme il était venu.

S'il arrivait à Lafayette de dire un bon mot, il était toujours bien placé; s'il faisait quelque plaisanterie, ce qu'il se per-mettait rarement, on était sûr qu'elle devait être de bon goût. En 1788, il s'était associé au mouvement des gentilshommes bretons contre le gouvernement. La reine fort impatientée lui demanda pourquoi étant Auvergnat, il se mêlait des affaires des Bretons? il lui répondit: « Je suis breton, madame, comme votre majesté est de la maison de Hapsbourg. » (On sait que la mère de Lafayette était bretonne, et que la reine descendait par les femmes, de la maison de Hapsbourg.)

Lafayette avait peu parlé à l'assemblée constituante, parcequ'à cette époque ses fonctions lui fournissaient moins d'occasions de monter à la tribune que d'adresser des allocutions aux gardes nationales ou à une multitude emportée, dont il avait souvent à blâmer les passions ou à réprimer les excès. « A l'as- « semblée, écrivait-il au bailli de Ploën, je ne parlais qu'en peu « de mots et avec la réserve convenable au général de la force « armée [1]. » Depuis la restauration, sa timidité naturelle pour parler en public avait cédé au besoin impérieux qu'il éprouvait de défendre les intérêts de son pays; alors le talent d'improviser se développa chez lui; il grandit encore pendant son dernier voyage en Amérique, et brilla de tout son éclat depuis la révolution de 1830. Il ne prépara par écrit aucun des discours qu'il prononça à la chambre des députés; ses improvisations étaient justes, lumineuses, et souvent empreintes de cette éloquence mâle que développait en lui le patriotisme le plus sincère. Quand le sujet dont il s'occupait le touchait vivement; s'il avait rapport aux intérêts généraux de la société; s'il s'agissait de défendre des opprimés, de secourir des malheureux, de soutenir l'indépen-

---

[1] Lettre du général Lafayette au bailli de Ploën, datée de Wittmold, le 15 janvier 1799, et insérée dans les *Mémoires de Tous, collection de Souvenirs Contemporains.* Tom. 1.

dance et la dignité de la France, ses paroles étaient d'autant plus persuasives, d'autant plus entraînantes, qu'on sentait que son esprit et sa langue n'étaient que les interprètes fidèles de son cœur.

Tout le monde comprenait ses discours, parcequ'ils étaient simples, et que le but en était clairement indiqué. Un jour, me trouvant dans un lieu public, j'écoutais la conversation de plusieurs artisans qui lisaient, en commun, un journal dont ils commentaient les articles, en termes peu polis à la vérité, mais justes. « A la bonne heure, celui-là, dit le lecteur en « nommant Lafayette, il parle français : on sait ce qu'il veut « dire ; nous l'entendons. »

Quand Lafayette interrogeait ou lorsqu'il interpellait, ses questions étaient précises, nettement posées ; il écoutait les réponses avec attention et bienveillance. Ne trouvait-il pas clair ce qu'on lui disait, il se le faisait expliquer avec une délicatesse, un sentiment parfait des convenances, qui mettaient à l'aise les personnes qui lui parlaient.

La langue anglaise lui était aussi familière que le français, et il écrivait ces deux idiômes avec une grande facilité. Les termes les mieux choisis, les plus heureuses expressions se présentaient naturellement sous sa plume ; et son style se distinguait à-la-fois par l'élévation, la force, la concision et la simplicité.

Le style, c'est l'homme, il peint sa manière de sentir et de penser tout à la fois ; il représentait particulièrement Lafayette, parcequ'il était noble et pur comme son âme.

Les idées de Lafayette étaient claires ; ses principes, ses

opinions bien déterminés, exprimés avec franchise, parfois
sous forme de sentence. Il mettait dans sa correspondance intime le fond de sa pensée, de ses convictions; il disait tout, en
évitant de compromettre les autres et en gardant les ménagements qu'il devait aux individus. Ses écrits émanaient d'un esprit
juste, d'un cœur droit, essentiellement ami du bien public; et
quand on les avait lus, on éprouvait le besoin d'en connaître personnellement l'auteur. Quant à son style dans la langue anglaise,
je vous avouerai n'être pas assez versé dans la connaissance de
cette langue pour émettre mon opinion. Voulant cependant
savoir à quoi m'en tenir à cet égard, je fis lire la correspondance anglaise de Lafayette avec Masclet, à l'un de vos
compatriotes, homme aussi modeste et sensé qu'instruit et de
bon goût; voici quelles furent les réflexions qu'il me fit, après
en avoir pris connaissance: « Lafayette a su éviter avec un rare
« bonheur les deux principaux écueils contre lesquels viennent
« échouer la plupart de ceux qui se risquent à écrire dans une
« langue étrangère : son style est aussi loin d'une imitation
« servile, qu'il est exempt de fautes d'idiôme ou de grammaire;
« c'est, en un mot, un style qui lui est propre : on y reconnaît
« toujours Lafayette, quoiqu'il ait entièrement changé de cos-
« tume. On y voit cette simplicité sans bassesse, cette conci-
« sion sans obscurité, cette dignité sans affectation, et souvent
« même ces expressions heureuses qui répandent tant de
« charmes sur ses lettres écrites en français; à peine y trouve-
« t-on quelques particules qui trahissent l'origine étrangère
« de l'écrivain.

« Ces lettres offrent quelques inversions que n'autorise

« peut-être pas l'usage moderne, mais qui sont loin de
« pécher contre le génie de la langue; elles établissent au
« contraire des rapports entre l'auteur et ces écrivains de la
« vieille littérature anglaise, que tous ceux qui les connaissent
« se font toujours une fête de lire : elles sont admirables de
« naïveté et de délicatesse; et sans choquer l'oreille ou nuire
« à la clarté, elles arrêtent et enchaînent l'attention; elles
« se parent du sourire qui naît d'une agréable surprise et
« ajoutent au style un relief qui ôte tout prétexte de le trouver
« monotone. Lafayette écrivait l'anglais avec beaucoup de
« facilité. On ne rencontre dans ses lettres nulle trace d'ef-
« forts pénibles, nulle trace d'une composition lente ou
« ingrate; il ne paraît jamais hésiter pour choisir le mot le
« plus propre, le tour le plus convenable : seulement il ne se
« rappelle pas toujours que la langue anglaise ne se prête que
« difficilement peut-être à cette concision nerveuse, elliptique
« même, dont un habile écrivain français sait tirer un parti
« si important; cet oubli rend son style quelquefois peu
« coulant, peut-être même brusque.

« Comme image fidèle de son cœur, ces lettres sont
« irréprochables : en lisant de semblables écrits, on se sent
« le besoin d'en aimer l'auteur. Peut-être sous ce rapport
« elles ne le cèdent en rien à celles qu'il composait dans sa
« langue maternelle. Chez les peuples qui parlent anglais,
« les expressions employées à peindre les diverses nuances
« de l'amitié sont à coup sûr moins nombreuses et moins
« gracieuses qu'en français; mais elles ont moins souvent
« subi les empiétements d'une galanterie ou d'une poli-

« tesse outrée ; aussi conservent-elles plus de justesse, de vraie
« franchise, de mâle sincérité ; on croira facilement que tou-
« tes ces qualités acquièrent une nouvelle force dans la
« bouche d'un homme tel que Lafayette. » Au reste, monsieur, vous pourrez juger vous-même de la vérité des réflexions de mon ami sur les lettres de Lafayette écrites en
anglais, d'après celles que je vous transcrirai textuellement.

Les caractères de l'écriture de Lafayette étaient petits,
bien tracés, cependant assez difficiles à lire ; et chose remarquable, c'est que son écriture anglaise était beaucoup
plus lisible que son écriture française. Quoiqu'il ne fît pas de
brouillons, ses lettres ne présentaient que bien rarement des
ratures, comme je m'en suis assuré en jetant les yeux sur
toutes celles que j'ai vues de lui ou sur celles qu'il m'a écrites,
et que je conserve précieusement.

Sa qualité d'homme, que Lafayette n'oubliait jamais, le
mettait au niveau de l'humanité entière, quelle que fût la position des individus : ses inférieurs ne s'apercevaient pas de
sa supériorité, ou du moins il ne la leur faisait pas sentir ;
avec les sommités de l'ordre social, il ne pouvait traiter que
d'égal à égal, personne ne lui étant supérieur en vertu.

Sa bonté, sa loyauté, se décelaient continuellement dans
la franchise de ses manières, la modestie et la dignité de
ses paroles. Il avait l'excellent ton d'un homme de haut rang
de l'ancienne cour et une grande prévenance pour tout le
monde ; il recevait de la même manière les personnages les
plus distingués de toutes les contrées qui le visitaient, ainsi
que les pauvres paysans, les ouvriers, leurs veuves et les or-

phelins qui venaient demander son appui ou implorer ses
secours. Son air de bienveillance, calme et réfléchi, tenait à
distance les gens qui auraient été tentés de prendre avec lui
une familiarité déplacée.

Il pouvait passer pour un modèle de bon ton sans raideur,
de politesse sans affectation, et il aurait pu servir d'exemple
à cette partie de notre jeunesse qui s'intitule *jeune France,*
comme si la France avait plusieurs générations distinctes et
séparées, qui dussent vivre dans un état continuel de haine
et d'hostilité; comme si jeunes et vieux en France ne formaient pas un seul et même peuple, grand et généreux.
Il est vrai que la France, citée jadis pour son urbanité,
qui n'est plus guère qu'historique, est envahie, dans une
partie de sa population du moins, par un esprit bien
plus soldatesque que chevaleresque. Ivre de l'omnipotence
qu'elle s'accorde, cette nouvelle génération, qui voudrait
régir la société, est cependant, sous le rapport des bonnes
manières, à la remorque des autres peuples auxquels nous
servions autrefois d'exemple. Lafayette connaissait son erreur; mais jeune d'esprit et de cœur, toujours indulgent, il
accueillait les jeunes gens presque comme des camarades, et
semblait vouloir effacer les années qui les séparaient de lui.

Lafayette n'écoutait que les inspirations de son cœur et la
voix intérieure de sa conscience, quand il s'agissait de faire
le bien ou de rendre service : s'il voyait une chose utile et
juste à faire, l'entreprendre était pour lui un devoir dont il
devenait esclave : il ne reculait jamais; rien ne le rebutait;
et sa persévérance, aidée d'une grande douceur et d'une

éloquence persuasive, le conduisait presque constamment
au but qu'il s'était proposé. Il n'avait pas de repos que son
for intérieur ne fût satisfait, et il semblait avoir pris pour
règle de conduite : « *fais ce que dois, advienne que pourra.* »

Après la révolution de 1830, en me nommant chirurgien
de l'état-major général des gardes nationales du Royaume, il
me fournit l'occasion d'être témoin de l'inconcevable activité
qu'il déployait quand les circonstances l'exigeaient. Il s'occupait de l'organisation des légions, recevait les députations
de Paris et des départements, lisait les demandes, écoutait
les réclamations, jugeait les contestations, faisait les nominations, visitait les blessés dans les hôpitaux et les ambulances,
montait à cheval et supportait les fatigues des longues revues
de la garde nationale ; il faisait face à tout, et cependant sa
santé n'en était pas altérée. Ses forces semblaient s'accroître
à mesure que ses devoirs se multipliaient.

Son moral exerçait sur son physique un empire absolu ; et
c'est de lui qu'on aurait pu dire avec raison, que c'était *une
intelligence servie par des organes.* Il possédait ce calme si
difficile à acquérir et à conserver, qui s'accroît à mesure que
le péril augmente, et donne à celui qui en est doué un sang-
froid imperturbable au milieu des plus grands dangers. Ses
traits de courage dans une foule de circonstances de sa vie
politique sont trop connus pour que j'aie besoin de vous les
rappeler ici.

Il serait difficile de porter plus loin que ne le faisait Lafayette la patience et la résignation, quand le cas l'exigeait.
Pendant sa dernière maladie, il nous fit le récit du traitement

qu'on lui avait fait subir en 1803, pour une fracture de la cuisse qu'il s'était faite, en tombant de sa hauteur, sur un pavé glissant. Deschamp et Boyer, dont je respecte la mémoire et que je m'honore d'avoir eus pour maîtres, avaient été appelés pour lui donner leurs soins : le membre fracturé fut enfermé dans une machine à extension continuelle; et comme Lafayette avait promis à ces habiles chirurgiens de supporter patiemment la douleur aussi long-temps qu'ils le jugeraient convenable à sa guérison, il n'articula pas une seule plainte, pendant les quinze ou vingt jours que dura la première application de l'appareil. A la levée de celui-ci, ces messieurs ne purent dissimuler l'impression que leur causaient les désordres affreux produits par les liens extensifs. Deschamp pâlit; Boyer resta stupéfait : les liens supérieurs avaient, par leur pression, coupé profondément les muscles de la partie interne de la cuisse, et dénudé l'artère fémorale : les liens inférieurs n'avaient point agi avec moins de violence; ils avaient déterminé la gangrène de la peau, à la face dorsale du pied, et mis à découvert les tendons extenseurs des orteils. Lafayette par son courage stoïque avait réellement mis en défaut la vigilance de ses chirurgiens. Les profondes cicatrices qu'il portait venaient en témoignage de ce qu'il nous disait en confidence, dans la crainte de blesser, non les intérêts, mais seulement la mémoire de deux hommes pour lesquels il avait conservé de la reconnaissance, quoique les soins qu'ils lui avaient rendus n'eussent point été couronnés du succès qu'ils se croyaient en droit d'en attendre. Il fut long-temps à se rétablir des fâcheux accidents qui étaient survenus et furent

suivis d'une ankylose presque complète de l'articulation de
la hanche, et de claudication. Voici ce qu'il écrivait à ce sujet
à son ami Masclet dont j'aurai souvent occasion de vous parler
par la suite, et dont le nom se rattache d'une manière bien
honorable à celui des prisonniers d'Olmütz.

Paris, 3o floréal an XII (20 mai 1804).

« Vous voulez bien me demander quelques lignes de mon
« écriture, mon cher Masclet; je profite donc des premiers
« moments où il m'est permis de griffonner un peu. La frac-
« ture de ma cuisse est parfaitement remise, mieux même
« que cela n'arrive en pareil cas, mais l'appareil ou machine
« à extension a laissé de profondes et douloureuses plaies qui
« ne peuvent être fermées avant cinq semaines. J'ai l'inten-
« tion de les passer à Auteuil, où ma belle-fille est sur le
« point de me faire grand-père, et à Aulnay chez madame
« de Tessé; je retournerai ensuite vers ma retraite chérie, à
« Lagrange. George va être nommé aide-de-camp du géné-
« ral Canclaux, inspecteur de cavalerie. Je suis très content
« de mon nouveau gendre, neveu de votre ami. La dou-
« loureuse perspective d'une guerre que ce gouvernement
« desirait éviter, nous pénètre des plus vifs regrets. Je
« songe toujours à vos affaires, et je desirerais qu'il me fût
« possible de contribuer à un avancement qui ne serait pas
« moins utile au public que juste à votre égard. Je fais pour
« votre réussite les vœux les plus sincères. Présentez à ma-
« dame Masclet l'hommage de ma respectueuse amitié. Ma
« femme et ma famille se rappellent à son souvenir et au vôtre.

« Malgré ses malheurs notre ami Masson réussit bien à Ham-
« bourg. Adieu, mon cher Masclet. Je suis pour toujours

« Votre ami affectionné,

« LAFAYETTE[1]. »

Si Lafayette souffrait avec autant de résignation que d'im-
passibilité les plus atroces douleurs physiques quand il les
jugeait inévitables ou nécessaires, il était impatient de souffrances beaucoup moins vives, s'il était dans le doute sur leur
utilité : ainsi, il ne put jamais s'accoutumer à porter un exu-
toire qu'on lui avait fait appliquer au bras il y a cinq ou six
ans. Il ne croyait pas qu'il lui fût indispensable.

Je doute que Lafayette se soit jamais mis en colère, ou du

Paris, 30 floréal.

« [1] You are pleased to ask for a line of my hand-writing, dear Masclet, and
« I employ the first moments I am able to scribble it. The fracture of my
« thigh is perfectly mended, better indeed than it ever was in such a case. But
« the extensive machine has left deep and painful wounds which cannot be
« healed before five weeks. I shall spend them at *Auteuil*, where my daugh-
« ter-in-law is on the point of making me a grand-father, and at *Aulnay* ma-
« dame de Tesse's country seat. Afterwards I shall return to my rural happy
« retirements of *Lagrange*. Georges is going to be aide-de-camp to general
« Canclaux, inspector of cavalry. I am highly pleased with my new son-in-
« law, your friend's nephew. We are much concerned at the unhappy pro-
« spect of a war, which this government had a sincere desire to avoid. I am
« constantly thinking of your concerns, and wish it was in my power to
« contribute to a promotion equally just with respect to you and useful to
« the public. My best and most affectionate wishes attend you. Present my
« friendly respects to Mrs. Masclet; my wife and family beg to be remember-
« ed to her and to you. Our friend Masson, notwithstanding his misfortunes,
« does very well at Hamburgh. Adieu, my dear Masclet,

« I am, for ever, your affectionate friend,   L. F. »

moins je n'ai pas souvenance de l'avoir vu s'emporter dans
des circonstances qui auraient pu motiver et excuser tout-
à-la-fois ce mouvement violent de l'ame, que la plupart des
hommes ne peuvent maîtriser. Si quelque chose le con-
trariait, il éprouvait une légère contraction dans le front
et les sourcils; un nuage de tristesse se répandait sur ses
traits; il devenait taciturne; mais ces moments de contra-
riété plutôt que de mauvaise humeur duraient peu, et
bientôt sa physionomie reprenait sa sérénité. Un jour l'un de
ses amis avait émis à la tribune des opinions qu'il repoussait
comme tout-à-fait contraires à ses principes; la seule expression qu'il donna de son mécontentement fut : « Eh bien!
il n'a pas le sens commun. » Il prononça ces mots d'une voix
forte, mais manifestement émue.

Quand il se trouvait en présence de gens emportés par la
colère, il les plaignait et ne voyait dans la véhémence de
leurs discours ou de leurs actions qu'une sorte d'aliénation
momentanée de leur esprit, qu'une expression fâcheuse ou
ridicule de leur faiblesse; il devenait plus calme, et sa haute
raison faisait justice de leurs emportements par un sourire
plein de dignité, qui, suivant le cas, les apaisait subitement ou redoublait leur fureur.

L'ambition, comme on l'entend généralement, ce desir
effréné de s'élever au-dessus des autres, d'occuper la première place dans la carrière qu'on a embrassée, n'entrait
pour rien dans les sentiments ni dans la conduite de Lafayette. Cette passion n'était chez lui qu'un besoin irrésistible
et constant de faire le bien. Son cœur, sans doute, palpitait

de joie quand il avait fait une belle action ou rendu un grand
service, mais c'était de cette joie vive et pure qu'éprouve un
enfant en recevant sa première couronne.

« Une passion irrésistible, écrivait-il au bailli de Ploën,
« qui me ferait croire aux idées innées et à la bonne foi des
« prophètes, a décidé ma vie : l'enthousiasme de la religion,
« l'entraînement de l'amour, la conviction de la géométrie,
« voilà comme j'ai toujours aimé la liberté. Au sortir du col-
« lége, où rien ne m'avait déplu que la dépendance, je vis
« avec mépris les grandeurs et les petitesses de la cour, avec
« pitié les futilités et l'insuffisance de la société, avec dégoût
« les minutieuses pédanteries de l'armée, avec indignation
« tous les genres d'oppression. L'attraction de la révolution
« américaine me transporta tout-à-coup à ma place; je ne me
« sentis tranquille que lorsque, voguant entre le continent
« dont j'avais bravé les puissances, et celui où mon arrivée et
« notre succès étaient problématiques, je pus, à l'âge de dix-
« neuf ans, me reposer dans l'alternative de vaincre ou de
« périr pour la cause à laquelle je me dévouais. »

Lafayette estimait la réputation, la gloire, la renommée,
mais pas du tout la puissance qui en est ordinairement le résultat. On lui demandait un jour quel était, à son avis, le plus
grand homme du siècle : « C'est, selon moi, répondit-il, le général Washington, parceque je le regarde comme l'homme
le plus vertueux. »

Pendant la révolution de juillet, au nombre des députations qui se présentèrent à l'Hôtel-de-Ville pour demander
au général Lafayette de proclamer la république, il y en eut

une qui le pressa de prendre la couronne pour lui et sa famille. « Vous me rappelez, répondit-il aux membres de cette députation, l'anecdote du maréchal de Saxe à qui l'Académie offrait une place dans son sein. Sa réponse est vraiment la seule que je puisse vous faire : *Cela m'irait comme une bague à un chat.* »

Peu de temps après ce grand mouvement national, un Anglais vint en poste de Londres à Paris pour voir Lafayette, et repartit aussitôt qu'il lui eut fait sa visite. Quelques uns de ses compatriotes voulaient le retenir, mais il se refusa à leurs sollicitations, et leur dit en les quittant : « Je voulais voir un « homme qui a refusé une couronne, je l'ai vu et pars « content. »

La candeur était la qualité prédominante du caractère de Lafayette; elle colorait d'une teinte suave tous les actes de sa vie privée, comme les premiers rayons du jour colorent les beautés d'un riant paysage. Ses admirables qualités avaient à peine quelque ombre; elles ne ressortaient dans le tableau de sa vie que par les contrastes environnants, comme ces figures éthérées, que l'imagination seule peut créer, dont l'existence toute idéale se dérobe à l'empire des sens et ne saurait être matérialisée même par la peinture. La vertu était chose si naturelle chez lui, que les actions de sa vie intérieure, qu'on admirait le plus, semblaient passer inaperçues. On aurait pu dire que sa vie dans sa famille était la vertu mise en action.

Peut-être la candeur et la franchise de Lafayette auront-elles été taxées de *niaiserie* par des personnes qui ne le counaissaient pas, ou par des gens corrompus dont la mauvaise foi servait les intérêts.

Dans les conversations les plus familières, même à l'occasion d'anecdotes dont le sujet semblait comporter une sorte d'abandon, je ne l'ai jamais entendu employer une expression inconvenante ou triviale. Un sentiment de pudeur naturel, fortifié par son éducation et par les habitudes d'une vie pure, l'en aurait détourné, et l'esprit avait toujours besoin, pour comprendre certains sujets, de percer le voile de décence dont il les enveloppait. Plusieurs de ses vieux amis m'ont assuré que lorsqu'il était militaire ils ne l'avaient jamais entendu jurer ni se servir d'expressions grossières, comme cela arrive parfois aux personnes même les mieux élevées qui mènent la vie des camps.

Parfaitement maître de ses impressions, Lafayette ne semblait pas partager celles des autres quand il pensait qu'il était inconvenant de les laisser paraître. Il y a quelques années, il se rendit avec son fils et son ami, M. Chatelain, à la distribution des prix d'une école d'enseignement mutuel de village qu'il avait établie. Le maire dans un discours d'apparat, qu'il fit en grande partie à la louange du protecteur de l'école, employa force pléonasmes et se servit d'expressions ampoulées qui mirent en gaîté toute l'assemblée. Tant que dura ce discours, Lafayette, qui occupait le fauteuil d'honneur, resta parfaitement calme et ne sourit même pas : seulement, par quelques gestes accompagnés de regards significatifs, il contint l'hilarité des assistants et l'empêcha d'éclater, dans l'intérêt du pauvre orateur qui faisait de son mieux.

Il se serait reproché d'avoir pu contribuer à lui faire de la peine.

Il gardait scrupuleusement, comme un bien qui ne lui appartenait pas, les confidences qu'il avait reçues, et je ne l'ai jamais entendu commettre d'indiscrétion. Il n'avait rien de caché pour ses amis intimes quand il s'agissait de choses qui lui étaient personnelles; et telle était sa confiance en eux, qu'il ne leur recommandait même pas le secret.

Peu d'hommes ont été tour-à-tour plus encensés et plus injuriés que Lafayette. Il entendait la vérité avec le calme d'une conscience sans reproche, et ne s'en trouvait pas offensé quand même elle aurait eu quelque chose de pénible pour lui. Sensible à ces éloges mérités qui ne sauraient blesser la modestie même, il était inaccessible aux invectives des passions et aux louanges trompeuses de la flatterie ou de l'intérêt. « L'homme supérieur est impassible de sa nature, disait un grand homme; on le loue, on le blâme, peu lui importe, c'est sa conscience qu'il écoute. » Cette sentence pouvait être appliquée à Lafayette.

« La doctrine que je professe, écrivait-il au bailli de « Ploën, a été définie en peu de mots dans mes discours et « mes écrits, confirmée dans tous les temps par ma conduite, « et suffisamment distinguée par la haine et les excès révo- « lutionnaires et contre-révolutionnaires de tous les oppres- « seurs du genre humain; ma réputation est attachée à un « grand mouvement où j'ai dû avoir contre moi ceux qui ont « voulu l'arrêter et ceux qui ont voulu le dénaturer. Pour « reconnaître que mes intentions ont été pures, il suffirait de

« la nomenclature de mes détracteurs et de leurs contradic-
« tions, non seulement entre eux, mais avec eux-mêmes.
« Pour juger si mes idées ont été saines, il faut, non des
« discussions métaphysiques et des discussions de parti,
« mais le temps, qui, en conservant la mémoire du passé,
« en dévoilant les secrets du présent, amènera les résultats
« de l'avenir. »

Il s'exprime ainsi dans la même lettre : « Ma profession de
« foi du 11 juillet 1789, fruit de ma vie passée, gage de ma
« vie future, fut à-la-fois un manifeste et un ultimatum.
« Pour moi tout ce qui la blesse est inadmissible, tout
« ce qui ne la touche pas n'est que secondaire. Elle pré-
« céda de trois jours l'insurrection nationale, la dernière
« qui fut nécessaire, et la dernière que j'aie voulue. La
« Bastille tomba; j'eus à Paris le titre de commandant-
« général, j'en eus l'existence par-tout. Bailly fut en même
« temps élu maire; et ensuite, à la création du départe-
« ment, Larochefoucauld en fut président. C'étaient trois
« honnêtes gens. »

Lafayette aimait par-dessus toute chose la vérité, il repoussait tout ce qui peut l'altérer ou la corrompre; et comme
Épaminondas, il ne se serait pas permis le plus léger men-
songe, même en badinant.

Au milieu des partis politiques, il était pour eux comme
le miroir de la vérité; il les condamnait en leur présentant
l'image hideuse de leurs passions; il les offensait sans les convaincre; et le miroir, déclaré trompeur, devait être brisé. Je
lui entendis un jour dire : « Les gens de la cour auraient bien

« voulu de moi si j'avais pu être aristocrate comme eux, et
« les jacobins si j'avais voulu être jacobin ; mais je n'ai voulu
« être ni l'un ni l'autre : alors ils se sont tous réunis contre
« moi. »

LETTRE TROISIÈME.

Paris, 5 septembre 1834.

Lafayette ne disait pas toujours tout ce qu'il savait, parcequ'il avait beaucoup de discrétion et de retenue dans ses discours; mais on était sûr que ce qu'il disait, il le pensait.

Il exprimait franchement sa manière de voir sur les choses et sur les hommes; cependant je ne l'ai jamais entendu médire de personne, et encore moins se laisser aller à ces insinuations perfides qu'il n'est que trop commun d'entendre de la bouche des gens du monde; il avait une extrême indulgence et n'admettait qu'avec difficulté ce qu'on pouvait lui dire de fâcheux sur l'esprit ou le caractère de gens qu'il ne connaissait même pas personnellement.

Le pauvre et l'opprimé ne l'imploraient pas en vain; il aimait à soulager l'un, à protéger l'autre; son hôtel était toujours rempli de malheureux, et sa fortune employée en secours. Il ne la regardait, cette fortune, que comme un moyen de servir les intérêts de sa patrie, de soutenir et d'améliorer les institutions sociales, et d'être utile aux hommes dans le malheur; aussi sa générosité était-elle sans bornes. Toutes les infortunes le touchaient également; et il cessait de calculer, dès qu'il s'agissait de les soulager. Les réfugiés, les exilés, tous ceux qui ont profité de son appui ou éprouvé sa bienfaisance, sentent cruellement la perte qu'ils ont faite; ils le pleurent aujourd'hui comme un père.

Il était toujours prêt à quitter sa retraite de Lagrange, dès qu'il devait remplir quelque devoir ou faire une bonne œuvre. Placé à la tête de la plupart des souscriptions que l'on ouvrait en faveur des personnes persécutées ou frappées de revers de fortune, il faisait quelquefois deux voyages à Paris, chaque semaine, pour en présider les commissions ou simplement pour y assister.

La haute position sociale de Lafayette, sa fortune, ses nombreuses relations dans les deux hémisphères, l'ont mis à même de rendre beaucoup de services. Sa bienveillante sollicitude s'exerçait pour les hommes aussi bien de loin que de près. Il trouva des cœurs reconnaissants; souvent aussi ses bienfaits furent payés de la plus noire ingratitude; mais on peut dire à sa louange, qu'il n'eut jamais, je ne dirai pas de haine, ce sentiment était indigne de sa grande ame, mais même le plus léger ressentiment contre personne. Il oubliait les injures, ou plutôt elles ne laissaient aucune trace dans son esprit; les bons sentiments seuls avaient droit de domicile dans son cœur.

La reconnaissance est, selon Lafayette, un sentiment qui honore autant celui qui reçoit, que le bienfait honore celui qui donne. L'ingratitude ne peut être fille que de l'égoïsme ou de la vanité : aussi avec les gens ingrats il n'y a pas de ressource; le mieux est de s'en tenir à distance quand on les connaît, ou de les fuir quand on en est victime. Rampants dans le malheur, superbes dans la prospérité, vous êtes tout pour eux quand ils ont besoin de vous, et rien dès qu'ils peuvent s'en passer.

La reconnaissance ne pèse qu'aux mauvais cœurs; aussi Lafayette ne craignait-il pas de contracter des obligations qu'il remboursait avec usure quand l'occasion s'en présentait; un homme reconnaissant lui faisait oublier mille ingrats, et il obligeait toujours, quoique fréquemment il plaçât ses bienfaits à *fonds perdu*.

Le bonheur qu'il éprouvait à faire le bien ne lui permettait pas de refuser les services qu'on lui demandait, et c'était l'obliger que de lui procurer l'occasion d'être utile. J'ai souvent mis sa bonté à contribution pour mes amis, ou pour des personnes dignes de son intérêt, et en cela je n'ai jamais cru me rendre importun. Plus d'une fois, sans doute, on a abusé de sa confiance, pour obtenir de lui des recommandations ou des cautionnements qu'il n'aurait pas accordés, si plus de défiance ou seulement de circonspection, lui avait fait prendre quelques informations. Quand il s'apercevait qu'on l'avait trompé, il se promettait d'être plus réservé à l'avenir; mais sa bonté l'emportait toujours, et son expérience, sous ce rapport, lui servait peu, pour le tenir en garde contre de nouvelles sollicitations.

Pendant sa dernière maladie, il me donna des lettres de recommandation pour le docteur Delacoux, qui allait se fixer à la Nouvelle-Orléans. « Engagez votre ami à venir « me voir, me dit-il : je veux lui indiquer les précautions « qu'il devra prendre pour sa santé, dans un pays qui « est funeste à un grand nombre d'Européens; il serait

« malheureux qu'un homme qui va se consacrer au ser-
« vice de l'humanité, périt victime de son zèle et de son
« dévouement. »

On sait comment étaient reçues ses lettres de recommandation, par les personnes auxquelles il les adressait : Il suffisait de se présenter de sa part pour trouver appui, protection et dévouement sans bornes. Son nom était une espéce
de talisman : toutes les portes s'ouvraient ; on aurait dit que
ses lettres communiquaient à ceux qui les recevaient une
étincelle de l'ame et une sorte de prestige des vertus de
celui dont ils ambitionnaient de se montrer dignes.

Il y a quelques années, un de mes amis, se trouvant en
pays étranger, montrait une lettre de Lafayette à un haut
personnage, investi de la confiance d'un monarque absolu. A
la vue de cette lettre, le puissant fonctionnaire, comme
électrisé, se leva, en signe d'honneur et de respect, et demanda, comme une grace spéciale, à mon ami, de lui en
donner un fragment.

Cette influence morale de Lafayette avait été remar-
quée lorsque, fort jeune encore, il servait dans l'armée
américaine. Voici comment M. de Chastellux en parle dans
son voyage de Newport à Philadelphie, voyage qu'il ne fit imprimer d'abord que pour ses amis, au nombre de vingt-sept
exemplaires : « La pluie parut cesser ou vouloir cesser un
« moment ; nous en profitâmes pour suivre son Excellence
« (le général Washington) au camp du Marquis (M. de
« Lafayette) ; nous trouvâmes toutes ses troupes en bataille
« sur la hauteur de la gauche, et lui-même à leur tête, ex-

« primant par son maintien et sa physionomie, qu'il aimait
« mieux me recevoir là que dans ses terres d'Auvergne. La
« confiance et l'attachement des troupes sont pour lui des pro-
« priétés précieuses, des richesses bien acquises que personne
« ne peut lui enlever; mais ce que je trouve encore de plus
« flatteur pour un jeune homme de son âge, c'est l'influence,
« la considération qu'il a acquises dans l'ordre politique
« comme dans l'ordre militaire. Je ne serai pas démenti,
« lorsque je dirai que de simples lettres de lui ont eu sou-
« vent plus de pouvoir sur quelques États de l'Union que les
« invitations les plus fortes de la part du congrès. On ne
« sait, en le voyant, ce qu'il faut le plus admirer, qu'un
« jeune homme ait donné tant de preuves de talent, ou qu'un
« homme tellement éprouvé laisse encore de si longues
« espérances. Heureuse sa patrie, si elle sait bien s'en ser-
« vir ! plus heureuse, s'il lui devient inutile ! »

Quand on adressait des remerciements à Lafayette, pour
un service qu'il vous avait rendu, sa modestie se trouvait
mise à l'épreuve; il paraissait plus embarrassé que celui qu'il
avait obligé, et presque toujours il changeait aussitôt le sujet
de la conversation.

Rien ne peint mieux, ce me semble, sa bonté et sa reconnaissance pour les plus légers services qu'il recevait, que le
fait suivant : Pendant sa dernière maladie, lorsque son état
fut assez agravé pour que nous crussions nécessaire que l'un
de nous restât à ses côtés, son fils le prévint que le docteur
Girou de Buzareingues passerait la nuit près de lui : « Je suis
« fâché de la peine que vous allez prendre, dit-il à mon

« confrère avec l'accent de la reconnaissance, et je ne
« sais comment je pourrai jamais m'acquitter envers vous. »
Sur la réponse que lui fit M. Girou, qu'il ne céderait
sa place à personne pour remplir un pareil devoir, il lui
serra la main avec affection; quelques larmes roulèrent
dans ses yeux, et il lui dit, d'une voix émue : « Comment
« se porte monsieur votre père? Je suis touché du bien qu'il
« pense de moi; dites-le-lui bien dans vos lettres. » Il sentait
que ce qui flatte le plus un bon fils, est l'intérêt que l'on té-
moigne à son père !

Lafayette estimait particulièrement les vertus domestiques; il les regardait comme la base de la société, comme
la source la plus certaine et la plus pure du bonheur public;
il voulait les introduire dans la politique : aussi le tableau
de sa vie publique, sous ce rapport, fut-il celui de sa vie
privée.

Il ne parlait jamais qu'avec respect et tendresse de son père
et de sa mère qu'il avait perdus étant encore fort jeune. Il
chérissait dans ses enfants la mémoire de leur mère (mademoiselle de Noailles), qu'il avait tendrement aimée, et qu'il
ne nommait jamais qu'avec une émotion visible. Un jour,
c'était pendant sa dernière maladie, je le surpris baisant son
image qu'il portait toujours suspendue à son cou dans un
petit médaillon d'or. Autour du portrait on lisait ces mots :
« Je suis à vous. » et derrière était gravée cette courte et
touchante inscription : « Je vous fus donc une douce com-
« pagne! eh bien! bénissez-moi. »

J'ai su depuis, que tous les matins, et sans y avoir manqué

une seule fois, Lafayette faisait retirer Bastien, s'enfermait dans sa chambre, prenait ce portrait des deux mains, le regardait, l'approchait de ses lèvres, et restait en méditation dans le plus grand silence, pendant environ un quart d'heure. S'il était dérangé dans cette espèce de culte qu'il rendait à la mémoire de sa vertueuse compagne, il était troublé et fort contrarié.

On peut juger de la douleur et des regrets de Lafayette lorsqu'il perdit son épouse, d'après la lettre qu'il écrivit à cette époque à son ami Masclet, pour le remercier de la part qu'il avait prise à son malheur.

« J'étais bien sûr, mon cher Masclet, que vous donneriez « de tendres regrets à la femme adorable que vous vous étiez « plu à célébrer avant de la connaître personnellement, et « à chérir depuis qu'elle avait pu vous exprimer elle-même « sa reconnaissante amitié. Il serait aussi bien ingrat à moi de « douter de la part que vous prenez à ma douleur; mais « quoique je ne doutasse pas de vos sentiments, il m'a été « doux d'en recevoir la nouvelle assurance et je vous en « remercie de toute mon âme. Je conviendrai volontiers que « dans de grandes infortunes, je me suis senti au-dessus de la « situation que mes amis avaient la bonté de plaindre; « aujourd'hui je ne puis, je ne voudrais pas même surmonter « le malheur que j'éprouve ou du moins la profonde affliction « qui dominera le reste de ma vie. Elle sera mêlée de bien « tendres et chers souvenirs pour les trente-quatre années de « la plus douce chaîne qui exista peut-être jamais, et pour « les derniers moments où j'ai été comblé de témoignages

« d'une incomparable affection. Je ne puis exprimer combien
« au milieu de tant de vicissitudes et de distractions, j'ai été
« constamment heureux par ce sentiment toujours tendre,
« noble, généreux, toujours associé aux intérêts qui animaient
« mon existence. Offrez à madame Masclet l'expression de mon
« attachement et de ma reconnaissance : vous connaissez mon
« amitié pour vous, mon cher Masclet; je vous embrasse de
« tout mon cœur.

« LAFAYETTE. »

Lafayette partageait également son affection entre ses
enfants, sans qu'on pût s'apercevoir qu'il eût de préférence
pour aucun d'eux. Quand il était entouré de sa nombreuse
famille, son visage éprouvait une expansion de bonheur
qu'on ne pouvait voir sans être ému et sans y participer. Un
matin que nous étions dans son cabinet, il me donna à lire
une lettre de don Pédro qui lui annonçait que la blessure
de son petit-fils, M. Jules de Lasteyrie, reçue devant
Oporto, n'aurait pas de suites fâcheuses et que le blessé était
hors de danger. Le duc de Bragance faisait l'éloge du sang-
froid et de la bravoure du jeune homme pendant le combat.
Il était facile d'apercevoir la vive satisfaction qu'éprouvait
Lafayette, à la lecture de cette lettre remarquable par
l'intérêt bien senti qu'exprimait don Pédro pour son jeune
aide-de-camp. Lafayette devait naturellement reporter son
esprit aux temps de ses premières armes, qu'il avait faites
aussi sur un sol étranger, pour secourir un peuple opprimé;
il devait voir avec satisfaction son petit-fils marcher sur ses
traces, en suivant l'exemple qu'il lui avait donné.

M. Jules de Lasteyrie était parti volontairement comme aide-de-camp de l'empereur don Pédro, lors de l'expédition destinée à délivrer le Portugal du joug de don Miguel. Il reçut une balle à la jambe, au siége d'Oporto. Les chaleurs du climat, les fatigues et les privations qu'il éprouva pendant ce mémorable siége, lui occasionnèrent une violente ophthalmie qui faillit lui faire perdre la vue. Dès que madame de Lasteyrie connut la position critique de son fils, elle partit pour le Portugal, et fut assez heureuse pour le ramener à Paris sans accident.

Rien n'égalait la sollicitude de Lafayette pour son petit-fils pendant sa maladie. Quand il n'était pas près de lui, il me pressait de questions sur son état, sur l'issue de la maladie, l'époque du rétablissement, le traitement qu'on lui avait fait suivre en Portugal. Je lui fis grand plaisir quand je lui appris que son « cher Jules » avait été traité, à Oporto, par mon ami le docteur Delaunay et par le docteur Queïmado, chirurgiens en chef des armées de la Reine, et que sans l'énergie des moyens que mes honorables confrères avaient mis en usage, sa vue aurait été infailliblement perdue.

Un jour Lafayette nous parlait avec attendrissement du bonheur qu'avait éprouvé le fils du comte de Ségur (le général Philippe de Ségur), à l'époque de la première révolution, lorsqu'il put employer les premiers fruits de ses travaux littéraires à secourir son père frappé de proscription. Je lui demandais, lequel dans cette circonstance, du père ou du fils, devait avoir été le plus heureux. « La question est, me « répondit-il, et restera probablement pour toujours indé-

« cise, car chacun de son côté prétend avoir été le plus heu-
« reux. » Je connaissais déja ce fait; il m'avait été raconté
par le respectable comte de Ségur, peu de mois avant son
décès. J'avais eu la douleur d'assister à la fin de cet excellent
homme; il était mort entre les bras de son fils qui l'avait
comblé des soins les plus touchants.

M. de Ségur, dans les dernières années de sa vie, sortait peu,
à raison du mauvais état de sa santé; mais il recevait chez lui,
avec une bonté inépuisable, avec une affabilité toujours re-
naissante, les personnes les plus élevées par leur rang ou les
plus distinguées par leur esprit et leurs talents. Ses enfants,
ses parents, l'entouraient de leurs tendres hommages et de
leurs respects. Peu d'hommes ont été plus généralement et
plus justement regrettés que le comte de Ségur. Lafayette le
visitait souvent. Je me rappelle toujours un de ses diners
auquel se trouvaient réunis quatre généraux qui avaient combattu pour l'indépendance américaine (MM. de Ségur, Lafayette, Charles Lameth et Mathieu Dumas). La conversation
roula principalement sur les divers événements de cette
guerre, féconde en traits de courage et d'héroïsme, et
elle fut égayée par quelques anecdotes plaisantes, ra-
contées avec autant de naïveté que de délicatesse et de
décence.

Lafayette avait une véritable admiration pour les vertus de
madame de Ségur. Souvent il se plaisait à me parler d'elle et
de son mari, et à me citer les faits les plus honorables pour
leur mémoire. Presque privée de la vue, madame de Ségur
faisait encore l'ornement du salon de son mari, qu'on peut

nommer la dernière des notabilités de la haute et spirituelle société de Paris.

On se sentait entraîné vers Lafayette par un attrait irrésistible, plus difficile à expliquer qu'à sentir, dont toutes les lois de la physiologie ne sauraient rendre raison, et qu'on pourrait appeler, je crois, *le charme de la vertu*. Près de lui on cherchait lumière, appui, consolation; près de lui on venait s'abriter contre les chagrins de la vie. De son côté, son ame sympathisait promptement avec celle des personnes qui avaient de l'élévation dans le cœur; aussi très peu d'hommes ont-ils eu autant d'amis sincères et dévoués. Que ceux qui ont craint d'approcher Lafayette ou de se fier à lui après l'avoir connu, descendent dans leur conscience; ils y trouveront probablement un point faible qui leur expliquera le motif de leur appréhension ou de leur défiance.

C'est le cœur et non l'esprit qui fait les véritables amis. Ce n'est donc pas toujours chez les personnes dont l'esprit brillant nous séduit et nous attache, que nous devons chercher ces derniers; ceux-ci se trouvent peut-être même plus souvent parmi les gens les plus simples sous le rapport de l'intelligence. Il n'arrive que trop fréquemment, en effet, que l'esprit ne se développe qu'aux dépens des qualités de l'ame. On dirait, dans ce cas, que les forces de la vie, en convergeant vers la tête pour le développement des facultés intellectuelles, abandonnent le cœur, qui reste dans l'inertie, ou se dessèche et se flétrit. L'excessive bonté, d'autre part, en attirant tout à elle, semble s'opposer parfois au développement de l'esprit. Cependant il ne faudrait pas conclure de ces ob-

servations générales, que l'esprit et le cœur sont peu compa-
tibles ou se développent toujours en sens inverse : au contraire, réunis dans le même individu, ils en font, par leur
noble harmonie, l'homme vraiment *supérieur*, celui qui peut
le mieux sentir et faire éprouver les charmes de l'amitié, et
sait en remplir tous les devoirs. Tel était Lafayette. Il aimait
sincèrement ses amis, et ses démonstrations étaient en rapport avec les sentiments qu'il éprouvait pour eux. Suivant leur degré d'intimité, il leur serrait cordialement la
main, ou les embrassait avec effusion en les pressant dans
ses bras, surtout lorsqu'il les revoyait après une absence
qui lui paraissait toujours avoir été trop longue. Il s'occupait
bien plus de leurs intérêts que des siens propres. S'ils étaient
malades, il s'informait sans cesse de leur état, allait les
voir, les encourager et les consoler; s'ils étaient éloignés,
il leur écrivait, et son intérêt pour eux ne les abandonnait
dans aucune circonstance de la vie.

Voici le passage d'une lettre qu'il écrivait à Masclet, le 7
avril 1813 : « La campagne de Russie a été particulière-
« ment funeste pour moi : vous aurez partagé mon affliction
« de la perte de mon cher Louis Romeuf; c'est un malheur
« que je ressentirai toute ma vie. Nous avons aussi perdu
« mon neveu Alfred Noailles, à qui j'étais attaché par
« tant de sentiments et de souvenirs; Victor Tracy a été
« fait prisonnier ainsi que mon pauvre ami Boinville, à qui il
« a fallu faire l'amputation des dix doigts des pieds. Mon
« cousin Octave Ségur a été pris dès le début. Je voudrais
« bien que Boinville eût pu l'être avant la retraite. Vous

« prendrez part au malheur des pauvres Grammont, qui
« viennent de perdre une belle-fille bien digne de leur ten-
« dresse. »

Lafayette m'avait chargé, il y a quelques années, de lui
choisir des instruments de chirurgie qu'il voulait donner au
président Jefferson lors de sa dernière maladie. Quand je
lui remis la boîte qui les contenait, il me remercia avec sa
bonté accoutumée et ajouta : « Que pensez-vous de la santé
« de mon ami ? j'ai les plus vives inquiétudes sur son état.
« Que ne puis-je lui envoyer dans cette boîte, avec les in-
« struments dont il a besoin, votre expérience et vos mains
« pour les guider ? » Il ne prévoyait guère à cette époque,
qu'un jour il serait lui-même atteint d'une semblable affection et que mes soins seraient impuissants pour lui conserver
la vie !

Il était fort lié avec le ministre des États-Unis à Paris,
M. Brown, auquel je donnais des soins, il y a quelques années,
pour une affection rhumatismale dont il ne put être débarrassé
qu'après un traitement rigoureux et l'usage des eaux miné-
rales d'Aix. Chaque fois que je voyais Lafayette, il me demandait des nouvelles de son ami. « Je crains bien, me dit-il
« un jour, que Paris ne soit pas aussi favorable à la santé
« de M. Brown qu'à notre amitié, que l'influence des climats
« ne saurait altérer. »

Il chérissait Victor Jacquemont qui, à la fleur de son
âge, vient d'être enlevé aux sciences et à l'amitié, après
avoir fait, dans les chaînes de l'Himalaya, un voyage long
et périlleux qui avait épuisé ses forces. Il l'avait recueilli à

Lagrange, comme l'un de ses enfants, pendant une maladie de langueur dont il fut atteint quelques années avant
son départ.

L'éloignement n'avait point affaibli la reconnaissance dont
le cœur du pauvre Jacquemont était pénétré pour les bontés
du général, et il ne manquait pas une occasion de lui en
donner le témoignage. En mars 1831, on lui avait offert, à
Lahore, un banquet auquel assistait M. Allard, général en
chef de la cavalerie de Runjet-Sing, et plusieurs autres Français : « A la fin du dessert, écrivait-il à son père, j'oubliai un
« instant mon régime frugal pour boire à la santé de M. de
« Lafayette un verre de vin de Champagne; ce qui est assez
« drôle à Lahore. » Lafayette fut profondément affligé lorsqu'il apprit la mort de son jeune ami, et s'empressa d'offrir
les consolations de l'amitié à son père, avec lequel il était
intimement lié.

Après la révolution de 1830, Lafayette donna des
preuves multipliées de son active humanité pour beaucoup
de blessés, et entre autres pour M. Levasseur, son secrétaire
et son ami.

M. Levasseur avait suivi Lafayette dans son dernier
voyage en Amérique, dont il a publié la relation. Lors de la
révolution de 1830, ce brave jeune homme eut, à l'attaque
du Louvre, le pied traversé par une balle qui lui fracassa les
os du tarse. Je ne crus pas devoir tenter l'amputation; les
plus graves accidents se manifestèrent, et la vie du malade
fut dans un danger imminent pendant vingt-cinq ou trente
jours que durèrent ces accidents. Lafayette venait voir M. Le-

vasseur, dans l'étroite mansarde où on l'avait transporté après l'action, et dont l'air échauffé par les rayons d'un soleil ardent, laissait à peine la faculté de respirer. Il consolait son vieux père, en soutenant son espérance. C'était un spectacle déchirant de voir le père du blessé, vieillard à cheveux blancs, que la mort avait épargné sur les champs de bataille, se jeter à nos pieds et nous demander à mains jointes, avec les cris du désespoir, de conserver les jours de son fils. Le malade, plein de courage et de résolution, supporta sans se plaindre les opérations douloureuses que nécessita sa blessure, et j'ai eu le bonheur de le voir rendu à la santé et à son pays : il est maintenant consul de France à Trieste.

Il y a deux ans, en arrivant d'Italie, je rapportai à Lafayette des nouvelles de son ami Masclet, alors consul de France à Nice. « C'est un bien excellent homme que Masclet, me dit-il; il m'aime sincèrement, et je n'oublierai « jamais ce qu'il a fait avec tant de persévérance, aux dépens de sa vie, pour me tirer des prisons d'Olmütz. »

Quelques mois après mon retour, il reçut la nouvelle de la mort violente de madame Masclet, à la suite d'une chute de voiture. La première chose qu'il me dit à ce sujet fut : « Ce « pauvre Masclet doit être bien malheureux; il vient de « perdre une femme parfaite : mieux vaudrait pour lui qu'il « fût mort. »

Vers la fin du mois de novembre dernier, je remis à Lafayette une lettre de notre amie mademoiselle d'Hervilly. Elle lui rendait compte, avec l'accent de la douleur la plus amère, de l'agonie de Masclet, dont les dernières paroles avaient été pour lui. Cette nouvelle lui causa une profonde affliction ; plus tard il me dit : « Mademoiselle d'Hervilly est « une personne aussi distinguée par son cœur que par ses « talents ; je la plains sincèrement et partage sa douleur. Elle « a reçu en peu de temps le dernier soupir de trois hommes « dont la vieille amitié m'était chère [1]. Elle a besoin de con- « solation : je vais lui écrire. » Et il lui écrivit en effet, la lettre que je mets sous vos yeux.

« Je suis pénétré, ma chère demoiselle, de nos regrets « communs pour la perte que nous déplorons et de la ma- « nière si touchante dont vous me peignez ce cruel événe- « ment. Vous savez quel ami cet excellent Masclet fut pour « moi depuis tant d'années et quels droits il avait à ma plus « tendre reconnaissance. Tout ce que ses soins et ses talents « ont fait pour nous, pendant notre captivité, est au-dessus « de toute expression. J'aime à penser dans mon affliction, « qu'il a eu la consolation de rendre son dernier soupir près « de vous qui étiez si digne de le recueillir. J'attends le « moment où nous pourrons parler ensemble de lui et des « autres amis dont vous aviez embelli la vie et adouci la mort. « Votre lettre si bonne et dont je sens si vivement tout le prix, « a été long-temps à me parvenir. Nous avons eu d'autres « tribulations et nommément la perte d'Augustin Perrier, « beau-père de ma petite fille Natalie Lafayette. Un ami de « plus de cinquante années, M. de Pougens vient de périr « comme le pauvre Augustin d'un coup d'apoplexie fou-

---

[1] Gohier, Lethière, Masclet.

« droyante. Je conserve un bien doux souvenir de mes rap-
« ports avec vous et un grand desir de les multiplier par tous
« les tendres sentiments de l'amitié dont je vous prie d'ac-
« cepter la bien cordiale expression.

« LAFAYETTE. »

Mademoiselle d'Hervilly a eu la bonté de mettre à ma
disposition, la correspondance de Lafayette et de Masclet,
que j'ai déja consultée et dans laquelle je puiserai encore
dans le cours de mes lettres. C'est principalement d'après
les notes qu'elle m'a confiées, que je vous ferai connaître les
rapports de ces deux hommes dignes l'un de l'autre par leur
inaltérable amitié.

LETTRE QUATRIÈME.

Paris, le 11 septembre 1834.

Pour vous bien faire apprécier, monsieur, les rapports d'amitié qui ont existé entre Lafayette et Masclet, qu'il me soit permis de vous rappeler succinctement les principaux faits qui se rattachent à l'arrestation, la captivité et la délivrance des victimes d'Olmütz.

Après la chute du trône constitutionnel (10 août 1792), Lafayette, proscrit par l'Assemblée Nationale, se vit obligé de quitter l'armée et de s'expatrier. Ce fut le 19 août qu'il franchit la frontière française, avec le général Latour-Maubourg et Bureaux de Pusy, officier du génie : tous trois avaient été membres de l'Assemblée Constituante. Il avait aussi emmené avec lui une vingtaine d'officiers, qui auraient été persécutés s'ils fussent restés à l'armée après son départ.

Alexandre Lameth, son collègue à la même assemblée, également proscrit, alla le rejoindre. Il fut arrêté avec lui; mais il tomba malade et obtint sa liberté, lorsque les autres prisonniers furent transférés de Magdebourg à Olmütz.

Aux environs de Rochefort, pays neutre, ils rencontrèrent une patrouille de hussards autrichiens. M. de Pusy fut envoyé au commandant de cette escouade, pour lui dire que ses amis et lui voulaient aller chercher un asile en pays neutre, parcequ'ils étaient proscrits en France; que leur in-

4

tention était de s'embarquer pour les Etats-Unis, et qu'ils réclamaient, au nom du droit des gens, le libre passage. L'officier de hussards ne tint aucun compte de cette réclamation,
et, malgré leur protestation, ils furent retenus prisonniers.
Quelques semaines après, ceux qui n'étaient pas de l'Assemblée Constituante, furent mis en liberté, et les membres de
cette Assemblée furent conduits à Luxembourg, à Wezel
sur le Rhin, et de là transférés, sur une charrette, dans les
prisons de Magdebourg, puis dans celles de Neiss, et enfin
à Olmütz.

Cette position de fugitifs, que respectaient si religieuse-
ment les peuples de l'antiquité, fut méconnue à l'égard de
ces malheureux proscrits, par le cabinet de Vienne, comme
elle l'a été dernièrement encore par celui de Londres, à l'é-
gard de Napoléon.

Dès que la nouvelle de l'arrestation de Lafayette fut répandue, vos compatriotes prirent le plus vif intérêt à la position
de l'homme qui s'était dévoué à leur cause, et, d'un commun
accord, ils s'occupèrent activement de sa délivrance. Le gouvernement américain entretint les négociations les plus suivies,
à Londres, auprès de milord Grenville, par l'intermédiaire de
son ambassadeur, M. Pinkney. En 1793, M. Marshal fut envoyé
par le président des États-Unis, au roi de Prusse; mais il
échoua dans ses réclamations. En 1794, les prisonniers ayant
été transférés en Autriche, l'ambassadeur américain Jay
n'eut pas plus de succès dans de nouvelles démarches. Le
président Washington écrivit lui-même à l'Empereur une
lettre très pressante dans laquelle il le priait de permettre à

Lafayette de se retirer en Amérique, sous telle condition qu'il lui plairait de lui imposer. La cour de Vienne fut inexorable.

M. Morris, ex-ambassadeur des États-Unis, ne put même faire parvenir à madame Lafayette, une lettre pour s'informer de sa santé et de celle des prisonniers. Les Américains avaient offert tout ce qu'on exigerait d'eux pour la rançon de Lafayette; ils avaient fait remettre à deux de ses aides-de-camp qui se trouvaient à Londres, les sommes nécessaires à sa délivrance; mais pendant cinq années, leurs démarches officielles, leurs sollicitations particulières, ne furent pas écoutées; leurs tentatives secrètes furent déjouées.

Joseph Masclet, dont je dois vous parler, homme d'un beau caractère et d'un rare mérite, était né à Douai. Son père, peu favorisé de la fortune, avait neuf enfants qu'il n'élevait qu'avec peine. L'aîné de la famille, Joseph, fut mis au collége de Douai, où bientôt il se distingua et obtint une bourse au collége Louis-le-Grand à Paris. Ce fut dans ce collége qu'il fit les excellentes études qui le rendirent l'un des hommes les plus érudits de son temps. Il connaissait presque toutes les langues anciennes et modernes; savant helléniste, il était passionné pour les beautés de l'antiquité. Malheureusement la révolution et l'émigration le détournèrent de la carrière des lettres, qui devait être la sienne.

Il venait de terminer ses longues et sérieuses études, lorsque la révolution éclata. N'écoutant que les élans patriotiques de sa bouillante jeunesse, il voulut être militaire, et devint aide-de-camp de M. le comte de Valence.

Ses opinions politiques étaient ardentes, mais sages; ce qui le fit surnommer par un fanatique de l'époque, *le plus chaud des modérés.* Ses principes, auxquels il resta toujours fidèle, l'attachèrent plus tard à Lafayette.

Masclet était à Strasbourg, avec son général et le duc d'Aiguillon, pendant la terreur. Un de ses amis lui écrivit de s'enfuir au plus vite; il était proscrit. Pour sauver sa tête, il passa en Angleterre, où il se retrouva avec M. de Talleyrand et plusieurs autres émigrés de distinction.

M. de Talleyrand, voulant se rendre en Amérique, engagea Masclet à l'accompagner, ce que ce dernier allait effectuer, quand il fit la connaissance de madame veuve Zornlin (née Wilson), et l'épousa quatre mois après leur première entrevue. Ce mariage changea sa résolution de voyager et le fixa en Angleterre pendant les orages de la révolution française. C'est alors qu'il entreprit la délivrance des prisonniers d'Olmütz.

Masclet ne connaissait pas personnellement Lafayette; il ne l'avait jamais vu; mais il partageait ses principes en politique, et admirait ses vertus. Il s'indigna de la déloyauté d'un gouvernement qui, contre les droits des gens et de l'humanité, le retenait captif; il s'indigna plus encore contre sa patrie qui permettait un tel attentat, ou plutôt qui oubliait son plus vertueux citoyen. Retiré avec sa femme dans une campagne près de Londres, il écrivait constamment contre la détention de Lafayette, et faisait insérer ses nombreux articles dans le *Morning-Chronicle*, ainsi que dans les journaux de Hollande et de Hambourg. Masclet avait adopté le nom d'*Eleuthère*, en grec *homme libre*, et signait ainsi les écrits qu'il fai-

sait en faveur de Lafayette. Aucune difficulté, aucun danger
ne pouvait l'arrêter dans cette pieuse et patriotique entreprise.
Il s'était lié avec les principaux membres de l'opposition du
parlement d'Angleterre, et employait à la délivrance de Lafayette les amis auxquels il pouvait se fier. Il faisait parler le
peuple anglais qui, par sa plume, déplorait cette inique captivité, et adressait de sanglants reproches à la France indifférente à la réclusion, au malheur de son premier citoyen, et de
sa noble famille qui était allée s'ensevelir avec lui dans les
cachots d'Olmütz. Masclet, comme je viens de le dire, s'était
adjoint des agents actifs et intelligents ; il finit par établir
avec les prisonniers une correspondance qui, sans être
suivie, le mettait au fait de leur situation, de leur manière
de vivre, des mauvais traitements dont ils étaient victimes.
On lui rendait compte des moyens tentés pour obtenir
justice, des fins de non-recevoir qui étaient toujours fondées
sur des raisonnements sophistiques, quand on voulait bien,
pour motiver un refus, prendre la peine de donner une
raison quelconque. On déclarait que « l'existence de La-
« fayette était incompatible avec la sûreté des gouvernements
« actuels de l'Europe : » l'Autriche ne pouvait autrement
motiver une violation injustifiable.

L'humanité seule, le bon droit et une raison supérieure
inspiraient Masclet dans sa longue et périlleuse entreprise.
Oui, périlleuse, car le gouvernement autrichien, irrité de
se voir sans défenseur dans le parlement d'Angleterre, et
démasqué aux yeux de l'Europe, progressivement indignée
de ce qui se passait à Olmütz, avait envoyé à Londres

de nombreux émissaires pour découvrir cet Eleuthère qui bravait son courroux et s'en jouait, en continuant ses plaintes, en prenant toutes les formes, en se multipliant, pour obtenir la justice qu'il réclamait au nom du droit des nations et de l'humanité; mais toutes les recherches du cabinet autrichien furent inutiles : Eleuthère lui échappa. L'Autriche voulut, pour justifier le fond, faire croire à la bonté des formes dont elle prétendait user envers ses victimes. Elle fit paraître un manifeste où elle énumérait les procédés humains qu'elle assurait employer à leur égard. Masclet publia une vigoureuse réfutation de ce manifeste et révéla la vérité toute entière : il fit connaître les diverses circonstances que vous trouverez dans la relation du général Latour-Maubourg que je transcrirai à la fin de ma lettre.

Sa réfutation fut appuyée par une lettre de M. de Noailles, parent de madame Lafayette.

En 1795, Barthélemy, alors ambassadeur de France en Suisse, avait également fait, auprès des ministres des puissances étrangères, de vives sollicitations en faveur des prisonniers; il avait été secondé dans ses démarches par de Witt, ministre de la république batave à Bâle.

Les membres les plus distingués de l'opposition anglaise, Fox, Wilberforce, Shéridan et, à leur tête, le général Fitz-Patrick, appuyé par le colonel Tarleton qui avait combattu contre Lafayette en Virginie, plaidaient avec force et luttaient avec courage contre le ministère de Pitt et les détracteurs de Lafayette et de ses compagnons de malheur. Ils étaient secondés par les publications de Masclet et par celles des plus illustres écrivains de l'Allemagne.

Ce fut le 16 décembre 1796, que le général Fitz-Patrick fit à la Chambre des Communes d'Angleterre, en faveur des prisonniers d'Olmütz, l'éloquent plaidoyer qui produisit tant de sensation en Europe, et qu'il terminait par la motion « de faire une adresse au Roi, pour représenter à Sa Majesté « que la détention du général Lafayette, de Bureaux de Pusy « et de Latour-Maubourg, dans les prisons de son allié l'Em- « pereur d'Allemagne, paraissait à la Chambre hautement « injurieuse pour Sa Majesté et pour ses alliés; et de supplier « humblement Sa Majesté d'intercéder, suivant les conseils « de sa sagesse, afin d'obtenir la délivrance de ces malheu- « reux prisonniers. [1] »

Lafayette, après avoir été enfermé dans la citadelle d'Ol- mütz, avait été averti qu'il ne quitterait plus son cachot; qu'il était séquestré du monde entier; qu'il ne communiquerait avec personne; qu'il ne recevrait plus de nouvelles de sa famille ni de ses compagnons de captivité; que son nom ne serait même pas connu dans la prison et qu'à l'avenir il ne serait plus désigné que par un numéro convenu, dans les rapports qu'on enverrait sur lui à la cour de Vienne.

« [1] That an humble address be presented to his Majesty, to represent to his « Majesty, that it appears to this house, that the detention of general La- « fayette, Bureaux de Pusy, and Latour-Maubourg, in the prison of his Majesty's « ally, the Emperor of Germany, is highly injurious to his Imperial Majesty « and to the common cause of the allies; and humbly to implore his Majesty « to intercede in such manner as to his wisdom shall seem most proper for the « deliverance of these unfortunate persons. »

Madame Lafayette était alors détenue dans les prisons de
Paris; elle avait vu périr sur l'échafaud, sa grand'mère la ma-
réchale de Noailles; sa mère, la duchesse d'Ayen, et sa sœur,
la vicomtesse de Noailles : sans la mort de Robespierre, elle
devait éprouver le même sort que ses infortunées parentes. A
peine rendue à la vie et à la liberté, elle confia son fils George
aux soins du général Washington, et, munie de passeports
américains, elle partit, sous le nom de Motier, avec ses deux
filles, pour l'Allemagne. Arrivée à Vienne, elle obtint de l'Empereur, sinon la liberté de son mari, au moins la grace d'aller
s'enfermer avec ses jeunes demoiselles dans son cachot. Avant
de pénétrer dans la citadelle, on l'obligea de se dépouiller
de ce qu'elle avait apporté pour adoucir la misère et les ennuis
de Lafayette, et elle fut avertie qu'elle ne sortirait jamais des
prisons d'Olmütz. Sa santé ne tarda pas à s'altérer par les
souffrances et les privations de toute espéce qu'elle endurait; elle demanda la permission d'aller à Vienne pour y consulter les médecins : on lui répondit que si elle quittait son
mari, il ne lui serait plus permis de le revoir. Par une lettre
pleine d'énergie et de dignité, elle déclara qu'elle se résignait
à mourir, étant résolue de partager pour toujours la captivité de son époux.

L'évasion de Lafayette était impossible. Déja un Hanovrien,
le docteur Bollmann, et un Américain, Francis K. Huger,
par leur noble dévouement et par leur entreprise hé-
roïque pour enlever Lafayette, entreprise qui malheureu
sement n'avait point réussi, avaient prouvé tout ce que
peut avoir d'influence sur des cœurs généreux, le mal-

heur d'un grand homme, et tout ce que le courage pouvait oser pour briser ses fers [1].

Tant que la France gémit sous le règne de la terreur et de l'anarchie, ses chefs ne se sentaient pas disposés à faire relâcher les victimes de la liberté et de l'ordre légal; mais à mesure que le calme se rétablit, l'opinion publique se manifesta avec une nouvelle énergie en faveur des prisonniers. Les assemblées, les conversations particulières, les papiers publics, ne retentissaient que de plaintes multipliées contre la détention des Français à Olmütz. Les généraux de nos armées sur le Rhin, et surtout Hoche, qui commandait l'armée de Sambre-et-Meuse, avaient aussi de leur côté, et dans plusieurs occasions, réclamé contre la captivité de Lafayette. Enfin lorsque Bonaparte vainqueur traita à Léoben des préliminaires de paix, il demanda de son propre mouvement la délivrance des prisonniers : peu de temps après il en reçut l'ordre formel du Directoire exécutif. Le général Clarke s'était déja occupé des réclamations de la France à ce sujet, dans ses entrevues à Turin, avec les envoyés de la cour de Vienne.

Le gouvernement français, ayant reconnu l'insuffisance de ces premières démarches, pressa la délivrance des prisonniers par des arrêtés réitérés, et, par des dépêches du ministre des relations extérieures, il chargea ses plénipotentiaires de faire observer au cabinet de Vienne, « qu'il « était enfin temps de s'expliquer catégoriquement; que

---

[1] Regnault-Warin (*Histoire du général Lafayette en Amérique*); M. de Ségur (*Histoire de Frédéric-Guillaume*).

« la détention si long-temps prolongée des prisonniers
« d'Olmütz, après la promesse de leur élargissement, devait
« naturellement faire soupçonner que la cour de Vienne
« croyait à la possibilité et même à la probabilité d'une
« rupture ; que la prompte délivrance de ces prisonniers
« était le gage le moins équivoque que S. M. I. pût donner
« à la république française de son desir d'amener à une
« heureuse issue une négociation qui intéressait si essentielle-
« ment le bonheur des deux nations et la tranquillité de
« l'Europe. »

Les mêmes démarches continuèrent après le 18 fructidor.
Barras fut un des directeurs dont les lettres pressèrent le plus
cette délivrance demandée par toute la France.

Vers la fin de juillet 1797, la cour de Vienne envoya le
général marquis de Chasteler à Olmütz, pour offrir aux prisonniers, de la part de l'Empereur, la liberté à des conditions
qu'ils refusèrent tous les trois le 25 du même mois.

Voici la déclaration de Lafayette :

Olmütz, 25 juillet 1797

« La commission dont M. le marquis de Chasteler est chargé,
« me paraît se réduire à trois points.

« 1° Sa Majesté Impériale souhaite faire constater notre
« situation à Olmütz. Je suis disposé à ne lui porter aucune
« plainte. On trouvera plusieurs détails dans les lettres de
« ma femme transmises ou renvoyées par le gouvernement
« autrichien ; et s'il ne suffit pas à sa Majesté Impériale de
« relire les instructions envoyées de Vienne en son nom, je

« donnerai volontiers à M. le marquis de Chasteler les ren-
« seignements qu'il peut desirer.

« 2° Sa Majesté l'Empereur voudrait être assuré qu'immé-
« diatement après ma délivrance, je partirai pour l'Amérique :
« c'est une intention que j'ai souvent manifestée ; mais comme
« dans le moment actuel, une réponse semblerait reconnaître
« le droit de m'imposer cette condition, je ne pense pas qu'il
« me convienne de satisfaire à cette demande.

« 3° Sa Majesté l'Empereur et Roi m'a fait l'honneur de
« me signifier, *que les principes que je professe étant incom-*
« *patibles avec la sûreté du gouvernement autrichien,* elle ne
« veut pas que je puisse rentrer dans ses États sans sa per-
« mission spéciale. Il est des devoirs auxquels je ne puis me
« soustraire : j'en ai envers les États-Unis, j'en ai surtout
« envers la France, et je ne dois déroger en quoi que ce soit aux
« droits de ma patrie sur ma personne ; à ces exceptions près,
« je puis assurer M. le général marquis de Chasteler que
« ma détermination invariable est de ne mettre le pied sur
« aucune terre soumise à l'obéissance de sa Majesté Impériale,
« le Roi de Bohême et de Hongrie.
                                    « LAFAYETTE. »

Et cependant Lafayette languissait depuis cinq ans, entre
la vie et la mort, dans les prisons ! Il avait perdu tous ses
cheveux ; à plusieurs reprises, il avait failli succomber
à des fièvres de mauvais caractère. Si les souffrances, les
privations de toute espèce, l'humidité de son cachot, l'air
infect qu'il y respirait, avaient profondément altéré sa constitution, ces causes délétères n'avaient porté aucune atteinte à

son moral. En assistant à la destruction lente de son corps, son âme semblait avoir pris plus de force et d'énergie, pour braver les persécutions de ses geoliers. Son sang-froid et sa présence d'esprit ne l'abandonnaient pas dans son malheur : ainsi, après ses tentatives d'évasion, lorsqu'il eut été repris et ramené à Olmütz, il fut d'abord enfermé dans une grande salle. Bientôt un officier vint l'inviter à passer dans une chambre voisine. « Pourquoi voulez-vous « me faire sortir d'ici? demanda Lafayette. — Pour vous « mettre vos fers, répondit l'officier. — Votre Empereur ne « vous a pas donné cet ordre, répondit avec assurance et « fermeté l'illustre prisonnier. Eh bien! prenez garde de faire « plus qu'il ne vous demande, et de lui déplaire en outre- « passant ses ordres par un zèle mal entendu. » L'officier, frappé de cette observation, réfléchit, et n'insista pas davantage. C'est probablement à cette réponse, qui faisait à-la-fois appel à la justice et à la sévérité de l'Empereur, que Lafayette a dû de n'être pas chargé de chaînes, et exempté, pendant le reste de sa captivité, de cette affreuse et humiliante torture.

Quelquefois même il trouvait moyen de se distraire en plaisantant. Un jour l'officier de garde assistait à son repas, et le voyant prendre forcément ses aliments avec les doigts, il lui demanda si cette manière de manger ne lui paraissait pas nouvelle? « Non, répondit tranquillement Lafayette, je l'ai « vu employer en Amérique chez les Iroquois. »

Louis de Romeuf, ancien aide-de-camp de Lafayette, arriva de l'armée à Vienne, après avoir éprouvé beaucoup de difficultés pour son passage. Il était envoyé par les généraux Bonaparte et Clarke pour avoir une explication directe avec le premier ministre d'Autriche, le baron de Thugut. Après bien des pourparlers, ce ministre consentit enfin à délivrer les prisonniers, sous la condition « que le consul « américain de Hambourg promettrait de faire son possible « pour les engager à s'éloigner des terres soumises à la « juridiction impériale , dix jours après leur arrivée à « Hambourg où ils seraient conduits sous escorte. » Romeuf rendit compte de sa mission aux généraux Bonaparte et Clarke ainsi qu'au directeur Barthélemy ; il obtint la promesse demandée au consul américain, et put enfin, après de nouvelles difficultés, annoncer que, le 23 septembre (1797), Lafayette et ses amis avaient été mis en liberté.

Les prisonniers traversèrent l'Allemagne jusqu'à Hambourg, sous la conduite d'un major autrichien ; ils furent remis par le ministre impérial à M. Parish , ancien consul des États-Unis.

Masclet pendant toutes ces négociations n'était pas resté dans l'inaction. Il avait continué de soutenir, d'encourager, de stimuler par ses écrits et ses démarches le zèle des défenseurs de Lafayette ; aussi dès que celui-ci en trouva l'occasion, il lui écrivit la lettre qu'on va lire.

AU CITOYEN ÉLEUTHÈRE, A PARIS.

Wittmold près Ploën, 9 brumaire an 6.

« Comment est-il possible, mon cher ami, que depuis le « temps de notre délivrance vous n'ayez pas encore reçu

« l'hommage de ma reconnaissance et les expressions de ma
« tendre amitié ? M*** vous aura expliqué les causes de ce
« retard ; ce ne pouvait être que par l'espoir d'un bonheur
« encore plus grand que je me privais de celui de vous
« écrire. Je suis loin d'y renoncer ; j'en ai un besoin plus
« pressant que jamais, et je vous le demande avec ce senti-
« ment de confiance auquel vous m'avez donné des droits
« dont je ne crains pas d'abuser, et dont il m'est bien doux
« de jouir. Je ne vous parle pas de mes obligations envers
« vous, mon cher ami ; il s'agissait de plus que de ma pro-
« pre liberté et de ma propre vie, puisque ma femme, mes
« filles, mes deux amis et nos fidèles domestiques ont été
« ressuscités avec moi. Que d'autres obligations encore,
« sans cesse présentes à mon cœur, j'aurais à retracer, si
« j'essayais de vous peindre ma vive gratitude ! mais elle est
« inexprimable, elle est inépuisable comme votre amitié, et
« c'est en vous serrant dans mes bras que j'aimerais à vous
« remercier.

« Vous avez eu des nouvelles de notre délivrance, de
« notre voyage, de nos santés; leur mauvais état, et surtout
« celle de ma femme, nous force à nous arrêter dans le lieu
« de sûreté le plus prochain. S'embarquer, même pour un
« court voyage, eût fait beaucoup de mal à une partie de
« notre caravane ; voyager par terre après les premiers huit
« jours, n'eût pas été sûr, et ma femme ne l'aurait pas pu
« sans une fatigue dangereuse, car ses forces étaient épuisées.
« Nous allons donc nous établir pour quelque temps dans
« une retraite bien isolée, entre Kiel et Ploën. Ce territoire

« est soumis au roi de Danemark, que ses rapports avec la
« république empêcheront, j'espère, de molester des citoyens
« français dont les principes ne peuvent pas lui plaire, mais
« dont l'unique occupation sera de soigner leur santé, et
« qui malheureusement, dans leur situation actuelle, ne
« peuvent servir la liberté que par leurs vœux.

« On vous aura mandé mon opinion sur le 18 fructidor ;
« je sais que ce n'est pas la vôtre. Peut-être la mienne est-
« elle influencée par mon profond mépris pour les contre-
« révolutionnaires, et par quelques regrets de n'être pas sorti
« dans un moment où la liberté des opinions, un mauvais
« ton de société, auraient autorisé, dit-on, une déclaration bien
« républicaine. Mais je ne puis me tromper sur la nature des
« mesures qui ont été prises ; sur la constitution jurée, et qui,
« soit dit en passant, vaut infiniment mieux que celle que
« j'ai dû défendre; sur les caractères personnels de plusieurs
« des proscrits; sur la déclaration des droits, qui, amour-
« propre d'auteur à part, sera toujours la règle de mes
« opinions et de ma conduite; enfin sur ce principe dans lequel
« je me suis confirmé par l'expérience, que la liberté ne
« doit et ne peut être servie que par des moyens dignes d'elle.
« Si je me trompe dans ma désapprobation de ces mesures,
« ce n'est pas ma faute; je n'ai pu les juger que par quelques
« apologies et papiers publics ; et en vous exposant franche-
« ment le sentiment du cœur le plus républicain qui fut
« jamais, je desire ardemment recevoir de vous les raisons
« d'après lesquelles un patriote aussi sincère et aussi éclairé
« que vous a jugé différemment.

« Notre premier acte de liberté à Hambourg fut un
« hommage au Représentant de la république, dont il a dû
« rendre compte au gouvernement. Nous avons écrit à
« Bonaparte triomphant et à Clarke malheureux, parceque
« tous deux ont de grands droits à notre reconnaissance.
« Mais comme il nous semble que le tribut officiel doit être
« adressé au ministre des relations extérieures, premier or-
« gane du gouvernement dans les démarches qui nous ont
« arrachés à la captivité et à la mort, nous avons écrit à
« Talleyrand, comme étant le dépositaire naturel de nos
« remercîments, comme étant celui à qui nous devons compte
« de notre existence en pays étranger, et comme joignant à
« ses titres ministériels celui de nos obligations personnelles
« envers lui, dont nos cœurs sont pénétrés. Nous croyons avoir
« rempli par ces trois démarches à Hambourg, en Italie et
« à Paris, les devoirs et les formes convenables. Le plaisir
« de notre délivrance est immensément augmenté par l'idée
« que nous la devons aux triomphes de la république, à la
« bienveillance de nos concitoyens et au zèle de nos chers
« amis, parmi lesquels vous en connaissez un aussi habile
« qu'excellent, que j'aime de toute la tendresse de mon cœur,
« que je brûle d'embrasser, à qui j'ai mille et mille choses à
« dire et à demander, et que je chérirai jusqu'à mon dernier
« soupir.

« LAFAYETTE. »

Quelque temps après, au commencement de l'année 1798,
Masclet partit pour le Holstein, où Lafayette s'était retiré
avec sa femme et ses deux filles. Ce fut dans une maison de

campagne, près la petite ville de Ploën, que ces deux hommes se virent pour la première fois.

Il n'est pas d'expression pour peindre ce qu'ils éprouvèrent l'un et l'autre à faire réellement connaissance, à se voir, à s'entendre, après de tels antécédents. Masclet, à l'âge de soixante-treize ans, pleurait encore quand il parlait de cette entrevue, qu'il appelait le plus beau moment de sa vie : il disait souvent, car il aimait à parler de ce moment, que Lafayette ne pouvait se lasser de le regarder, qu'il avait les yeux constamment fixés sur lui.

Peu de temps après l'avoir connu, Lafayette écrivait à Masclet : « Je vous regrette encore plus vivement que je ne « vous desirais, mon cher Masclet : le bonheur de vous con- « naître a surpassé encore l'impatience que j'avais de vous « voir. Mon cœur jouit de l'idée que vous nous avez quittés « avec peine ; il vous suivra par-tout, et j'espère que vous n'ou- « blierez pas le rendez-vous de Hollande. Louis vous porte « nos paquets ; je vais causer avec lui sur la route de Ploën ; « je vous écrirai par l'occasion que nous allons avoir. Georges « refuserait de plier mon billet, si je ne vous parlais pas de « lui. Adieu, mon cher ami ; je vous aime et vous embrasse « de tout mon cœur. Ce 18 ventôse an VI (8 mars 1798).

« LAFAYETTE. »

L'amitié de Lafayette pour Masclet ne s'était pas refroidie par les années : trente ans après sa délivrance il lui disait dans une de ses lettres :

« J'ai écrit à Victor Maubourg, mon cher Éleuthère, avec « le même sentiment que si ma lettre eût été datée d'Olmütz

5

« il y a trente ans, et chaque année depuis n'a pu que me
« confirmer dans tous ceux qui m'attachent à vous. »

Les minutes des lettres, correspondances, demandes,
réclamations, protestations de Masclet pour Lafayette, minutes
que j'ai parcourues, sont si nombreuses, qu'il faudrait plus
d'un mois pour les lire attentivement.

Après avoir puissamment concouru à la délivrance de
Lafayette, Masclet continua de s'occuper, avec la plus vive
ardeur, des intérêts de son illustre ami, auquel la France était
encore fermée. Il lui fallut de nouveau se mettre en mouvement pour faire lever le séquestre qu'on avait mis sur ses
biens. La rentrée de Lafayette en France ne put avoir lieu
que vers la fin de 1799.

Après la mise en liberté de Lafayette, Masclet entra dans la
carrière administrative, et s'occupa, avec zéle, du bien des
hommes et de leurs besoins, comme l'attestent ses travaux
en agriculture et en économie politique, dans tous les pays
qu'il a habités, et spécialement à Cosne et à Douai, où il fut
long-temps sous-préfet. A Édimbourg, il avait été nommé
citoyen d'Écosse; après la révolution de 1830, il fut
envoyé comme consul de France à Nice, où il mourut, le
7 octobre 1833, à l'âge de 73 ans.

Ces deux hommes restèrent unis de la plus étroite amitié
jusqu'à leur mort. Peu d'heures avant de rendre le dernier
soupir, Masclet parlait encore avec attendrissement de
Lafayette, et celui-ci pendant sa dernière maladie avait
souvent sur les lèvres le nom de son ami. On ne sait lequel
on doit le plus admirer, de celui qui était capable d'éprouver

une semblable amitié, ou de celui qui était digne de l'inspirer.

Après sa délivrance, Lafayette, quoique retenu en pays étranger, ne s'en occupait pas moins activement du sort de ses amis et de ses compagnons d'infortune : il ne venait jamais qu'après eux dans les démarches qu'il faisait ou réclamations qu'il adressait au gouvernement alors existant.

Voici ce qu'il écrivait à Masclet, peu de temps après avoir envoyé une réclamation au directoire :

« Ce qui me causerait une satisfaction inexprimable, c'est que le directoire, statuant sur ma demande présentée par Adrienne, voulût bien reconnaître que les compagnons de mon départ ne purent s'empêcher de suivre le général en chef, seul responsable, ou voulût bien les rayer à petit bruit, s'il l'aime mieux, tandis que moi, je serais de nouveau proclamé, je ne dirai pas émigré, car c'est trop bête, mais proscrit, accusé, condamné même, et soumis à toutes les rigueurs du 19 fructidor [1], en me tolérant néanmoins sur le territoire batave. » — Dans beaucoup de ses lettres à Masclet et à d'autres amis, Lafayette exprime les mêmes vœux.

Le 20 pluviôse an VIII [2], le Premier Consul ordonnait à l'armée française de prendre le deuil pour rendre les honneurs à la mémoire de l'un des plus illustres fondateurs de la liberté américaine, du général Washington; Fontanes prononçait, sur l'autel du temple de Mars [3], l'Éloge de ce grand homme, et dans son discours, brillant d'éloquence et

---

[1] An V (5 septembre 1797). [2] 9 février 1800.
[3] L'église de l'hôtel des Invalides.

d'élévation de sentiment, il n'osait encore se hasarder à prononcer le nom de Lafayette inséparable du sien! M. Georges Lafayette avait quitté depuis peu le général Washington;
il se trouvait en France à cette époque, et eut le chagrin de
n'être pas même invité à une solennité consacrée aux mânes
de l'homme qui l'avait accueilli, et s'était chargé de guider
ses premiers pas durant la captivité de son père à Olmütz!

Lorsque Lafayette put enfin revoir sa patrie, il se retira
à Lagrange, et continua de s'y livrer à ses goûts pour l'agriculture, qui s'étaient développés chez lui pendant son séjour
dans le Holstein et la Hollande.

Permettez-moi maintenant, monsieur, de vous dire quelques mots sur les deux compagnons de captivité de Lafayette;
vous verrez qu'ils étaient dignes de partager ses malheurs,
et que, depuis leur délivrance, l'amitié qui les unissait dans
leur infortune n'avait fait que se consolider avec le temps.
Lafayette eut la douleur de les voir mourir, et leur perte fut
pour lui un sujet de regrets, qu'il a conservés jusqu'à son
dernier moment.

Le général Latour-Maubourg, le plus ancien et le plus cher
des amis de Lafayette, lui fut constamment uni pendant toute
la révolution. A la séparation de l'Assemblée Constituante, il
servit, dans son grade de maréchal-de-camp, à l'armée qu'il
commandait; il le suivit après le 10 août 1792, fut fait prisonnier avec lui, et ne voulut jamais permettre aucune démarche
qui pût séparer sa cause de celle de son ami. Il resta cinq
ans son compagnon de captivité, étant séparé de sa femme
et de ses six enfants. Il refusa, ainsi que Lafayette et Bureaux

de Pusy, de signer la promesse de ne plus rentrer en Autriche, sans y placer la restriction des droits que la France avait sur sa personne, ce qui prolongea de deux mois leur détention. Voici sa déclaration : —

« M. le général de Chasteler, en m'annonçant la disposi« tion où est S. M. I. de me rendre la liberté; ayant ajouté qu'il « était chargé de me demander par écrit : 1° s'il est vrai que « ma détention ait été aggravée par de mauvais traitements « particuliers, ou si je ne pouvais former de plaintes que sur « les inconvénients attachés aux prisons d'État; 2° sur quel « point je comptais me diriger, quand on effectuerait ma dé« livrance; 3° enfin l'engagement de ne point entrer dans les « États de S. M. I. sans sa permission expresse :

« Sans reconnaître au gouvernement autrichien aucun « droit légitime sur ma personne; sans me soumettre à celui « qu'il s'est arrogé sur des Français désarmés et étrangers « aux affaires des provinces qui reconnaissent sa domination, « j'ai cru devoir déclarer et déclare :

« 1° Que je n'ai reçu aucun mauvais traitement de propos « ni de fait, des personnes chargées de ma garde, et qu'elles « ne se les fussent pas permis impunément. Mais j'ajoute qu'à « l'exception du capitaine actuellement de service aux prisons « d'État, la plupart des officiers qui l'ont précédé dans « ces fonctions y ont mis une grossièreté ou une insouciance « dont l'effet naturel a été tel, que les prisonniers manquaient « de tout; et comme, depuis le général Spleny, ces officiers « ont été fort négligemment surveillés (ou bien qu'ils avaient « ordre de se conduire comme ils l'ont fait), il en résulte que

« depuis le mois d'octobre 1794, époque de l'arrivée du gé-
« néral Arco, jusqu'au mois de janvier 1797, que le comte de
« Mac-Hélicot a été attaché à ce service, je suis resté dans un
« abandon et un dénuement absolu dont lui-même a paru
« surpris, et qu'il a réparé autant que ses instructions l'ont
« permis ;

« Ne connaissant pas le code des prisons d'État, je ne puis
« savoir si le traitement que j'éprouve depuis trois ans y est
« conforme : mais ce qui a transpiré du régime de la Bastille
« si justement en horreur, ce que j'ai lu dans les gazettes,
« pendant ma détention en Prusse, de celui qui était adopté
« dans les prisons françaises sous le règne barbare des Marat
« et des Robespierre, cette captivité prussienne elle-même
« fort dure, ne m'avaient point préparé à essuyer, sous la
« puissance d'un prince dont j'ai entendu célébrer l'huma-
« nité et les vertus, des rigueurs que je ne croirais pas pos-
« sibles, si je n'en avais fait une si longue et si cruelle expé-
« rience ;

« 2° Que mon projet est, dès que je serai libre, de me
« rendre à Hambourg, d'y séjourner jusqu'à ce que les nou-
« velles que j'y attendrai de ma famille m'aient mis à même
« de prendre un parti définitif, et que ma santé détruite soit
« assez réparée pour me permettre de l'exécuter ;

« 3° Que je renouvelle ici avec joie l'engagement si sou-
« vent pris avec moi-même, de ne jamais voyager, passer et
« encore moins m'établir dans les États héréditaires de S. M. I.
« Cependant mille circonstances peuvent s'opposer à mon
« dessein de me rendre aux États-Unis de l'Amérique septen-

« trionale; et, pour ôter tout prétexte de me traiter une
« seconde fois en prisonnier d'État pour avoir rempli mes de-
« voirs de bon citoyen, je regarde comme nécessaire d'excep-
« ter de cet engagement, et j'en excepte formellement en
« effet le cas, fort peu probable, où le service de la patrie
« que j'ai dû quitter et qui me sera toujours chère, ou bien
« celui du pays que j'aurai choisi et qui m'aura reçu, m'im-
« poserait la loi impérieuse de l'enfreindre.

« LATOUR-MAUBOURG. »

Olmütz, 25 juillet 1797.

Lorsqu'à la paix de Campo-Formio, la liberté eut été rendue à Latour-Maubourg, il s'établit, ainsi que Lafayette,
avec sa nombreuse famille, dans le Holstein, et rentra en
France après le 18 brumaire an VIII[1]. Il fut membre du
sénat et ensuite pair de France, et fit constamment partie,
dans la chambre haute, de l'opposition libérale. Il mourut
le 28 mai 1831 d'une fluxion de poitrine. M. de Maubourg
avait deux frères : l'un, le général Latour-Maubourg, ancien commandant-gouverneur des Invalides ; et l'autre,
M. Charles Latour-Maubourg, qui a épousé l'aînée des
demoiselles Lafayette.

Bureaux de Pusy, officier distingué du génie avant la révolution, fut député à l'Assemblée Constituante. Ce fut lui qui
la présidait et reçut le roi lorsqu'il s'y rendit le 4 février 1790.

Il eut une grande part dans la circonscription de la France
en départements et contribua aussi à la nouvelle organisation
de l'armée et à la rédaction du code militaire. D'après le dé-

---

[1] 9 novembre 1799.

cret qui interdisait aux membres de l'Assemblée tout avancement, il alla, comme simple capitaine du génie, à l'armée de
Lafayette. Il fut chargé par lui, en 1792, d'une mission près
du maréchal Luckner. Dénoncé par les Jacobins, il fut mandé
à la barre de l'Assemblée Législative dans le mois de juillet
de la même année, confondit ses accusateurs et ceux de Lafayette, dans un discours aussi éloquent que courageux. Après
le 10 août 1792, il quitta la France. Il était marié depuis peu
de temps et au moment d'avoir un enfant, lorsqu'il fut arrêté
avec ses deux amis, dont il partagea la captivité et les souffrances.

Je vous transcris la déclaration qu'il fit dans les prisons
d'Olmütz :

« Monsieur le général marquis de Chasteler m'ayant in-
« terpellé au nom de S. M. I. le roi de Bohême et de Hongrie,
« de déclarer les sujets de plaintes que je croirais avoir, soit
« contre les individus préposés à ma garde, soit contre toutes
« les rigueurs de détention, autres que celle qu'entraîne la né-
« cessité de s'assurer de ma personne; je réponds : qu'ignorant
« la mesure des précautions et des sévérités que la cour de
« Vienne estime nécessaires pour assurer la détention d'un
« prisonnier d'État, je ne puis satisfaire à la question qui
« m'a été adressée, qu'en exposant fidèlement ce que j'ai
« trouvé de plus dur dans le régime auquel j'ai été assujéti
« pendant mon séjour ici. En conséquence je déclare que,
« depuis le 18 mai 1794 jusqu'à ce jour, il ne m'a pas été permis
« de sortir un instant de la chambre où j'ai été enfermé à mon
« arrivée; que privé de tout autre exercice que celui qui peut

« être pris dans cette chambre, je n'ai respiré d'air frais que
« celui que j'ai pu recueillir à travers la double grille dont ma
« fenêtre est garnie; et que très souvent cet air, aussi infect
« qu'insalubre, est un fléau plutôt qu'un soulagement. Je dé-
« clare que sur un petit nombre de livres que j'avais avec moi,
« on m'en a ôté environ douze volumes que l'on a dits suspects;
« que l'on m'a ôté à-peu-près autant de cartes géographiques,
« la plupart relatives à l'Amérique; toutes les lettres de ma
« famille que j'avais reçues en Prusse par la voie du gouverne-
« ment de ce pays, et qu'aucun de ces objets ne m'a été
« restitué. Je déclare que, pendant les quatorze premiers
« mois de ma détention à Olmütz, il ne m'a été permis, ni de
« recevoir aucune nouvelle de mes parents, que je savais sous
« le couteau des Jacobins, en France, et d'autant plus com-
« promis qu'ils avaient le malheur de m'appartenir, ni de
« leur faire passer la preuve de mon existence. Je déclare
« qu'un domestique, duquel, en partant de Luxembourg
« pour Wezel, on m'avait offert, sans que je le demandasse,
« la faculté de me faire accompagner, a été séparé de moi en
« arrivant à Olmütz; que je ne l'ai revu que six semaines
« après et pour peu de moments; que je l'ai vu ensuite de
« quinze jours en quinze jours, à-peu-près une heure chaque
« fois; ensuite deux fois par semaine, et qu'enfin depuis
« vingt-un mois, il a passé tous les jours trois heures de
« suite dans ma chambre. Je déclare qu'on m'a constamment
« refusé plumes, encre, papier, crayons, compas et autres
« instruments de ce genre; que même, pendant huit mois,
« de la fin de novembre 1794 à la fin de juillet 1795, l'on

« m'a retiré une feuille d'ardoise polie qui me servait à cal-
« culer et à quelques études de mathématiques. Je déclare
« que j'ai été continuellement privé de tous les petits meubles
« les plus nécessaires aux besoins journaliers de la vie, tels
« que montre, ciseaux, rasoirs, couteau, fourchette, etc. Je
« déclare que j'ai souffert pendant plusieurs mois de l'état
« misérable de mes vêtements ; à la vérité, je n'en de-
« mandais point, non que je soupçonnasse que le gouverne-
« ment voulût me refuser le nécessaire ; mais, 1° parceque
« mes habits parlaient d'eux-mêmes ; 2° parceque je préfé-
« rais cette privation à la discussion humiliante dans laquelle
« il m'avait fallu entrer, la seule fois que j'eusse touché cette
« question, avec l'officier alors préposé à ma garde, le major
« Shermack, caractère féroce et grossier, incapable de con-
« naître les plus simples ménagements dus à des hommes dé-
« licats, et qui se croient d'autant plus obligés d'être fiers,
« qu'ils sont plus malheureux. Je déclare qu'à l'exception
« dudit major Shermack, je n'ai aucune plainte à former
« contre les différents officiers qui, successivement, ont eu
« quelques rapports avec moi, et que même je me félicite de
« trouver cette occasion de témoigner publiquement, à M. le
« comte Mac-Elligot, actuellement chargé de la police de la
« prison où je suis détenu, ma reconnaissance de la manière
« aussi polie qu'attentive et sensible qui a sans cesse caracté-
« risé tous ses procédés à mon égard.

« M. le marquis de Chasteler m'ayant de plus informé
« que la cessation de ma captivité était subordonnée à
« l'engagement préalable, de ma part, de ne jamais ren-

« trer dans les États de S. M. I. sans en avoir reçu sa per-
« mission;

« Je déclare que je m'engage avec joie, non seulement à ne
« mettre jamais le pied dans aucun des États de S. M. I. le
« roi de Bohême et de Hongrie, mais même de ne jamais sol-
« liciter cette permission; exceptant expressément de cet
« engagement le cas du service militaire, dans la supposition
« d'une guerre entre S. M. I. et la puissance quelconque qui
« me donnera un asile : ne pouvant et ne voulant, par aucun
« motif, me soumettre à l'interdiction déshonorante de rem-
« plir le premier devoir d'un citoyen envers l'État qui me
« fera jouir de la protection attachée à ce titre.

« BUREAUX DE PUSY. »

Olmütz, 25 juillet 1797.

Après avoir recouvré sa liberté, Bureaux de Pusy resta
pendant quelque temps à Hambourg et en Hollande, puis
se rendit aux États-Unis d'où il ne revint qu'après le 18 brumaire an VIII [1]. Il fut successivement préfet de l'Allier, du
Rhône, et la ville de Lyon conserve avec reconnaissance
le souvenir de son administration. Le territoire de Gênes
ayant été réuni à la France, il fut envoyé comme préfet
dans cette ville, et ses talents conciliateurs y furent d'une
grande utilité. Par sa seule influence, il calma une révolte
qui aurait pu avoir les plus graves conséquences. Le voyage
qu'il fit à cette occasion aggrava l'état de sa santé, déja
profondément altérée, et il mourut en 1807.

---

[1] 9 novembre 1799.

LETTRE DU GÉNÉRAL LATOUR-MAUBOURG,
ÉCRITE D'OLMUTZ.

« Un malentendu ayant laissé ma lettre entre mes mains
« plus long-temps que je ne croyais, je cherche, mes chers
« amis, à mettre ce retard à profit, en essayant de vous
« donner une idée précise de notre situation. J'y joins le plan
« de notre demeure, fort mal fait, mais aussi exact qu'il est
« possible, quand on manque de tous les instruments néces-
« saires. Vous remarquerez dans tous les cachots un *meuble*
« *qui n'est pas trop d'usage dans les chambres à coucher; et* comme
« c'est entre le lit et ce meuble que nous prenons nos repas, vous
« en conclurez qu'aucun besoin ne fournit un prétexte pour
« mettre le nez hors de notre porte, et que rien de ce qui
« peut rendre la réclusion absolue n'a échappé au génie du
« ministère impérial. Ne croyez pas que ce soit par erreur que
« j'ai logé le domestique de Paris dans deux chambres
« grandes, belles, et les meilleures de cette enceinte, pendant
« que M. et Madame Lafayette n'ont que deux petites cellules,
« leurs filles qu'*un étroit réduit avec un seul grabat ;* que Pusy
« et moi, outre les désagréments communs, avons, lui tous
« les inconvénients du *voisinage du corps-de-garde,* et moi
« ceux des *latrines, dont l'humidité est telle, que le mur qui les*
« *touche est couvert de salpêtre.* Rien n'est plus vrai, et cette
« disposition est une millième preuve du projet déterminé et
« suivi de nous vexer jusque dans les moindres choses.

« *Situation des prisons.* Le bâtiment où sont les prisons
« est une *ancienne maison des jésuites, transformée en une*
« *immense caserne. La vue des cachots, voûtés dessus et dessous,*

« est tournée au midi. Ils sont au rez-de-chaussée du corri-
« dor, qui lui-même est au rez-de-chaussée d'une grande cour
« carrée, entourée de bâtiments fort hauts, et dans laquelle
« il n'y a *d'autre issue qu'une grande voûte, dont la porte se*
« *ferme après la retraite, et sous laquelle il y a jour et nuit une*
« *garde de* 3o *à* 4o *hommes*, dont la principale fonction est
« de ne laisser entrer ni sortir personne, sans lui avoir fait
« subir un interrogatoire et un examen rigoureux. Du côté
« du midi, les cachots sont à la hauteur d'un premier étage,
« et les fenêtres donnent sur une terrasse ou espèce de rem-
« part fort élevé, au bas duquel commence une prairie,
« laquelle descend en pente douce, jusqu'à un bras de la
« Morawa, qui coule à environ deux cents pas de nous. Après
« cette eau, le terrain va en s'élevant pendant à-peu-près
« trois cents pas ; il se termine par des ouvrages pour la dé-
« fense de la ville, dans l'intérieur desquels se trouve une
« chaussée, un terrain d'exercice pour la garnison, et hors
« desquels coule la Morawa. Tout cet espace entre nous et les
« premiers ouvrages est farci de magasins en bois, où on ne
« laisse pas que de mettre de la poudre et beaucoup d'autres
« objets relatifs à l'artillerie. *Il y a aussi deux corps-de-garde*
« *qui ont vue sur nous, et fournissent plusieurs sentinelles* dont
« la *consigne* est non seulement de *nous* observer, *mais aussi*
« *de surveiller* nos deux sentinelles intérieures qui sont sur
« la terrasse.

« Cette position exhaussée, à une extrémité de la ville,
« exposée au midi et dominant la campagne, devrait être
« agréable, aérée et salubre. Vous allez juger si elle tient ce

« qu'elle semble promettre. *Les eaux qui nous entourent four-*
« *nissent, outre une multitude de moustiques fort incommodes,*
« *des brouillards* fréquents qui occasionent des *fièvres dange-*
« reuses, et sont la cause de la *réputation d'insalubrité* dont
« jouit la ville d'Olmütz. De plus, le bras de rivière le plus près
« de nous a paru, par *son enfoncement,* si favorable *pour*
« *recevoir* et emporter les *immondices* de la ville, que tous
« les égoûts viennent s'y *réunir en passant sous nos fenêtres,*
« avec *des regards* de distance en distance, qui, recouverts né-
« gligemment avec une planche de sapin, donnent toujours *une*
« *odeur insupportable,* mais qui, entièrement découverts à de
« certaines époques pour y travailler, répandent alors des
« exhalaisons méphitiques vraiment pestilentielles. L'air du
« levant et du couchant ne dissipe point ces vapeurs mal-
« faisantes, parceque les maisons de la ville, s'étendant de
« droite et de gauche en forme de demi-cercle, ne nous
« laissent respirer que l'air du midi, brûlant l'été, impétueux
« l'hiver, et qui pousse sur nous toutes les *impuretés* qu'il
« rencontre sur son chemin, comme dans un *entonnoir* d'où
« elles ne peuvent plus sortir. J'ajouterai à cet article que
« nos plus proches voisins sont, à droite, *l'hôpital militaire,* à
« gauche *l'hôpital bourgeois.* Nous sommes pourtant séparés
« de ce dernier par une ou deux maisons de chanoines, dont
« les jardins joignent notre terrasse qui n'est fermée de ce côté
« que par une cloison de planches. Vis-à-vis l'entrée de notre
« caserne de l'autre côté de la rue, il y en a une autre remplie
« de soldats comme celle-ci.

« *Ameublement.* Nos prisons (*sans en excepter celle des*

« *dames*) sont meublées d'un grabat sans rideaux, deux tables
« de bois de sapin, deux chaises, un porte-manteau, une
« garde-robe, et un poële qui s'allume par dehors. Comme, en
« arrivant, nous avions assez d'effets et de livres, on a ajouté
« pour Lafayette, Pusy et moi, à ces meubles généraux, une
« commode de sapin sans serrure et des tablettes pour nos
« livres. On pourrait, à présent, retirer les commodes, car
« *tout ce que nous avions apporté est en loques, et non rem-*
« *placé.*

« Si vous mesurez le plan au moyen de l'échelle que j'y ai
« jointe, vous verrez que les murs extérieurs sont *épais de*
« *six pieds*, ceux de séparation *de quatre*, et les uns et les
« autres sont bâtis avec cette solidité qui distingue les ouvra-
« ges des religieux dans tous les pays du monde. L'ouverture
« des fenêtres est de quatre pieds de largeur, de huit de hau-
« teur, s'ouvrant en quatre parties, dont les supérieures sont
« fermées au cadenas, de sorte que nous ne recevons l'air
« que par une ouverture de quatre pieds en carré, obstruée
« encore par une double grille de fer, dont les barreaux
« forment des mailles d'environ six pouces, qui, ne se corres-
« pondant pas, rendent impossible de distinguer nos figures
« du dehors. Les *portes* sont doubles : la première n'est fermée
« que par une seule serrure ; mais celle qui s'ouvre sur le cor-
« ridor a deux pouces d'épaisseur, ferme au milieu avec une
« serrure, en haut et en bas avec deux cadenas énormes :
« tout cela s'entr'ouvre à huit heures du matin pour le dé-
« jeuner ; à onze heures et demie pour le dîner ; à deux heures
« pour reprendre les plats du dîner, et une demi-heure

« avant la nuit pour le souper. Le domestique de Pusy et le
« mien viennent dîner avec nous; mais depuis deux ans La-
« fayette n'a pas entrevu les siens. Vous remarquerez que
« mesdemoiselles Lafayette sont renfermées à part, un quart
« d'heure après l'arrivée du souper; ce qui les force ou à ne
« pas manger, ou à manger trop tôt; et les jours, qui raccour-
« cissent, les obligent à quitter leurs parents chaque jour
« un peu plus tôt; en sorte que bientôt elles paieront de dix-
« huit heures de solitude le bonheur de soigner leur père
« pendant cinq ou six heures. L'hiver dernier, elles restèrent
« chez lui jusqu'à neuf heures, mais la cour aura sans doute
« trouvé qu'elles étaient trop heureuses. Quand la rigueur de
« la saison force à chauffer les corps-de-garde, on échauffe
« aussi les prisons. Le feu est allumé deux fois dans les vingt-
« quatre heures : à cinq heures du matin et à quatre heures
« du soir; s'il brûle mal ou s'éteint tout-à-fait, ce qui n'est pas
« sans exemple, tant pis pour le prisonnier.

« *Gardes et surveillance.* La surveillance et le commande-
« ment en chef de la garde sont confiés au major de la place
« et à un lieutenant de la garnison qui, une fois qu'il a cette
« commission, ne fait aucun autre service, et ne peut être
« changé que pour cause de maladie, ou pour marcher à la
« guerre. Le major est permanent. Le lieutenant est toujours
« choisi avec grand soin, de manière qu'on ne peut guère en
« espérer des services *essentiels;* mais nous en avons eu plu-
« sieurs fort honnêtes et d'assez obligeants pour de petites
« choses. Celui du moment serait le plus grossier des humains
« sans son major dont la brutalité l'emporte sur celle des

« geôliers ses confrères, des commandeurs de nègres aux
« Antilles et des marchands d'esclaves de Constantinople.
« Sous ces deux aimables chefs, est un vieux caporal décoré
« du titre de prévôt, fort bête, fort craintif, mais aussi fort
« avide. Tel est l'état-major de cette Bastille auquel je pour-
« rais joindre le soldat très malpropre, spécialement chargé
« de nous apporter nos repas, de balayer les corridors, et qui
« n'a pas d'autre service.

« La garde intérieure est de trente hommes d'élite, com-
« mandés par deux caporaux; ils se relèvent d'un jour à
« l'autre, de manière qu'il y en a toujours quinze de garde et
« un caporal. Ils fournissent cinq sentinelles de jour et de
« nuit; trois dans le corridor, deux sur la terrasse, qui doi-
« vent prêter une oreille attentive à ce que nous faisons, en
« rendre compte sur-le-champ et ne répondre à aucune des
« questions que nous pourrions hasarder. Ceux de la terrasse
« sont particulièrement chargés d'appeler sur-le-champ le
« caporal, si nous parlions par la fenêtre à nos voisins; le
« pauvre Félix, pris en flagrant délit, a été mis au pain et à
« l'eau, et ses fenêtres sont restées fermées pendant trois
« mois. Aucune personne, quelle qu'elle soit, si elle n'est pas
« de la garde, ne doit entrer dans le corridor, dont la porte
« ne peut être ouverte qu'en dedans par la sentinelle qui est
« placée à côté d'elle. Quant aux portes des prisonniers, elles
« ne s'ouvrent jamais qu'aux heures réglées, et en présence
« d'un des deux officiers, qui à chaque fois est obligé d'aller
« chercher l'énorme trousseau de clefs chez le commandant-
« général et de l'y reporter lui-même. Si pendant ces inter-

« valles on avait un coup de sang, une hémorrhagie ou tout
« autre accident imprévu qui exige un prompt secours, il
« faudrait périr. Le service des prisonniers ne se fait que
« successivement, de sorte que deux prisons ne soient ja-
« mais ouvertes à - la - fois. Pendant cette cérémonie, la
« garde est sous les armes et en bataille, en dedans du
« corridor, devant la porte qui donne sur la cour, et
« qui est fermée ; la sentinelle la plus près du prisonnier
« chez lequel on est se place devant la porte, le fusil en
« travers de l'ouverture, pendant qu'un autre soldat, le
« sabre nu de la main droite, tient la porte de la main gauche.
« Pendant que l'on met le repas sur la table, l'officier, le
« prévôt, restent dans la chambre, examinent si tout est dans
« l'ordre accoutumé, et font une revue particulière du poële
« ainsi que des grilles de la fenêtre. Cette visite a lieu quatre fois
« par jour. Je ne sais où couchent les soldats quand ils ne sont
« pas de garde ; mais ce doit être fort près de nous, puisque
« vingt-quatre heures de repos ne les dispensent pas de la sur-
« veillance, et que, s'il arrivait quelque *accident,* ils n'en se-
« raient pas moins responsables que ceux de leurs camarades
« qui sont de service. Pour les dédommager de cette pénible
« et continuelle attention, ils ont double paie, ainsi que les
« deux caporaux, le prévôt, etc. Indépendamment de ces
« précautions, nous sommes encore consignés au corps-de-
« garde de la cour de la caserne, aux deux qui sont dans les
« ouvrages vis-à-vis de nos fenêtres ; et, par surabondance,
« les soldats logés dans la caserne, et dont une partie occupe
« les chambres au-dessus de nous, sont assurés d'une récom-

« pense s'ils dénoncent quelque délit ou quelque négligence de
« nos sentinelles. La prairie, située sous notre terrasse, qui ordi-
« nairement est une promenade, et même un passage utile et
« fréquenté, est interdite à tous ceux qu'un service militaire
« n'y appelle pas, comme les officiers et soldats de l'artillerie.
« Nos tristes lampes sont allumées à l'heure du souper, et
« doivent être soufflées à neuf heures, pour que nous ayons
« bien le temps de calculer la longueur des nuits d'hiver; et
« on nous a repris les briquets qu'on nous avait donnés en
« arrivant, pour allumer, si nous étions incommodés.

« *Régime, entretien.* Jusqu'ici vous n'apercevez aucun des
« agréments que l'Empereur avait promis à madame Lafayette.
« Ce peut être un grand honneur d'être l'hôte de S. M., sur-
« tout au cachot; mais il n'y a pas le mot pour rire. Cependant,
« il faut l'avouer, à l'heure des repas nous excitons l'envie
« de nos faméliques geoliers de tout grade, quoique ce soient
« les instants les plus dégoûtants de la journée. Le déjeuner
« est du chocolat ou du café au lait, au choix du prisonnier,
« et l'un et l'autre aussi mauvais que vous pouvez le présu-
« mer, étant fait par une vivandière, dans une gargote où les
« soldats de la caserne entrent à volonté, et fument conti-
« nuellement. Aussi tout ce que nous mangeons est-il impré-
« gné d'une forte odeur de tabac : bien heureux quand nous
« n'en trouvons pas en nature dans ce qu'on nous donne.
« Le dîner est servi dans des écuelles de faïence, toutes
« de même forme et grandeur. Je ne sais s'il y a pour les
« dames (qui, payant leurs dépenses, peuvent demander, je
« crois, ce qu'elles veulent) quelque différence dans le ré-

« gime alimentaire; mais il ne peut y en avoir pour la mal-
« propreté, puisque tout sort de l'officine de la même
« vivandière, à qui je passerais ses détestables ragoûts, son
« beurre fort, ses épices, si elle était moins sale. Pour com-
« bler la mesure, tout, viande, soupes, légumes, fricassées,
« doit être mangé avec une cuiller d'étain, sans fourchette
« ni couteau; et, si nous n'avions pas apporté avec nous des
« serviettes, dont il nous reste quelques lambeaux, il fau-
« drait s'essuyer sur la manche. Dans le principe, on servait
« le vin et l'eau chacun dans une bouteille, nous buvions dans
« un verre; c'était un agrément dont nous ne nous doutions
« pas alors, mais que nous regrettons tous les jours depuis que,
« sans d'autre but que celui de nous vexer, on y a substitué
« deux espèces de bocaux, de forme cylindrique, tenant
« chacun à-peu-près une demi-bouteille. On les apporte
« pleins, l'un d'un gros vin rouge fort plat, l'autre d'eau
« sale, et il faut boire dans l'un et dans l'autre, parceque,
« comme on me l'a expliqué, l'Empereur le veut ainsi. Vous
« concevrez le dégoût qu'inspirent ces vases, quand je vous
« aurai dit qu'en les retirant de nos chambres on les place sur
« les fenêtres du corridor, où ils sont exposés aux insectes, à
« la poussière, à la fumée de tabac, et, ce qui est pis que
« tout, à la disposition des soldats, qui y boivent, s'en servent
« pour leurs ablutions, et qu'on ne les nettoie qu'à des épo-
« ques fixées, au commencement et au milieu de chaque mois,
« avec un bouchon de paille.

« Vous voyez par tous ces détails, mes chers amis, que
« pour nous distraire de ces vexations, d'autant plus con-

« trariantes qu'elles n'ont pas même l'apparence de l'uti-
« lité, et pour diminuer l'inexprimable longueur des jours,
« nous n'avons d'autre ressource que la lecture : aussi en
« faisons-nous un grand usage. Mais, comme il y a eu des vi-
« cissitudes dans la faveur qu'on nous a faite de nous prêter
« des livres, je reprendrai cette histoire à dater du pre-
« mier jour de notre arrivée. Vous avez su que nous
« fûmes dépouillés de nos montres, de nos rasoirs, de nos
« couverts d'argent, et de tous les petits meubles de pro-
« preté, jusqu'au couteau pour ôter la poudre. On nous avait
« rendu, en Silésie, papier, plumes et encre. Ce fut un grand
« objet de scandale pour nos geoliers, qui se répandirent en
« lazzis méprisants sur le peu d'intelligence des Prussiens à
« tourmenter leurs victimes. Nous aurions pu leur certifier
« qu'ils savaient aussi toutes les finesses du métier, mais nous
« espérions encore les piquer d'honneur. Cet espoir s'évanouit
« quand on nous ôta jusqu'aux lettres que nous avions reçues
« de nos parents et de nos amis, et qu'on nous prévint que
« nous étions séquestrés du reste du monde, que nous devions
« oublier nos propres noms pour ne nous souvenir que de nos
« numéros, et que nous n'entendrions plus parler les uns des
« autres; promesse qu'on ne nous a que trop bien tenue, et
« qui n'a pu être trompée que par le zèle et l'intelligence
« de Félix et de Jules, qui sont les agents de notre commu-
« nication. Cette première opération achevée, on procéda à la
« visite de nos livres. Tout ce qui était imprimé depuis 1789
« était proscrit de droit, eût-ce été l'Imitation de Jésus-
« Christ. Dans les ouvrages plus anciens, on fit d'abord main-

« basse sur le *Sens Commun de Paine*, et sur le *Contrat So-*
« *cial de Rousseau;* proscription bien naturelle, puisque leur
« conduite était la violation des principes de ces deux écrits.
« Helvétius fut confisqué, parceque, dit-on, ses ouvrages
« avaient gâté le cœur de l'empereur Joseph II. Le comman-
« dant ayant ouvert un abrégé de l'histoire grecque, tomba
« dès les premières lignes sur les mots de liberté et de
« république, et j'eus beau dire pour le sauver, l'arrêt fut
« irrévocable; il fut perdu pour nous, ainsi que beaucoup
« d'autres, pour des raisons tout aussi importantes. Enfin, au
« bout de trois semaines, le ministre, à qui on avait envoyé
« le procès-verbal de notre installation, donna ordre qu'on
« m'ôtât les *Liaisons Dangereuses,* roman de Laclos, et les
« *Observations sur l'Histoire de France,* par Mably, ouvrages
« qui n'ont aucun rapport à la révolution; et tous ces inquisi-
« teurs sont si profonds dans la littérature française, qu'ils
« m'ont laissé l'*Histoire Philosophique et Politique* de l'abbé
« Raynal, remplie de traits hardis et de réflexions libérales.
« Vous imaginez bien qu'ils ont fait des bévues tout aussi ri-
« dicules avec mes deux amis. Au bout de quelques jours, on
« nous apporta une liste de livres français appartenant à
« une bibliothèque publique, et on me donna en outre le ca-
« talogue d'un libraire qui louait des livres allemands. Je
« n'en ai eu la jouissance que pendant quatre mois, sans que
« pendant ce temps j'aie jamais pu obtenir aucun ouvrage
« nouveau, ni aucun de ceux de M. d'Archenoltz, qui étaient
« toujours en tête de mes demandes. Quant aux livres fran-
« çais, vous sentez que la plus grande partie sont des bou-

« quins ; mais cette bibliothèque a aussi l'Encyclopédie,
« Bayle, les œuvres complètes de Voltaire, de Rousseau, de
« Montesquieu, et tout cela a déja été lu, et nous le relisons.
« L'Encyclopédie entière nous a passé par les mains ; ses di-
« visions les plus intéressantes ont été coulées à fond ; de
« sorte que cette précieuse ressource perd chaque jour
« de son prix. Pendant tout l'hiver qui a suivi l'évasion de
« Lafayette, nous avons été livrés, sans distraction, aux tristes
« idées que faisait naître le malheureux succès de cette entre-
« prise. C'est alors que je fus entièrement privé de lecture
« allemande. J'eus le catalogue français, et je marquai une
« trentaine de volumes. On m'apporta pour tout potage les
« lettres de Patin, que je n'avais pas demandées ; et, pendant
« tout l'hiver, je ne pus obtenir d'autres livres que ces deux
« seuls volumes, et je les aurais peut-être encore, si le major
« ne fût tombé malade, et si, dans le même temps, le général
« Arco, qui ordonnait, ou du moins autorisait ces vexations
« subalternes, ne fût passé de vie à trépas.

« Vous demandez comment nous sommes vêtus ; comme
« des mendiants, c'est-à-dire en guenilles, puisqu'on n'a pas
« remplacé nos habillements usés. Lafayette cependant a eu
« besoin de culottes ; j'ai su qu'alors on lui a fait faire, sans
« prendre mesure, un pantalon large et un gilet de serge
« grossière, en lui disant que le drap était trop cher pour
« lui. Je crois que ce vêtement était fait de manière qu'il n'a
« pu le mettre, et que madame Lafayette y a suppléé en
« faisant acheter du drap sous quelque prétexte. Ce que je
« sais, c'est qu'il est étrangement chaussé, car c'est made-

« moiselle Anastasie qui, de sa belle main, lui a fait, avec
« l'étoffe d'un vieil habit, la chaussure qu'il porte. Pour moi,
« je suis en gilet et pantalon de nankin fait à Nivelle; vous
« jugez de sa maturité. Si on me voyait dans la rue, il n'y a
« pas une bonne ame qui ne me donnât l'aumône. J'ai pour-
« tant eu des souliers neufs il y a trois mois : ceux qu'ils ont
« remplacés avaient été ressemelés treize fois, et je n'ai dû
« les neufs qu'à l'opiniâtreté du savetier, qui a trouvé impos-
« sible de les ressemeler une quatorzième fois. Pendant qu'on
« y travaillait, il fallait rester dans mon lit. »

LETTRE CINQUIÈME.

Paris, le 25 septembre 1834.

En lisant la lettre du général Latour-Maubourg sur la
prison d'Olmütz, lettre remplie d'esprit, d'élévation d'ame
et de généreux sentiments pour Lafayette et sa famille, vous
avez dû voir, monsieur, qu'il était question de deux prisonniers désignés seulement par leurs noms de baptème, Jules
et Félix. Je voulais ajouter une note pour vous les faire connaître; ne l'ayant pas fait, c'est un besoin pour moi de réparer une omission qui aurait pu laisser dans l'oubli les
noms de deux hommes dont la conduite a été exemplaire
dans ces circonstances de hideuse mémoire.

Jules Grugeon, domestique du général Latour-Maubourg,
suivit volontairement son maître de prison en prison, et lui
donna, ainsi qu'aux autres détenus, pendant leur commune
captivité, les marques du plus grand dévouement. Il vit encore, et s'est, je crois, établi limonadier.

Félix Pontonnier était attaché à Lafayette comme secrétaire, et fut arrêté avec lui. Il était alors fort jeune, car à peine
avait-il atteint sa seizième année. Après l'arrestation, il fut
chargé de surveiller les effets des prisonniers, et pendant plusieurs jours fut entièrement séparé d'eux. Il n'était plus gardé,
et pouvait s'échapper; mais il aurait rougi d'une telle faiblesse,
et il alla de son plein gré rejoindre Lafayette. Pendant toute

sa captivité, il n'est point de preuves d'attachement et de dévouement qu'il n'ait prodiguées à son illustre protecteur. Son
intelligence et son esprit étaient toujours mis à contribution
dès qu'on entrevoyait quelque espérance de le faire évader, ou
s'il s'agissait seulement d'adoucir les rigueurs de sa détention. Son génie inventif s'exerçait continuellement à trouver
des moyens d'établir des correspondances entre les prisonniers , de faire qu'ils pussent connaître leur situation respec-
tive, se communiquer leurs pensées, faire prendre le change
aux geoliers, donner de leurs nouvelles aux amis qui s'occupaient de leur délivrance, ou recevoir des leurs. Il avait
composé une langue particulière dont lui seul et les autres
prisonniers connaissaient les mots; il avait aussi imaginé un
langage de gestes et d'expression de physionomie dont les
détenus seulement avaient la clef; d'autres fois, comme un
oiseau captif, il sifflait sur différents tons, avec des modula-
tions diverses qui faisaient entendre aux prisonniers ce qu'il
leur était intéressant d'apprendre, etc. A plusieurs époques,
sa santé fut gravement compromise, et sur-tout lorsque,
après avoir été surpris en flagrant délit, il fut condamné pour
trois mois au secret, dans l'obscurité la plus profonde, et mis
pendant ce laps de temps au pain noir et à l'eau pour toute
nourriture. Rien n'égala le dévouement de Félix Pontonnier
pour les détenus, si ce n'est peut-être la reconnaissance que
Lafayette et ses enfants ont conservée pour cet homme rempli d'honneur et de courage. Après avoir dirigé pendant
plusieurs années, avec autant de probité que de succès,
les travaux agricoles de Lagrange, il s'est établi à Fon-

tenay (Seine-et-Marne), où il est percepteur des contributions.

Vous devez vous rappeler aussi, monsieur, que dans la même lettre Latour-Maubourg parle d'un certain caporal, décoré du titre de prévôt, et aussi craintif qu'avide. J'ai pensé que vous seriez bien aise de connaître un peu plus amplement cet individu, car le triste rôle qu'il a rempli auprès des victimes d'Olmütz a fait d'un homme fort obscur un personnage historique. Mademoiselle Anastasie Lafayette n'employait pas tout son temps à faire des vêtements ou des chaussures à son père et à soigner sa pauvre mère; avec sa jeune sœur, elle donnait à ses parents toutes les distractions qui pouvaient apporter du soulagement à leur position.

Un jour elle fit le portrait du caporal sur son ongle, afin qu'on ne pût saisir son dessin en cas de surprise, et que le modèle lui-même ne s'en aperçût pas; car vous pensez bien que le vieux rustre n'était pas d'humeur à poser pour se faire représenter en pied. Mademoiselle Lafayette transporta son esquisse sur un morceau de papier, et plus tard, lorsqu'elle sortit de prison, elle en fit un petit tableau qui se trouve aujourd'hui à Lagrange, près de la porte d'entrée de l'appartement de son père; c'était bien là sa place. Or voici le personnage:

Le vieux caporal est représenté au moment où il va ouvrir la porte du cachot qui donne sur le corridor, et qui est retenue en haut et en bas par des traverses munies de cadenas; sa tête demi-chauve est découverte; il porte les cheveux qui lui restent rassemblés en une petite queue ridiculement con-

tournée sur l'épaule [1], et s'avance sans bruit dans l'attitude
d'un homme qui craint et prête une oreille attentive au bruit
qu'il croit entendre. D'une main il porte un trousseau de

grosses clefs, et en dirige une machinalement vers la serrure ; de l'autre il tient une de ces lampes à bec dont on fait
grand usage en Allemagne, et qui reflète sur lui sa triste
lumière. Un bâton de défense ou de correction est retenu

---

[1] C'est probablement à raison de cette partie de sa coiffure que les prisonniers lui avaient donné le sobriquet de *cataquois*. Son véritable nom était
Colomba.

à son poignet par un cordon de cuir; sous son bras il aplatit à la manière d'un claque son petit chapeau à trois cornes. Un ceinturon attache son sabre à son coté; sa veste, ses culottes, ses larges bottes, les autres parties de son habillement indiquent qu'il est en petite tenue, et ses genoux paraissent fléchir moins sous le poids des années que sous l'influence de sa poltronnerie.

Mais laissons là ce pauvre diable, qui depuis long-temps sans doute a *passé de vie à trépas*, comme son général. Le trait que je vous envoie ne le fait revivre que bien faiblement en comparaison du tableau original d'une fille qui trace le portrait du geôlier de son père. Revenons à Lafayette:

Malgré les vicissitudes d'une vie fort orageuse, mêlée de nombreuses persécutions, de contrariétés plus nombreuses encore, Lafayette avait conservé un caractère doux; son humeur était égale et son commerce très facile dans l'intimité. En le quittant, on était certain de le retrouver toujours le même.

Il traitait ses domestiques avec une bonté qui lui gagnait leur cœur : aussi ces braves gens lui étaient entièrement dévoués, et le servaient avec un zèle qu'il n'avait pas besoin de stimuler. Ces sentiments de bienveillance pour les inférieurs, qui élèvent tant celui qui les met en pratique, et ne sauraient l'abaisser qu'aux yeux d'un fat ou d'un méchant, étaient innés chez Lafayette. On pourra en juger par l'anecdote suivante :

Peu de temps avant la révolution de 1789, Lafayette se promenait dans la grande galerie du château de Chavaniac, avec un gentilhomme de son voisinage, et causait avec lui sur l'émancipation future du peuple de l'Auvergne. La discussion fut interrompue par l'arrivée des paysans de sa ferme, qui venaient lui offrir des bouquets et des fromages, et les lui présentèrent, un genou fléchi, dans l'attitude de la soumission et du plus grand respect. « Voyez, dit le gentilhomme, comme « ces paysans sont disposés à recevoir votre émancipation; « ils s'en soucient fort peu, je vous assure. — Eh bien! ré-« pondit Lafayette, encore quelques années, et nous verrons « qui de nous deux aura eu raison. » Quelques années plus tard éclata la révolution; les droits seigneuriaux furent abolis, et le gentilhomme se vit obligé de se soustraire par la fuite à la fureur des paysans. Ceux-ci continuèrent à respecter Lafayette, qui les avait toujours traités en père et jamais en seigneur.

Maintenant, monsieur, je vais vous retracer les souvenirs qui me sont restés de la manière de penser de Lafayette sur des matières qui ont rapport à la société en général; elles intéressent par conséquent le moraliste et le philosophe. Si, sur certains points, j'ai mal interprété ses idées ou ses sentiments, la faute en est à moi, et je vous prierai de vouloir bien me rectifier; vous pourrez le faire facilement, car, d'aprèsce que je vous ai dit de sa vie privée, vous avez pu voir que Lafayette était un homme parfaitement en harmonie avec lui-même, dans ce sens que ses opinions et sa conduite ont eu constamment pour base ce qui est grand, juste et honorable.

Je vous avouerai franchement ne pas avoir partagé sur tous les points, quant à leur application du moins, les opinions de l'homme pour le caractère duquel j'ai tant d'admi-

ration. Beaucoup d'idées belles et généreuses en théorie
peuvent, en effet, ne point être applicables en pratique :
ainsi on ne saurait donner à une société vieille, usée, qui
semble tomber en ruine par excès de civilisation, comme
les fruits en décomposition par excès de maturité, des institutions qui conviennent à un peuple jeune, nouveau, comme
la nation américaine, dont l'existence civile et politique
commence avec tous les éléments de la civilisation, et peut
y prendre ce qu'il y a de bon, ou rejeter ce qui l'altère et la
corrompt : ce serait vouloir appliquer à un vieillard les règles
d'hygiène ou les remèdes qui conviennent à un enfant. Il
faut, selon moi, purifier les vieilles sociétés, en supprimant
leurs abus, en extirpant leurs vices, et les régénérer ainsi peu
à peu, sans secousses, s'il est possible ; c'est le moyen de les
rajeunir, ou du moins de les étayer jusqu'à ce qu'elles soient
assez améliorées pour se soutenir d'elles-mêmes.

Un médecin vraiment philosophe, pénétré et digne tout
à-la-fois de la haute mission qu'il remplit auprès des
hommes, ne saurait suivre aveuglément les opinions ou
épouser les passions des partis qui divisent la société.
Il ne voit l'homme que hors des scènes du grand monde,
et gisant sur un lit de douleur ; le plus souffrant et le
plus malheureux est celui qui l'intéresse davantage. Les
infirmités physiques et morales de l'espèce humaine sont
sans cesse devant lui. Sortant des palais somptueux, il
pénètre dans les réduits obscurs de la misère, et, dans
des lieux si différents, il retrouve toujours le même homme,
l'être souffrant, qui implore ses secours, et au-soulage-

ment duquel il a consacré son existence. Par ses relations intimes avec toutes les classes de la société, il est mieux que personne à même d'observer, de connaître, de juger l'humanité, et de l'apprécier à sa juste valeur. Celle-ci ne s'offre pas en général à ses regards par son beau côté : il l'étudie même de trop près ; mais s'il perd de ses douces illusions, il peut au moins la voir telle qu'elle est. Calme au milieu des révolutions qui surgissent autour de lui, il ne doit que déplorer leurs tristes résultats pour les vaincus, adoucir la colère ou l'humeur présomptueuse des vainqueurs, gémir sur les infortunes, sur les calamités qu'elles entraînent, et y remédier autant qu'il est en lui de le faire. Ministre de paix et d'union entre les hommes qui lui ont confié ce qu'ils ont de plus cher, leur vie, et souvent leur honneur, il ne doit que les consoler ou guérir leurs maux, et s'il peut avoir quelque influence sur eux, c'est pour modérer leurs passions, les ramener à la raison, à la justice, à la tolérance, à ce qu'il croit le plus utile à eux-mêmes et au bien du pays. Quant à lui, il ne doit ambitionner de se distinguer que par son désintéressement; par l'abnégation qu'il fait de sa personne lors des épidémies qui désolent les populations; par son dévouement et son courage, en relevant ou pansant les blessés sur les champs de bataille; par sa charité, sa sévérité contre les vices, et son indulgence pour les faiblesses de l'espèce humaine. Tels doivent être, à mon avis, le caractère, les devoirs et le véritable patriotisme d'un médecin.

Lafayette aurait voulu ne faire qu'une grande famille de

toute l'espèce humaine, et amener les hommes, par les voies de la morale, à se considérer et à se traiter entre eux comme de véritables frères : préceptes saints de l'Évangile, dont on parle tant, que tout le monde admire, et qu'on suit si peu! Il pensait que tout homme naît avec des droits inaliénables et imprescriptibles, tels sont : la liberté de toutes ses opinions; le soin de son honneur et de sa vie; le droit de propriété; la disposition entière de sa personne, de son industrie, de ses facultés; la communication de toutes ses pensées par tous les moyens possibles; la recherche du bienêtre et la résistance à l'oppression.

Il regardait les hommes comme les enfants d'un même père, ayant tous des droits égaux aux bienfaits de la civilisation et devant être soumis à des lois communes, mais aussi comme devant chacun rendre à la société ce qu'ils lui empruntaient en utilité ou en garantie. C'est dans ce sens, si je ne me trompe, qu'il comprenait la liberté et l'égalité parmi les hommes. Les distinctions nécessaires à l'ordre social ne devaient être fondées, selon lui, que sur l'utilité générale.

«Quant à moi, monsieur, écrivait-il au bailli de Ploën, «persuadé que le genre humain fut créé pour être libre, »et que je suis né pour servir sa cause, je ne puis ni ne «veux renier la part que les devoirs de ma destinée m'ont «fait prendre à ce grand événement; et par-tout où je le «pus, et sur-tout dans ma patrie, je concourus par calcul à «toutes les entreprises contre un pouvoir illégitime qu'il fal-«lait détruire; et je vous atteste qu'en 1787 et 1788, la ré-«sistance des privilégiés, de ceux même qui ont été les

« coryphées de l'aristocratie, eut autant les caractères de la
« faction qu'aucune autre insurrection que j'aie vue depuis. »

Les hommes ne sauraient oublier qu'ils ont été créés citoyens du monde, quelle que soit la contrée de la terre qui les
ait vus naître; qu'ils se doivent, par conséquent, non seulement
à leurs compatriotes, mais aussi aux autres peuples, qui ne
sont que de grandes familles. Aussi, pénétré de ces sentiments
sublimes, Lafayette préférait-il sa famille à lui-même, sa
patrie à sa famille, et l'humanité entière à sa patrie ! Il n'y a
pas d'étrangers pour nous dans le sens moral, et dans le sens
moral encore l'homme est par-tout chez lui. Il ne faudrait pas
conclure de ce qui précède, qu'on doive faire de l'homme un
animal vagabond, errant de contrées en contrées, et qui se
trouve chez lui, là où la société l'héberge et le nourrit, mais
bien que les sociétés doivent admettre, accueillir et protéger tout homme qui est digne d'en faire partie, quelle que
soit la race à laquelle il appartient, ou le pays qui lui a donné
naissance.

La société a des charges obligatoires à supporter, et des
plaies que, si elle ne peut pas complétement cicatriser, elle
doit au moins chercher à diminuer.

Les charges de la société sont principalement les frais du
gouvernement qu'elle s'est choisi, auquel elle est obligée de
se soumettre, dont elle doit nécessairement faire partie, et
qui est chargé de maintenir son harmonie, de la représenter
et de la défendre dans le système politique général.

Parmi les plaies honteuses de la société on peut signaler les
mendiants qui l'exploitent au nom de la charité, en touchant

les cordes qui vibrent le plus facilement dans les ames bonnes, timorées ou superstitieuses; les *voleurs* et autres gens à-peu-près de semblable espéce, qui exercent contre elle leur coupable industrie, ou entretiennent devant ses yeux un commerce scandaleux: les *fainéants incorporés,* n'importe sous quel titre; *les gens désœuvrés,* purement consommateurs, qui lui donnent l'exemple de la paresse ou la corrompent par leurs vices, et sont à charge à la société s'ils sont pauvres; à charge encore s'ils sont riches, par le mauvais emploi qu'ils font le plus ordinairement de leur fortune. C'est parmi ces êtres parasites, qu'on rencontre tous les germes de la corruption : aussi, comme la société ne peut s'en délivrer complétement, elle doit faire tous ses efforts pour en diminuer le nombre autant que possible.

Dans les circonstances pénibles où souvent il s'est trouvé placé, Lafayette n'oublia jamais qu'il était l'ami de ses semblables, et qu'il devait les secourir et les protéger.

Voici une lettre que dans l'exil il écrivait au Directoire:

« CITOYENS DIRECTEURS,

« Permettez qu'un citoyen qui dut sa délivrance au gou-« vernement de sa patrie, cherche aujourd'hui à se prévaloir « de cette obligation pour vous demander un acte de justice. « Ce n'est pas de moi que je parlerai ; et, quoique mon cœur « et ma raison me rappellent également mes droits, j'apprécie « les circonstances qui m'éloignent encore de mon pays: mais « en faisant de loin des vœux pour sa liberté, sa gloire et son « bonheur, je viens vous parler du petit nombre d'officiers

« qui, dans une occasion dont la responsabilité appartient à
« moi seul, se crurent dans l'obligation d'accompagner leur
« général, et furent faits prisonniers des ennemis. Leur pa-
« triotisme éprouvé dès le commencement de la révolu-
« tion s'est conservé dans toute son ardeur comme dans
« toute sa pureté, et la république ne peut pas avoir de plus
« fidèles défenseurs.

« Salut et respect.

« LAFAYETTE. »

Lafayette disait à ses concitoyens de la Haute-Loire, peu
de temps après sa rentrée en France : « J'avais abjuré toute
« prétention à mon retour sous le régime résultant de cette
« journée (18 fructidor¹), et auquel ont succédé les bienfaits,
« les espérances et les engagements du 18 brumaire². Je crus
« alors qu'il m'appartenait de mettre fin à ma proscription ;
« et, après avoir informé de mon arrivée les Consuls provi-
« soires, et réclamé le rappel de mes camarades d'exil, prin-
« cipal objet de mon empressement, j'attendis notre radiation
« commune dans la retraite absolue à laquelle je me suis
« voué, et où, loin des affaires publiques, et me consacrant
« enfin au repos de la vie privée, je forme des vœux ardents
« pour que la paix extérieure soit bientôt le fruit des miracles
« de gloire qui viennent de surpasser les prodiges des campa-
« gnes précédentes, et pour que la paix intérieure se consolide
« sur les bases essentielles et invariables de la vraie liberté. »

_____

¹ An V (4 septembre 1797).
² An VIII (9 novembre 1799).

Pendant sa dernière maladie, Lafayette fut très affligé des émeutes du mois d'avril, et tous les jours il me demandait des nouvelles des deux blessés auxquels je donnais mes soins; il me félicita quand je pus lui annoncer qu'ils étaient hors de danger.

Le premier de ces malades, M. *Chalamel*, adjudant de la cinquième légion de la garde nationale, avait reçu une balle à la nuque; la colonne vertébrale avait été touchée par le projectile, la moelle épinière frappée de commotion, et le malade était paralysé des quatre membres. Après avoir éprouvé de graves accidents, il se rétablit assez promptement.

Le second blessé se nommait *Hú* : âgé de six ans, il était dans les bras de son père, lorsque tous deux furent atteints de plusieurs balles. Le père fut frappé à mort; une balle fracassa l'articulation du coude droit de l'enfant. La gravité des accidents qui se développèrent me força à pratiquer l'amputation du bras. Ce malheureux enfant est maintenant complétement guéri, et le gouvernement vient de lui accorder, ainsi qu'à sa mère, une pension de 1200 fr.

Jamais homme ne fut plus que Lafayette ami de l'ordre, de la paix et de la tranquillité publique; et dans les crises politiques les plus orageuses, on l'a toujours vu suivre la ligne droite qu'il s'était tracée, quelque danger qu'il y eût à la parcourir : on pouvait dire de lui comme Horace du sage :

> Si fractus illabatur orbis,
> Impavidum ferient ruinæ.

Il pensait que les mouvements tumultueux d'un peuple

égaré ne peuvent que retarder son émancipation, et
qu'ils étaient contraires à la véritable liberté, dont l'existence n'est possible qu'avec l'ordre, et sous l'empire des
lois et de la morale publique. « Malgré la part que j'ai prise
« aux révolutions d'Amérique et d'Europe, » écrivait-il au
bailli de Ploën, « c'est autant comme défenseur de l'ordre
« public que comme promoteur de la liberté que je suis
« resté présent à la mémoire des Français. »

Le 14 juillet 1790, il disait aux membres de la fédération :
« Que l'ambition n'ait pas de prise sur vous ; aimez les amis
« du peuple, mais réservez l'aveugle soumission pour la loi,
« et l'enthousiasme pour la liberté. »

« C'est pour eux (les défenseurs de la vraie liberté), écri-
« vait-il à M. d'Archenholz, que, dans la sincérité de mon
« cœur, je vous lègue ici cette consolante vérité, qu'il y a
« plus de jouissance dans un seul service rendu à la cause
« de l'humanité, que la réunion de tous ses ennemis, et
« que même l'ingratitude du peuple ne peuvent causer de
« tourments. »

Lafayette avait, comme il le disait lui-même, l'instinct de
la liberté ; il l'aimait avec passion ; il l'avait défendue contre
la république même, mais il desirait encore plus s'en rendre
digne que d'en jouir. Il n'ignorait pas que la véritable liberté,
la seule qui soit compatible avec le bien des masses et des
individus, n'a pas de plus redoutable ennemie que la licence,
avec laquelle certaines personnes la confondent ou feignent
de la confondre. La liberté, en effet, est soumise à la raison
qui l'éclaire, à l'immuable justice qui la soutient, à la

conscience et à l'amour du bien public qui sont ses gui-
des. Amie de l'ordre et de la paix, elle ne fait jamais
violence à la conscience des autres; seulement elle empêche que leurs actes ne soient contraires aux lois et au
bien général.

Lafayette n'ignorait pas non plus, et il en avait fait la
rude épreuve, que le despotisme de l'anarchie est le pire
de tous les despotismes : il savait également que beaucoup
de gens veulent de la liberté et de l'égalité pour abaisser ceux
qui leur sont supérieurs, et non pour élever à leur niveau ceux
qui sont au-dessous d'eux.

Pourrait-on tracer avec des couleurs plus vives le portrait qu'il fait des hommes placés à la tête de la révolution après le 10 août 1792 : « Des hommes dont la vénalité
« a lassé tous les partis, dont la bassesse a toujours caressé
« la main qui donne ou qui frappe, dont le prétendu pa-
« triotisme ne fut jamais qu'égoïsme, des corrupteurs avoués
« de la morale publique, les auteurs de protestations ou
« de projets contre la république, amalgamés à des ames
« de boue et de sang, qui l'ont si souvent souillée! quels
« chefs d'une nation libre! Puissent ses législateurs lui
« rendre une constitution, un ordre légal! Puissent ses
« généraux se montrer incorruptibles! » (*Lettre à M. d'Archenholz.*)

Lafayette pensait que les masses jugeaient presque toujours sainement les questions les plus importantes, sur-tout
celles qui tiennent immédiatement aux intérêts généraux de
la société. Il ambitionnait l'assentiment de ces masses, quoi-

qu'il sût par expérience combien la plus grande popularité
peut être passagère, et avec quelle facilité le peuple brise
l'idole qu'il encensait la veille ; mais on peut dire qu'il ne fit
jamais, pour obtenir cette approbation générale, rien qui ne
fût dicté par sa conscience et son entière conviction. Après
la révolution de juillet, on voulait lui faire sanctionner une
mesure qu'il réprouvait, et on lui laissait entrevoir que, s'il
agissait autrement, il pourrait perdre sa popularité, qui
alors était fort grande. « Je regarde la popularité, répondit-il
« avec dignité, comme le plus précieux des trésors ; mais,
« comme tous les trésors, il faut savoir la dépenser et s'en
« dépouiller pour le bien public. » Réponse sublime qui peint
son ame tout entière.

Lafayette avait de la pitié ou du mépris pour ceux qui se
laissent opprimer sans résistance, et de l'horreur pour leurs
oppresseurs. Mais ceux-là sur-tout lui paraissaient méprisa-
bles, qui vendaient lâchement leur liberté, venaient volontairement courber la tête sous le joug sans y être forcés, et
achetaient par une honteuse servitude le plaisir d'exercer un
petit despotisme, ou seulement de se donner de l'importance.
Il observait avec raison que ces hommes s'abaissent par ambition, comme certains avares se ruinent au jeu par con-
voitise.

Les parents de Lafayette voulaient le faire entrer dans la
maison du comte de Provence (depuis Louis XVIII). Il
ne s'en souciait pas, mais, par respect et par obéissance
pour eux, il ne savait comment les refuser. Alors il chercha
l'occasion de se faire refuser par le prince lui-même, ou du

moins d'obliger ses parents à renoncer à leur projet. Cette occasion ne tarda pas à se présenter : ayant rencontré le Comte dans un bal, il le reconnut, bien que celui-ci fût masqué, et il se fit intriguer par lui, sans lui donner à soupçonner qu'il l'avait deviné sous son déguisement. Dans la vive interlocution qui eut lieu, le Comte fit briller sa mémoire, et Lafayette trouva moyen de l'interrompre en lui disant : « Qu'il ne devrait pas se donner tant de peine pour « prouver que la mémoire était l'esprit des sots. » Quelques jours plus tard ils se retrouvèrent à la cour : le Comte ayant demandé à Lafayette s'il savait quel était le masque qu'il avait si maltraité : « C'est celui qui porte ici un habit vert, » répondit Lafayette. Le Comte, qui portait un habit de cette couleur, tourna le dos, et dès-lors il ne fut plus question d'attacher Lafayette à sa personne.

L'ame généreuse de Lafayette le portait instinctivement à embrasser la défense des minorités opprimées. Dans la lettre qu'il écrivait au bailli de Ploën, il lui dit : « Dans le « même esprit qui m'avait autrefois dévoué à la cause des « protestants français, je m'obstinai toujours à me déclarer « le défenseur du culte opprimé. »

Il considérait la liberté de la presse comme l'une des bases fondamentales de tout gouvernement constitutionnel : il reconnaissait bien ses abus, qu'il blâmait hautement; mais ces abus lui semblaient comme les passions véhémentes du jeune âge, qui finissent par se calmer et par faire place à la raison. Pour remédier à ces abus, la censure était, selon lui, un remède pire que le mal : elle asphyxiait la pensée. «Que di-

« rait-on de la justice, me disait-il un jour, si, dans la crainte
« d'être insultée, elle mettait à l'accusé un bâillon qui l'em-
« pêchât de se défendre ? » Il écrivait en 1799 : « Mais si
« notre dévotion à la liberté de la presse encouragea des
« abus qu'elle n'exigeait pas, du moins eûmes-nous soin,
« comme on peut le voir par les écrits du temps, que cette
« liberté entière fût commune à tous les partis ; heureux,
« si nous avions pu protéger aussi complétement celle des
« pratiques réligieuses ! »

Lafayette aimait beaucoup les hommes qui se consacraient
au bien de leur pays : aussi était-il lié avec les philanthropes
les plus distingués du siécle, qui combattaient pour instruire,
pour éclairer les peuples, et défendre leurs droits contre
toute espèce d'oppression.

Dans une lettre à Masclet, en date du 2 frimaire an IX [1], il
lui dit : « Je vous félicite d'avoir vu lord Holland : il lui
« aurait suffi pour m'attacher à lui, de la manière dont, en
« 1790, il prononça le nom *of his uncle Charles* ; il a mérité,
« depuis, que le sien fût prononcé par tous les amis de la li-
« berté avec un vif intérêt, et par moi avec une profonde
« reconnaissance. »

Dans ses lettres à Masclet, il affectait souvent d'appeler
jacobite la faction jacobine, pour faire allusion aux Stuarts,
et se servait de ce nom pour désigner toute espèce de tyrannie.

Pendant sa maladie, Lafayette fut un des premiers à lire

---

[1] 23 novembre 1800.

les *Paroles d'un croyant*, de M. l'abbé de la Mennais : « C'est
« vraiment, » nous dit-il un matin, « l'apocalypse de 89 ;
« je ne croyais pas l'abbé de la Mennais plus républicain
« que moi : son livre est bien écrit et plein d'enthousiasme ;
« il fera sensation et produira du scandale parmi les croyants
« auxquels il s'adresse. »

LETTRE SIXIÈME.

Paris, 5 octobre 1834.

En terminant ma dernière lettre par l'opinion de Lafayette sur l'ouvrage de M. l'abbé de la Mennais, j'aurais dû
ajouter que son pronostic sur le sort de cette brochure commence à se réaliser, car on peut dire aujourd'hui que peu
de livres ont fait autant de bruit dans le monde. Il est tra-
duit dans presque toutes les langues, et par-tout il a fait
des enthousiastes ou rencontré de violents adversaires. Mais
revenons à notre sujet.

Jamais Lafayette ne mit son devoir et ses intérêts personnels dans les plateaux de la même balance. Son devoir passait avant tout pour lui ; ses intérêts ou ses affections particulières n'étaient jamais que secondaires. « Tant de sottises
« ont été débitées par l'esprit de parti, disait-il au bailli de
« Ploën, qu'il n'est pas déplacé de vous affirmer ici que
» jamais aucune affection individuelle n'a dérangé ma con-
« duite publique; dans le cours de ces trois années de
« puissance, je n'encourageai personne à dire du bien
« de moi, et n'empêchai personne d'en dire du mal; et,
« pour expliquer ma manière d'être avec les hommes mar-
« quants de la révolution, il suffit de vérifier quels furent,
« à l'époque correspondante, leurs écrits, leurs discours et
« leurs actions. »

En 1829 je me trouvais avec mon honorable ami M. de Pouqueville, madame de Malaret, M. de Chastellux et quelques autres personnes, chez M. le comte de Ségur, qui venait de faire sa première visite à Charles X, d'après l'invitation qu'il en avait reçue, et de lui porter ses *Mémoires*. Le roi lui avait dit : « M. de Ségur, j'ai lu vos *Mémoires* avec le plus « grand intérêt. Le premier volume m'a charmé. J'y ai « retrouvé tous les souvenirs de votre jeunesse, votre amabi-« lité, notre commune étourderie, votre voyage en Amérique « avec le général Lafayette. Au second volume j'ai cessé d'être « de votre avis : je ne partage plus du tout vos opinions dans « le troisième; c'est de la révolution toute pure; nous sommes « en désaccord. Mais M. de Lafayette est un être complet, « savez-vous? je ne connais que deux hommes qui aient tou-« jours professé les mêmes principes, c'est moi et M. de La-« fayette : lui comme défenseur de la liberté, et moi comme « roi de l'aristocratie. J'estime M. de Lafayette; et, si les cir-« constances le permettent jamais, j'aurai du plaisir à le re-« voir. » Dans cette entrevue, qui dura près de deux heures, la conversation étant tombée sur la journée du 6 octobre 1789, Charles X dit à M. de Ségur : « Oui, j'aurai du plaisir à re-« voir M. de Lafayette : tout ce qui est arrivé n'a pas été de « sa faute aux journées d'octobre; il vint trouver le roi; il « s'offrit de sauver la famille royale, et il l'aurait fait, M. de « Ségur, comme il le disait alors; mais des préventions à « jamais déplorables firent qu'on refusa ses avis et ses ser-« vices. »

Le roi causa ensuite très long-temps sur la situation de la

France : M. de Ségur en fut très content, et Charles X l'engagea à revenir le voir souvent.

Lafayette était incapable de demander quelque chose qui eût même l'apparence d'un *passe-droit*, pour les gens qu'il aimait le plus; et quand ces personnes étaient de sa famille, il se plaignait, mais sans amertume, des injustices qu'on pouvait leur faire. Vous pourrez en juger d'après le fragment suivant d'une lettre qu'il écrivait à Masclet : « La fracture qui m'a « confiné si long-temps a été une occasion de retraite encore « plus absolue. Je ne puis mieux vous en donner une idée, « qu'en vous disant que je n'ai jamais quitté mon costume « campagnard de Lagrange, de manière que, sans être plus « mal avec les personnes de ma connaissance, il est arrivé « tout naturellement que je ne les vois point. Vous allez à « présent juger de mon crédit : George était dans le cas d'être « capitaine, au dire même de l'Empereur, qui l'avait promis « aux généraux Grouchy et Canclaux et à M. de Tracy, avant « le voyage qu'il fit dans son royaume d'Italie. Depuis ce « temps mon fils a servi comme volontaire aide-de-camp à « l'embarquement du Helder; à Ulm, à Udine et dans cette « nouvelle guerre à Prenzlaw, à Lubeck, à Eylau, où il a eu le « bonheur de sauver son général; à Friedland, où Grouchy « commandait l'aile de cavalerie qui n'a enfoncé les Russes « qu'à la septième charge. Le grade annoncé avant tout cela, « redemandé plusieurs fois par la hiérarchie des ministres, « et celle des généraux, a toujours éprouvé l'exception du « refus, de manière que George, doyen des lieutenants de la « division, renonce à toute idée d'avancement. Nous l'atten-

« dons incessamment : il est volontaire ; la paix va le ra-
« mener. »

Les facultés militaires, comme toutes les autres, n'avaient
pour Lafayette qu'un prix relatif au grand objet : *Datos ne
quisquam serviat enses.* Mais il avouait qu'il se sentait propre
au métier des armes. Il avait un sincère attachement pour
les couleurs nationales et pour le drapeau tricolore, « signe
« d'émancipation et de gloire, disait-il, que Louis XVI
« accepta des mains de la nation ; que son successeur s'est
« honoré de porter, et dont le moindre titre fut d'avoir flotté
« sur toutes les capitales, reçu les hommages de tous les
« potentats, et abattu devant lui, pendant plus de vingt
« ans, tous les drapeaux les plus puissants comme les plus
« imperceptibles. »

Lafayette se devait d'abord à sa patrie qu'il adorait, et
pour le bien et l'honneur de laquelle il était toujours prêt à
se sacrifier. Si la bataille de Marengo avait été perdue, il aurait demandé du service à Bonaparte, pour défendre l'indépendance de la France. Il lui avait écrit à ce sujet une lettre
qu'une personne de confiance s'était chargée de lui remettre
conditionnellement. La bataille ayant été gagnée, la lettre ne
fut pas remise. Cependant le général en chef de l'armée d'I-
talie eut connaissance de la démarche que Lafayette aurait
faite près de lui, si nous avions été vaincus. Il en parla un
jour aux officiers qui l'entouraient, et ne put s'empêcher d'admirer le patriotisme d'un homme dont au fond il ne partageait
pas les opinions ; puis il ajouta : « Quel est celui de vous,
messieurs, qui aurait pu mieux faire ? »

Plus tard Lafayette vota contre le Consulat à vie, ou plutôt il voulait attendre, avant de voter pour une magistrature permanente en faveur de Napoléon, que la liberté eût été fondée sur des bases dignes de la nation.

Dans l'exil, Lafayette n'a fait que des vœux ardents pour le bonheur de son pays, pour le triomphe de la liberté, pour le retour aux principes d'ordre, d'humanité, de justice, et pour l'établissement d'une bonne constitution. Il resta toujours fidèle à ses principes d'égalité et de liberté, et ardent ami de toute constitution qui garantit le plus sûrement l'une et l'autre, ou peut offrir la plus forte digue contre le despotisme et le torrent révolutionnaire. Il s'appelait lui-même « le premier, le plus opiniâtre défenseur des con- « ventions. »

« Lorsque dans mes discours, disait-il au bailli de Ploën, « j'appelais Paris à devenir la métropole du monde libre, « mon ambition était qu'elle en fût l'honneur et l'exemple ; « mais nos soins étaient contrariés par les brigands de toutes « les classes et par les prétendants à tous les genres de profit « révolutionnaire. »

Il se rappelait toujours avec plaisir les services qu'avait rendus à la France la garde nationale, et les témoignages nombreux de dévouement qu'il avait reçus de ses compagnons d'armes. « La révolution, écrivait-il, avait armé « la France ; il était urgent de lui donner une forma- « tion ; mes observations en Amérique et dans plusieurs « parties de l'Europe avaient été dirigées vers ce but. La « garde nationale fut instituée ; c'était la seule force armée

« qui pût maintenir l'ordre intérieur sans favoriser le des-
« potisme militaire ; c'était un moyen sûr de repousser les
« agressions étrangères, et de réduire les anciens gouverne-
« ments à l'impuissance de se défendre contre nous s'ils
« ne l'imitaient pas, ou contre leurs sujets, s'ils osaient
« l'imiter. »

Pendant sa dernière maladie, il nous témoignait fréquemment le desir qu'il avait d'être promptement rétabli, pour
reprendre ses travaux. Plusieurs fois il me demanda, avec
instance, de lui permettre d'aller à la Chambre des députés,
et notamment lors de la discussion des lois sur les réfugiés,
sur les associations, et sur l'indemnité due par la France aux
États-Unis. Son état ne me permettait pas de lui faire de con-
cession sur ce point ; et je dois lui rendre la justice de dire
qu'il se soumettait toujours, avec la docilité de la raison, aux
conseils que je lui donnais d'après le témoignage de ma conscience.

Lafayette pensait que le projet de loi sur le traité américain présenté à la Chambre des députés par le duc de Broglie
(pour les qualités personnelles et les talents duquel il avait
une juste estime), était obligatoire pour l'honneur et la
dignité de la France, et qu'il se trouvait même dans ses intérêts matériels : persuadé qu'il était que la fortune publique,
comme celle des particuliers, ne pouvait être acquise ou
conservée que par des moyens honorables, et que les gouvernements, comme les peuples, ne devaient pas oublier
qu'en tout état de choses une bonne conduite était toujours
le meilleur calcul qu'on pût faire. Il croyait que notre com-

merce éprouverait chaque année, si le traité américain n'était pas conclu, des pertes bien supérieures à l'intérêt du capital réclamé par les États-Unis.

Convaincu de la bonté de ses principes, il les a suivis avec une rare persévérance pendant sa longue et glorieuse carrière. Au milieu d'un siécle si mobile, dont les éléments ont été à diverses époques remués et bouleversés de fond en comble, cette *immutabilité* lui a donné un caractère de grandeur antique à laquelle bien peu d'hommes pourraient prétendre.

Pendant les révolutions, en effet, les hommes se montrent tels qu'ils sont, dans les drames sanglants qu'elles ne représentent que trop souvent. Ils passent sous nos yeux, comme dans une lanterne magique; se montrent au grand jour; se laissent démasquer par leur intérêt et leurs passions, et permettent au moraliste de les analyser, de les connaître et de les juger; aussi l'homme qui observe bien, peut, jeune encore, être riche de faits, de maximes pratiques, et par conséquent d'expérience, qui cesse alors d'être pour lui la science de l'âge.

Ce qu'on doit admirer le plus dans Lafayette, c'est que ses principes et ses opinions étaient si conformes à la raison, à la morale et au bien général, qu'il n'ait jamais dû en changer : jeune, il pensait comme si l'âge avait lentement formé son jugement; sur la fin de sa vie, il soutenait ses principes avec toute la candeur et la vigueur de sa jeunesse. Il convient lui-même de son invariabilité, dans la lettre ci-après, qu'il écrivait en anglais à Masclet.

Chavaniac, 3o thermidor an VIII [.] 5.

« Je n'ai pas reçu de lettre de vous depuis long-temps,
« mon cher Masclet. Toute ma famille est en ce moment ras-
« semblée dans ce lieu, où ma tante avait, pendant plusieurs
« années, désespéré de jamais nous voir. Il m'a été bien doux
« également de pouvoir lui présenter ma belle-fille chérie,
« Émilie Tracy, aujourd'hui femme du bienheureux George,
« et qui possède toutes les aimables qualités que mon cœur
« pouvait desirer. Je me propose de reconduire le jeune
« couple à Auteuil vers le milieu de fructidor. Ce qui hâtera
« mon retour, c'est la nouvelle du voyage projeté qui doit
« bientôt réunir à Paris le général Fitz-Patrick et Charles Fox.
« Lord Holland, que j'avais eu le plaisir de voir avant mon
« arrivée ici, m'a parlé de l'accueil aimable que vous lui avez
« fait à Boulogne. Je n'ai pas besoin de vous dire, mon cher
« Masclet, que la faible part que je puis prendre à vos af-
« faires a été constamment l'objet de mes soins. Maintenant
« je vois une nouvelle organisation sociale, dont il est inutile
« dans cette lettre de discuter le mérite eu égard à la liberté
« publique, d'autant plus que mes principes vous sont déja
« connus; et, puisque les Psaumes sont devenus à la mode, j'ai
« le droit de m'appliquer le *sicut erat in principio et nunc et*
« *semper.* Mais en considérant le nouvel arrêt du conseil et
« le sénatus-consulte sous un point de vue personnel, il me
« semble que les circonstances sont favorables à l'avance-
« ment, et je ne doute pas que vous ne puissiez être compris
« sur la liste législative de votre arrondissement. Quant

« au Tribunat, il n'y aura de long-temps aucune place va-
« cante ; mais la nomination de plusieurs sénateurs ne peut
« manquer de laisser quelques préfectures disponibles. Si
« votre intention était de faire une visite à Talleyrand, j'au-
« rais beaucoup de plaisir à vous voir. En attendant, rece-
« vez, ainsi que madame Masclet, nos sincères compliments
« à tous. Je suis de tout mon cœur et pour toujours, mon
« cher Masclet, votre sincère et reconnaissant ami,

« LAFAYETTE. [1] »

Chavaniac, thermidor the 3o th.

« ‘ I have been a long while without a letter from you, my dear Masclet. My
« whole family is now collected at this place, where my aunt had been for
« many years despairing ever to see us. It has been also for me a great satis-
« faction to present to her my beloved daughter-in-law, Emilie Tracy, now
« the wife of the happy George, and in whom I find every amiable quality my
« heart could wish for. I intend conducting the young couple back to Auteuil
« towards the middle of fructidor, my return there being hastened by the
« news of the intended journey wherein General Fitzpatrick and Charles Fox
« are to meet at Paris. Lord Holland, whom I had the pleasure to see before I
« came here, told me how well he was received by you at Boulogne. I need
« not tell you, my dear Masclet, that the little I can do in your affairs has been
« constantly attended to. Now I see a new constitutional organisation : its
« merit with respect to public liberty it is superfluous in this letter to discuss,
« the more so as you know my political principles ; and, since Psalms have
« become fashionable again, I have a right to say for myself the *sicut erat in*
« *principio et nunc et semper*. But considering the new arrêt du conseil and
« senatus-consultum in a personal point of view, it seems to me there is an
« opportunity for promotion. You may, no doubt, be chosen on your legislative
« list of arrondissement. In the Tribunate there will be for a long while no
« vacancy ; but the nomination of many senators cannot fail leaving several
« prefectures to be disposed of. Should you intend to pay a visit to Talleyrand,
« I will have a great pleasure to see you ; and in the mean while I offer my
« best compliments to Mrs. Masclet, and to both of you those of the whole
« family. Most heartily I am, my dear Masclet, for ever,

« Your sincere and grateful friend,   L. F. »

Lafayette ne contractait d'engagement qu'après mûre réflexion ; mais sa parole étant donnée, il n'y manquait jamais.
Il ne prenait, en général, ses déterminations que d'après
lui-même, et se laissait peu influencer par les autres. Vous
pourrez en juger par le passage suivant d'une lettre qu'il
écrivait à Masclet peu de temps après être sorti d'Olmütz.

« Pardonnez-moi d'avoir, en riant de votre jolie cita-
« tion, ri un peu aussi à vos dépens de votre supposition
« que D. a pris sur mes pensées et sur mes actions un empire
« qu'aucun être dans le monde n'a jamais eu. J'ai remarqué,
« sur le théâtre des affaires publiques, que si la malveillance
« attribue souvent des souffleurs aux acteurs principaux,
« l'amitié très vive en fait tout autant : on aime mieux im-
« puter à une tierce personne l'idée de son ami qu'on ne par-
« tage pas ou qu'on blâme ; mais ici il n'y a pas même de
« vraisemblance. Au reste, vous savez que je répugnais à
« l'employer pour nos intérêts, non à cause de lui, de qui je
« recevrais volontiers des services, mais à cause de MM ***,
« auxquels il ne renoncera jamais. Si sa bienveillance a eu
« quelque inconvénient, ce n'est pas lorsqu'il est malheu-
« reux que je dois m'en apercevoir. Il ne me reste plus qu'à
« l'accueillir, dire de lui tout le bien que je sais, me rappeler
« son zèle pour moi, que je crois, malgré ses liaisons, avoir
« été sincère, et lui rendre service, si je puis ; mais fussé-je
« plus influençable de ma nature, soyez sûr que je ne le
« serais pas par un ami de la société ***. »

Lafayette était fort scrupuleux sur tout ce qui touche
à la probité et à l'honneur, dans les affaires publiques.

« Ce qui néanmoins me semble utile dans l'enfance répu-
« blicaine, écrivait-il à Masclet, c'est d'attacher à des carac-
« tères purs l'idée de la vraie liberté. Souvenons-nous que
« tandis que l'Hercule français reposait dans le sein de Danton
« et de Robespierre, on écrasait en son nom Larochefou-
« cauld et Lafayette. Le *victrix causa diis*, etc., est, dites-
« vous, impopulaire et dangereux. Il en était de même à
« Rome : Caton ne triompha point ; les despotes et les anar-
« chistes ne haïrent personne tant que lui ; et les meilleurs,
« les plus grands citoyens lui reprochèrent son inflexibilité.
« Mais leur complaisance à eux enhardit César et nourrit Oc-
« tave, et l'ombre de Caton arma Brutus, et fut invoquée par
« quiconque attaqua la tyrannie ou regretta la république. »

Lafayette estimait le bon sens au-dessus de l'esprit, et préférait, en politique, ce qui était solide et utile, à ce qui n'était
que brillant et ne devait avoir qu'une gloire passagère.

Il n'y eut jamais d'homme dont l'ambition pour le bien public ait été plus dégagée de tous les genres d'ambition personnelle qui agitent ordinairement le cœur humain. Il ne voulut
accepter de la Commune de Paris ni dédommagement ni
appointement, tout en déclarant cependant qu'il ne mettait pas plus d'importance à les refuser qu'à les recevoir.
Les *Mémoires de Bouillé* nous ont appris qu'il avait refusé le
bâton de Maréchal, l'épée de Connétable, et même la Lieu-
tenance-générale du Royaume. Sous l'Empire, il ne voulut
point entrer au Sénat.

« J'avais droit, écrivait-il au bailli de Ploën, de ne prévoir
« pour la liberté que les plus heureux progrès ; mon ambition

« était donc satisfaite. Dès que l'ouverture de l'Assemblée légis-
« lative eut achevé de constater l'établissement du nouvel ordre
« de choses, je quittai, comme je l'avais annoncé dans tous
« les temps, la situation extraordinaire à laquelle les besoins
« de la liberté et l'affection de mes compatriotes m'avaient
« élevé; j'allai dans la campagne qui m'avait vu naître, à cent
« vingt lieues de la capitale, jouir en repos, dans le sein de
« ma famille, de la pureté de mes souvenirs, et de la philan-
« thropie de mes espérances. » Aucune autre ambition n'entrait dans ses vues que celle du bonheur de l'humanité; il
n'avait apporté dans la révolution ni cupidité, ni intrigue; il
voulait n'être qu'un bon citoyen, et un soldat de la liberté s'il
fallait combattre pour elle.

« On peut penser, écrivait-il à Masclet pendant son
« exil, qu'une autre manière d'être me rendrait momenta-
« nément plus utile, ou que, n'étant plus à portée d'être
« utile, je ne dois songer qu'à moi; mais ma nature se refuse
« à ces deux espéces de combinaisons; je songe si peu à
« me conserver des chances, qu'en même temps que je cho-
« quais le gouvernement républicain de mon pays, je me
« suis hâté de me couper à moi-même toute retraite vers
« les modifications monarchiques; et en même temps que
« je ne veux pas acheter ma rentrée en France par la plus
« légère déviation de mes principes et de mes sentiments,
« j'avoue naturellement que dans l'état d'expatriation je ne
« puis pas être heureux.

« Après mes vingt années de vie publique dans les deux
« hémisphères, je ne puis plus être bon qu'à deux choses,

« l'une active, l'autre passive : celle-ci ressemble beaucoup à
« l'état de mort, puisqu'il s'agit seulement de conserver un
« exemple irréprochable de la vraie doctrine de la liberté;
« l'autre supposerait le cas où des chefs républicains qui au-
« raient une portion de puissance et auraient besoin d'y
« ajouter la plus grande portion possible de confiance natio-
« nale, voudraient poser enfin la république sur de justes et
« solides bases, ce à quoi je contribuerai cordialement par
« mon contingent quelconque de bons principes et de bonne
« renommée, sous la condition de n'être jamais que *simple*
« *citoyen*. L'espoir de servir ainsi la liberté et ma patrie se-
« rait un motif de plus pour conserver dans toute son inté-
« grité l'espèce de puissance morale qui tient à mon carac-
« tère personnel; et si cet espoir est illusoire, comme c'est le
« seul qui puisse m'être approprié, je n'ai plus qu'à mettre
« en balance des avantages individuels de fortune ou de re-
« pos avec l'avantage public qui peut encore se trouver dans
« mon état passif, et vous voyez qu'indépendamment de mes
« dispositions naturelles et invincibles, je devrais encore par
« calcul ne me permettre, en pareille matière, aucune com-
« plaisance. »

L'ame de Lafayette était tourmentée par le desir du bien,
et peut-être n'avait-il pas toujours assez de patience pour
attendre du temps ce que lui seul peut amener. Il était parfois
comme un jeune médecin, qui voudrait hâter la nature ou
l'action des remèdes pour voir son malade plus tôt rétabli.

« Ah ! monsieur, » écrivait-il de sa prison de Magdebourg
à M. d'Archenholz (en lui parlant de la nécessité dans la-

quelle il avait été de s'exiler après le 10 août 1792), « que
« je vous sais gré d'avoir compati à l'inexprimable douleur
« de mon ame brûlante pour la cause de l'humanité, avide
« de gloire, chérissant ma patrie, ma famille, mes amis,
« lorsque après seize années de travaux il fallut m'arracher
« au bonheur de combattre pour les principes et les sen-
« timents pour lesquels seuls j'avais vécu. »

Les opinions politiques, comme les opinions religieuses,
quand elles émanent de la conviction, de la conscience, sont
toutes à respecter; quand elles ne sont qu'un masque dont
se couvrent les hypocrites ou les ambitieux, pour tromper les
hommes et les faire servir à leurs passions ou à leurs intérêts,
elles ne sauraient les préserver du mépris de l'honnête homme,
quelque bonne même que soit la cause qu'ils défendent.

Lafayette avait une grande estime pour plusieurs personnes
qui étaient loin de partager ses opinions politiques, mais
dont il savait apprécier le caractère. Ainsi, par exemple, il
estimait et voyait avec plaisir M. de Marcellus, dont les
opinions étaient diamétralement opposées aux siennes. Il
était persuadé que M. de Marcellus devait avoir les mêmes
sentiments pour lui : bien convaincu qu'il était que les opinions professées de bonne foi par les hommes ne peuvent
jamais entacher leur caractère, ni porter atteinte à la considération qu'on leur doit.

Dans le siècle où nous vivons, tout doit être connu, appré-
cié et matérialisé, jusqu'à la pensée, jusques à l'ame ou aux
sentiments les plus sublimes de l'humanité ! Cependant il
existe, au fond du cœur de chaque homme, une voix qui

lui crie qu'il y a quelque chose au-delà de ce qu'il connaît; que la sphère de son intelligence a des limites: mais l'amour-propre, ou plutôt la fausse honte de passer pour esprit faible, étouffe cette voix; et bien des gens cachent, comme chose honteuse, des sentiments ou des croyances qui seraient leur plus bel ornement. « Que le sentiment auguste « du pur déisme et l'indépendance de la pensée s'élèvent au- « dessus des croyances dogmatiques, il n'en est pas moins « vrai qu'aucune puissance au monde né peut se placer entre « le cœur de l'homme et la Divinité; pour quiconque re- « connaît une autre révélation que sa conscience, le pre- « mier des droits est de suivre en paix le culte qu'elle prescrit; « la pire des contributions est le paiement d'un culte réputé « par lui sacrilége. » (Lettre de Lafayette au bailli de Ploën.)

Le caractère de Lafayette était ouvert à l'espérance; il en convient dans une lettre qu'il écrivait à Masclet, en date du 27 août 1828. « Je crois que l'expédition de « Gréce est faite en conscience et dans des vues libérales. « Le gouvernement français n'est plus à la suite de l'An- « gleterre, et a pris sa place au-dessus d'elle dans la car- « rière de générosité et de franchise. Vous voyez que je suis « disposé à voir en beau; mais mon caractère est, comme « vous savez, assez propre à l'espérance, et j'aime à voir que « nous commençons à sortir de l'ornière : c'est bien vraiment « l'intérêt de tout le monde. »

Lafayette était heureux par avance du bien qui quelquefois ne se réalisait pas.

Il écrivait à Masclet, dans une lettre en date du 14 bru-

maire an VIII (6 novembre 1799) : « Voici l'aurore d'un
« meilleur ordre de choses, mon cher ami : la coalition dis-
« sipée, les conseils revenant à des idées de liberté et de
« justice; Bonaparte, Moreau, Sieyès et d'autres patriotes se
« concertent pour terminer la révolution à l'avantage de l'hu-
« manité, pour faire respecter la république, et pour la faire
« aimer. Ces nouvelles me rendent bien heureux, et je suis
« sûr que vous pensez sans cesse à votre ami absent. »

Lafayette connaissait les moyens de réussir par le mal; il
savait les préciser dans la conversation, mais il les regardait
comme indignes, et n'aurait jamais voulu les mettre en usage.
Il pensait que la bonté du but ne pouvait jamais excuser les
moyens employés, quand ceux-ci n'étaient pas basés sur la
morale et la justice; aussi n'était-il pas pessimiste en révolution; il ne voulait pas qu'on poussât à l'extrémité le parti
qu'on avait à combattre, pour ensuite profiter de ses fautes
et s'en rendre maître. « Au reste, disait-il au bailli de Ploën,
« quoique, en montrant la première cocarde tricolore, j'aie
« annoncé publiquement qu'elle ferait le tour du monde,
« mes vœux pour l'affranchissement des nations ne furent
« souillés par aucune idée contraire à leur indépendance. »

On trouve, dans les *Mémoires du comte de Montlosier*, des
entretiens entre Lafayette et Mirabeau, qui caractérisent
bien ces deux hommes. Mirabeau ayant indiqué à Lafayette,
pour l'exécution de ses plans, des moyens violents, Lafayette indigné se récria : « Mais, M. de Mirabeau, il est im-
« possible qu'un honnête homme emploie de pareils moyens.
« — Un honnête homme! répliqua Mirabeau; ah! M. de

« Lafayette, je vois bien que vous voulez être un *Cromwell*
« *Grandisson* : vous verrez où vous ménera ce mélange-là. »

Une autre fois Lafayette dit à Mirabeau qu'il était à sa
connaissance que lui-même, Mirabeau, avait voulu le faire
assassiner. « Comment, lui dit Mirabeau, vous croyez ces
« choses-là, et je vis encore ! Bon homme ! vous voulez jouer
« un rôle dans une révolution ! »

Aux journées d'octobre 1789, Lafayette s'étant rendu à
Versailles pour protéger l'ordre public et défendre la vie du
roi, menacée par la fureur du peuple, traversait les appartements du château au milieu de la foule qui les remplissait :
un des courtisans s'écria : « *Voilà Cromwell !* — Cromwell,
« répondit Lafayette en se retournant vers l'interlocuteur,
« ne serait pas entré *seul* ici. »

Lafayette était opposé à ce qu'on nomme *coups d'états*,
et cela sous toutes les formes de gouvernement, parcequ'ils
sont contraires à la justice.

Voici comment il s'exprime, dans une lettre qu'il écrivait à Masclet, en date du 25 frimaire an VI[1] : « Remarquez,
« mon cher ami, que la première gazette qui, à notre sor-
« tie de prison, nous soit tombée sous la main, nous a in-
« struits sommairement d'une agression violente et inconstitu-
« tionnelle contre les deux Chambres du corps Législatif:
« de la déportation, proscription et expulsion de cent
« quatre-vingt-huit représentants du peuple et deux Direc-
« teurs, le tout sans accusation formelle et sans jugement;

---

[1] 15 décembre 1797.

« de l'exclusion de quarante-neuf départements dans une
« législature qui continue à faire des lois obligatoires pour
« eux; enfin de la destruction de la liberté de la presse et
« des mesures arbitraires contre les journalistes : bien en-
« tendu que parmi les déportés et les exclus nous trou-
« vons des hommes que nous aimons, que nous estimons;
« et, pour achever notre conviction sur la bonne foi des
« Directeurs triomphants, leur président proclamait officiel-
« lement que j'avais trahi la patrie. Rappelez-vous que ce
« ne fut ni par tendresse pour la famille Bourbon, ni par
« dévotion à la royauté, ni par aveuglement sur les menées
« et les intentions aristocratiques, que je me sacrifiai, le 10
« août 1792, à la doctrine de la liberté que j'ai toujours pro-
« fessée; à ce principe constant de ma politique, que toute
« déviation de la justice nuit à la liberté, et que ma décla-
« ration des droits n'a point d'exception. Jugez donc, mon
« cher Masclet, dans quelle prévention j'arrivai à Ham-
« bourg. J'y trouvai quelques apologies du 18 fructidor[1] :
« mais plus j'y remarquai de l'esprit, moins elles me conver-
« tissaient; ce fut aux apologies du parti contraire que je
« dus, contre leur intention, la connaissance des provocations,
« des intrigues, du détestable ton de société, qui ont pu
« inquiéter, pour la chose publique, d'excellents citoyens,
« et pour eux-mêmes quelques Directeurs. Mais, quoique
« cet événement commençât à s'expliquer pour moi, il ne
« me paraissait pas justifié. Je pensai qu'en écrivant au

---

[1] 4 septembre 1797.

« Directoire actuel, mon silence sur la calomnie personnelle
« à moi serait une faiblesse, mon silence sur les proscrits
« qui s'intéressaient à nous une ingratitude, mon silence sur
« la révolution fructidorienne une approbation tacite, et
« que je ne pouvais parler de tout cela sans manquer à moi-
« même en déguisant mes sentiments, ou sans manquer
« aux Directeurs en faisant d'un bienfait reçu l'occasion d'un
« procédé désagréable pour eux. Vous avouerez même, que
« la délégation nationale et expresse des pouvoirs vient
« d'être bien arbitrairement dérangée. Mais je suis trop pa-
« triote, trop républicain, trop reconnaissant, pour n'avoir
« pas eu le besoin, peut-être même surabondant, d'embrasser
« tout ce qui me tenait collé à la France, de proclamer par-
« tout mon républicanisme, de parler à tout le monde de
« mes obligations à ma patrie, à son gouvernement, *à mon*
« *ami****, au Directeur B***. Je me suis aussi permis de faire
« pour les proscrits tout ce qu'ils avaient droit d'attendre
« de moi, et plus que je n'eusse fait s'ils étaient puissants,
« quoique j'eusse dû, dans tous les cas, amitié, estime, gra-
« titude à plusieurs d'entre eux. Tel a été, mon cher ami, l'effet
« de ce premier instinct que j'ai presque toujours suivi dans le
« cours de ma vie, et je ne m'en suis presque jamais repenti.
« Mais, quoique mes idées fussent, sans entêtement ni passion,
« assez solidement fixées sur le fond général, il y a mille
« modifications, il y en a beaucoup d'importantes sur les-
« quelles j'attendais avidement vos renseignements et vos
« conseils. Vous avez pu reconnaître, par quelques détails,
« que j'ai cherché à m'en rapprocher le plus qu'il m'était

« possible avant d'avoir causé avec vous. Vous reconnaîtrez,
« à notre première entrevue, que j'ai suspendu mon opinion
« sur plusieurs points, et mon plan de conduite sur presque
« tous, et que j'ai préféré les inconvénients du retard au
« regret d'avoir prévenu votre arrivée. J'ajouterai, dans la
« sincérité de mon cœur, que si mon caractère est peu
« susceptible d'être influencé, du moins ne connais-je, dans
« ce moment, personne dont la conversation pût opérer cet
« effet sur moi autant que celle de mon cher Masclet. »

On ne devait, selon Lafayette, avoir recours à la force
que pour défendre ou revendiquer ses droits, quand la raison et la justice devenaient insuffisantes pour les maintenir,
mais jamais pour renverser ceux des autres, et c'est dans ce
sens et dans ce cas qu'il regardait l'insurrection comme le
plus saint des devoirs. En respectant les droits des peuples,
les gouvernements devaient leur donner l'exemple et leur
apprendre à respecter les leurs.

Par cela même que l'homme remplit des devoirs envers
la société, celle-ci doit lui assurer des droits; et les opinions
de Lafayette à ce sujet sont exprimées en aphorismes dans la
déclaration des droits de l'homme, qu'il présenta à l'Assemblée constituante, le 11 juillet 1789.

Le mécanisme de tout gouvernement, suivant lui, devait
être aussi simple, ses rouages aussi peu nombreux que possible; aucun d'eux, sur-tout, ne devait être inutile; c'était
le moyen d'avoir un gouvernement solide, régulier, et à bon
marché. Selon lui, les gouvernements devaient avoir pour
but unique le bien commun.

Il pensait que la politique pouvait et devait se traiter avec la même bonne foi que les affaires particulières; qu'on devait renoncer à toutes les finesses du cabinet, aux notes secrètes; qu'en diplomatie, enfin, il fallait désormais jouer cartes sur table.

Dans bien des cas, son bon sens lui faisait facilement connaître les causes, et prévoir quelle devait être l'issue des événements politiques. Il écrivait, en parlant de la régénération politique:

« Elle avait été précédée de loin par le délire d'une ré-
« gence noyée dans la débauche, et par la honte du règne
« gangrené de Louis XV, qui finit dans la boue; elle avait été
« préparée par une amélioration philosophique dans la litté-
« rature: les jugements de Montesquieu, les traits de Vol-
« taire, les pensées de Rousseau, les déclamations de Raynal,
« et tant d'autres productions odieuses à la cour, proscrites
« par le clergé, brûlées au parlement par le bourreau, fai-
« saient les délices de tous les gens instruits. L'école Voltai-
« rienne, malgré sa tendance aristocratique, avait émancipé
« les esprits; l'école Économiste, pure, quoique trop absolue,
« les avait formés; l'école Théologique, dans la querelle du
« jansénisme et du molinisme, avait prêché la résistance;
« l'école Américaine enseignait la politique des droits de
« l'homme. Cependant le malheureux Louis XVI, avec des
« goûts simples et des intentions droites, laissait tripler les
« abus: comme il ne sut ni conserver les bons ministres,
« ni refuser les mauvais, le mérite des uns ne servit qu'à
« faire ressortir les fautes des autres. »

Au mois de mai 1830, un Américain, M. Mason, je crois,
donnait un bal à Paris. Lafayette y était avec sa famille.
« Venez donc causer avec moi, » dit-il à M. Lethière et à
un de ses amis, qui s'y trouvaient également. Ils traversèrent
les pièces où l'on dansait, pour aller s'asseoir à l'écart du
bruit. Ils causèrent long-temps politique, avec cet abandon
qu'éprouvent trois personnes qui s'aiment et sont du même
avis. Lafayette parla long-temps de l'aveuglement des Bour-
bons, et prédit ce qui est arrivé depuis. Il termina ainsi la
conversation : « Que voulez-vous ! Ils sont en arrière de trois
« siècles ; ce sont des fous : Charles X se fera renvoyer, et
« avec un peu de bon sens, il aurait pu être heureux comme
« une souris dans un pâté. »

On aurait pu citer Lafayette à-la-fois comme type d'un
homme parfaitement civilisé, et comme preuve que la civilisation améliore l'homme au lieu de le *détériorer*, quand
il sait se garantir de ses vices pour suivre d'un pas ferme le
chemin que lui trace la vertu.

Il était loin de partager l'opinion des écrivains qui prétendent que l'instruction est plus propre à corrompre qu'à
épurer les mœurs d'une nation, à faire plutôt son malheur
que son bonheur ; aussi se montra-t-il toujours zélé partisan
de l'instruction primaire. Il aurait desiré, sur-tout, qu'on
s'occupât davantage de l'éducation morale et politique du
peuple, afin de rendre en même temps les hommes éclairés
et bons citoyens. Il croyait que la grande garantie sociale, et
la seule qui puisse, dans un gouvernement constitutionnel,

9

empêcher un pouvoir d'empiéter sur l'autre, était la garantie des lumières. Il pensait que toute société bien constituée doit donner à chacun de ses membres une éducation qui lui indique la voie qu'il doit suivre entre ses devoirs et ses droits, et que cette éducation était beaucoup plus efficace pour prévenir les désordres que la loi pour les réprimer.

Il fut très malheureux, pendant sa maladie, quand il apprit que la loi contre les associations avait été votée à la Chambre des députés. Il plaignait sur-tout les pauvres ouvriers qui allaient être privés de l'instruction qu'on leur donnait dans le but d'améliorer leur sort.

Il pensait que les études devaient être spécialement dirigées vers les choses utiles. Souscripteur à mes ouvrages d'anatomie, il s'en faisait quelquefois expliquer les planches, et témoignait le regret de n'avoir pas étudié cette science, dont « les premiers éléments, me disait-il, devraient faire partie d'une bonne éducation. » Il avouait qu'elle lui aurait été plus utile, par exemple, que la science héraldique qu'on lui avait fait apprendre, et il s'étonnait que dans nos colléges, on démontrât aux jeunes gens dans quel sens coule tel fleuve de l'Inde ou du Mexique, tandis qu'on négligeait de leur apprendre à se connaître eux-mêmes, en leur donnant des notions sur leur propre organisation et l'exercice de leurs fonctions. Un jour même, il m'engagea à publier un ouvrage élémentaire d'anatomie et de physiologie à l'usage des Écoles d'instruction.

Le travail, selon Lafayette, était le premier devoir de l'homme vivant en société. Par notre travail seulement, nous pouvons nous acquitter envers la société, en lui rendant d'abord ce que nous lui avons emprunté jusqu'à ce que nous ayons pu nous suffire à nous-mêmes, et ensuite ce qu'elle continue de nous fournir pendant le reste de notre vie. Chaque homme doit employer ses facultés, les forces de son corps ou celles de son esprit, sa science ou son industrie, au bien, à l'agrément ou aux plaisirs de la société ; car celle-ci a besoin aussi de plaisir et de distraction pour se reposer du travail. Les amusements sont, en effet, nécessaires à l'entretien de sa santé ; mais ils doivent être purs, afin de ne pas la corrompre, et employés seulement pour la délasser, mais non pour la détourner et la dégoûter du travail. C'est dans ce sens qu'on doit concevoir l'utilité des personnes qui s'occupent exclusivement de procurer des plaisirs honnêtes et des distractions à la société.

Les hommes les plus utiles et par conséquent les plus estimables, sont ceux qui empruntent le moins à la société et lui fournissent le plus.

Le travail seul amène le véritable progrès dans la civilisation. L'homme, quand il le peut, doit travailler non seulement pour lui et ses contemporains, mais aussi pour les générations futures ; il doit leur transmettre amélioré l'héritage qu'il a reçu des générations auxquelles il succède, héritage dont il n'est qu'usufruitier. Où en serions nous, si les siècles qui nous ont précédés avaient tout emporté avec eux ? N'avons-nous pas de la reconnaissance et de l'admiration pour la mémoire des hommes dont les travaux ont amélioré notre existence? Pourquoi les races qui doivent nous suivre n'auraient-elles pas des droits à notre sollicitude? Un père ne pense-t-il pas à l'avenir de ses enfants? Pourquoi l'homme laborieux, le véritable philanthrope, qui voit au-delà de cette courte vie, se priverait-il du plaisir de penser qu'un jour ses semblables pourront bénir sa mémoire, en profitant de ses travaux ou en admirant les œuvres de son génie?

Une bonne éducation (physique, morale et intellectuelle) était, selon Lafayette, le meilleur héritage que des parents pussent transmettre à leurs enfants; et il n'était pas de sacrifices qu'ils ne dussent faire pour leur assurer ce bien impérissable, qui ne pouvait que fructifier avec le temps pour leur bonheur et pour celui des autres. La société devait agir de la même manière à l'égard de chacun de ses membres; par l'instruction, elle les rendait meilleurs, en développant chez eux l'amour de l'étude et du travail, en donnant une bonne direction à leur intelligence, et en l'empêchant de se porter vers le mal. Dans ses plaintes amères contre les hommes, un vieux vagabond mourant n'avait-il pas raison quand Béranger lui fait dire :

> Comme un insecte fait pour nuire,
> Hommes, que ne m'écrasiez-vous?
> Ah! plutôt vous deviez m'instruire
> A travailler au bien de tous.
> Mis à l'abri d'un vent contraire,
> Le ver fût devenu fourmi,
> Je vous aurais chéris en frère;
> Vieux vagabond, je meurs votre ennemi!

Lafayette avait une estime toute particulière pour les gens laborieux, quelle que fût d'ailleurs leur profession; il admirait la sagesse de ces empereurs de la Chine, qui, chaque année, donnent publiquement l'exemple du travail, en conduisant eux-mêmes la charrue, et ouvrent le sein de la terre, pour honorer l'agriculture et faire connaître à leurs peuples la source de la richesse et du bonheur. Il pensait qu'on ne pouvait jamais trop estimer et encourager le travail. Lorsque je lui annonçai la mort de son chirurgien-dentiste, M. Lemaire, auquel j'avais donné des soins, il me témoigna la peine qu'il éprouvait de sa perte, et ajouta : « C'était un homme fort « habile, que je regrette plus encore pour ses bonnes qualités « que pour les services qu'il me rendait : son talent, il ne « le devait qu'à lui-même, qu'à son travail et à sa persévé-« rance; c'était un de ces hommes qui se forment eux-« mêmes. »

Je ne saurais terminer cette lettre, mon cher monsieur, sans vous remercier de l'empressement que vous avez mis à me communiquer le fait que le major Neville vient de rapporter sur la libéralité de Lafayette envers sa famille. Vous aviez bien jugé que vous me feriez un grand plaisir, en m'apprenant « une action bien digne, comme vous me l'écrivez, « d'ajouter à l'orgueil de la France d'avoir vu naître dans son « sein un tel homme. » Vous me donnez aussi, monsieur, une nouvelle preuve de vos sentiments et de ceux de vos concitoyens pour Lafayette, quand vous me dites : « Croyez-vous « qu'il nous soit jamais possible, à nous autres Américains, de « bénir assez le nom de notre bienfaiteur? » Une nation qui sent ainsi était bien digne d'être adoptée par lui, comme une seconde patrie [1].

---

[1] Dans un éloge qu'il vient de prononcer sur Lafayette, à la prière de ses concitoyens de Cincinnati (ville principale de l'état d'Ohio), le major Neville rapporte le fait suivant. Le général Lafayette, pendant son dernier voyage en Amérique, avait appris que la famille de son ancien aide-de-camp, le colonel Neville, se trouvait dans des circonstances difficiles ; avant de s'embarquer pour la France, il tira, en faveur de cette famille, une lettre-de-change sur le président des États-Unis pour la somme de 4000 dollars (20,000 fr.), et l'adressa aux enfants de M. Neville. On conçoit facilement que ceux-ci n'aient pas voulu s'en servir ; mais ils la gardent comme un document précieux, qui ne fait pas moins d'honneur à la mémoire de leur père qu'à la noble générosité de Lafayette.

LETTRE SEPTIÈME.

Paris, le 8 octobre 1834.

Lafayette pensait que l'homme devait être libre d'embrasser la carrière qui lui convenait ; mais que c'était sur-tout aux parents à étudier, à reconnaître les dispositions naturelles de leurs enfants, pour leur faire prendre telle ou telle direction, suivant leur capacité ou leurs facultés prédominantes. Il ne voulait pas que les hommes, comme les Chinois, fussent obligés de suivre la profession de leur père, et, selon lui, l'instruction primaire devait mettre les jeunes gens à même de choisir l'état pour lequel ils se sentaient le plus d'aptitude. Il savait bien que les hommes les plus distingués s'étaient souvent formés d'eux-mêmes, et que le génie fait sortir l'homme de la sphère dans laquelle on l'a placé, quand elle est trop étroite pour lui ; mais il ne comptait pas sur ces cas exceptionnels, et en conséquence il voulait qu'on cultivât de bonne heure et également chez tous les hommes les premiers germes de leur intelligence, afin d'empêcher des circonstances fâcheuses de les flétrir ou de les faire avorter. La terre n'est guère stérile que pour le mauvais laboureur.

Néanmoins, lorsque les parents ont une tendresse aveugle pour leurs enfants, ils se font illusion sur leur capacité ; ils ont alors pour eux une ambition déplacée, et ils veulent les faire arriver à une position plus élevée que la leur ; ils les font *rimer malgré Minerve*, et de là tant de médiocrités malheureuses. Heureux les enfants qui, en obéissant à leurs penchants naturels, changent eux-mêmes de profession, et rectifient de la sorte l'erreur bien excusable de leurs parents !

Vous ne lirez pas, je crois, sans intérêt, le passage suivant d'une lettre de Lafayette à Masclet, où il est question de la carrière militaire de son fils :

« Talleyrand et vous pensez que si George avait été dans « les armées, les Directeurs, en répondant à Brune, auraient « fait une exception formelle en ma faveur ; pas plus, peut-être, « que la Convention n'en faisait en faveur du père de Moreau « le jour que celui-ci prenait le fort de l'Écluse. Mais, en sup- « posant que cet uniforme porté par tous les jeunes aristocrates « qui cherchent à se raccrocher à la chose publique, eût pro- « duit tant d'effet sur le gouvernement, vous observerez que « mon fils n'était pas revenu à temps pour suivre Bonaparte, « à moins que je ne me fusse excessivement pressé de le lui « envoyer ; et lorsque mon libérateur craignait de se compro- « mettre en répondant à mes lettres, lorsqu'il était lui-même « menacé, dit-on, d'un acte d'accusation, il eût été indiscret « de lui adresser brusquement le fils d'un homme dont le « Directoire et le président du Conseil des Cinq-Cents avaient « récemment rappelé les *trahisons*. Depuis ce temps vous « n'avez pas regretté pour lui les guerres de Suisse ; s'il avait « été attaché à Championnet, il serait vraisemblablement « associé à un procès criminel ; s'il eût servi avec Joubert, il

« eût été disgracié, et aurait peut-être participé au dégoût
« extrême que ce général ne peut s'empêcher d'exprimer ;
« au lieu qu'à présent il est libre, plein d'ardeur, et nous
« pouvons examiner la question de son entrée au service, bien
« plus *tentante*, pour me servir de son expression, depuis que
« nous avons eu des revers. Le fait est que George, patriote
« républicain comme j'en ai peu rencontré dans ma vie,
« a de plus la passion du métier militaire ; et je l'y crois
« propre, parcequ'il a le jugement net et calme, le coup
« d'œil juste, la mémoire locale, et qu'il sera aimé des chefs,
« des camarades et des subordonnés. Je l'aime avec trop de
« tendresse pour distinguer mes desirs des siens ; je hais trop
« toute oppression pour comprimer les vœux d'un fils chéri
« qui a près de vingt ans ; je le verrais avec joie couvert
« d'honorables blessures, et par-delà cette supposition je
« n'ai pas la force d'envisager la vie. Mais d'autres objections
« se présentent à moi ; je ne dis pas qu'elles soient péremp-
« toires, car je conviens que l'opinion contraire est très plau-
« sible ; c'est seulement parcequ'elle vous paraît indubitable
« que je cherche à la réduire à sa juste valeur.

« Écartons d'abord votre comparaison avec mon passage
« en Amérique, où j'allais combattre le despotisme d'un gou-
« vernement qui avait violé moins de droits naturels et
« sociaux depuis la fondation des colonies jusqu'à la décla-
« ration d'indépendance, que le Directoire n'en viole chaque
« jour chez les peuples qu'il s'est asservis.

« Ne nous livrons pas trop à l'émotion flatteuse des sons
« de république et de liberté ; Alger, Venise, et Rome sous

« Tibère, ont fait entendre le premier; et pour le second,
« croyez-vous que les jeunes patriciens qui demandaient à
« Sylla l'honneur de porter en Asie la liberté romaine eussent
« plus d'énergie que celui qui disait à son gouverneur : Pour-
« quoi est-ce qu'on ne tue pas cet homme, qui dispose de la
« vie et des biens des citoyens ? — C'est qu'on n'ose point. —
« Eh bien ! donne-moi une épée, et je le tuerai. — C'était,
« comme vous savez, Caton.

    « Sans doute il est doux de servir par soi-même ou par son
« fils une patrie ingrate; mais ici il y a à peine de l'ingratitude,
« puisque la bienveillance reparaît avec la liberté; c'est une
« proscription par la faction oppressive de la patrie, qui à
« présent est prolongée jusqu'au retour de la liberté par un
« gouvernement arbitraire; et, pour l'ennemi constant du
« despotisme, il n'est pas indispensable de servir la pentarchie
« despotique de la France.

    « Il y a pour mon fils des inconvénients particuliers : vous
« savez que dans des pays organisés, en Angleterre par
« exemple, l'activité de service semble annoncer une appro-
« bation du parti gouvernant; mais, sans admettre cette dif-
« ficulté, vous représentez-vous George, à la table d'un chef,
« buvant dans trois mois à l'heureuse journée du 10 août, qui
« fut le signal de l'assassinat de nos amis, ou faisant fusiller
« un de mes complices ?

    « Si du moins il se manifestait quelque retour aux idées
« libérales, quelques avant-coureurs d'un gouvernement na-
« tional et légal, le besoin inexprimable que j'en ai me ferait
« recueillir avec avidité la moindre goutte de liberté qui

« tomberait du ciel ; je hais cordialement les puissances anti-
« ques ; je souhaite avec passion que la nouvelle doctrine
« s'établisse sur de bonnes bases ; cette coalition est compo-
« sée de mes implacables ennemis ; je n'ai personnellement
« aucun fiel contre les gouvernants, je suis obligé à quel-
« ques uns d'entre eux, et ce que j'éprouve de persécution
« m'est trop honorable par ses motifs avoués pour que je
« puisse en être choqué ; j'aime ma patrie comme vous savez,
« et le bien qui lui serait fait, de quelque part qu'il vînt, me
« comblerait de joie ; il ne peut donc y avoir aucune aigreur
« dans la sévérité de mes objections ; elles tomberaient à
« l'instant si la liberté, si seulement l'aurore de la liberté se
« remontrait en France ; mais j'ai voulu vous indiquer, mon
« cher ami, ce qui jusqu'à présent ne m'a pas permis de me
« livrer à l'ardeur si naturelle de mon fils, et ce qui l'a frappé
« lui-même en m'entendant parler. Je conviens pourtant que
« l'opinion contraire, même dans la situation actuelle, a
« beaucoup de force : la France, libre ou non, est notre pa-
« trie ; il y a plus de germes de liberté dans son organisation
« démocratique, qu'il n'y en aurait dans la contre-révolution.
« Ses adversaires sont bien décidément ennemis de nos prin-
« cipes les plus purs, et n'ont pris les armes que pour la dé-
« truire à fond. S'il est inconvenant que lorsque l'Europe se
« divise en deux bandes, un jeune homme de dix-neuf ans
« ne soit pas dans l'une ou dans l'autre, il est évident que la
« place d'un patriote, de mon fils, ne peut être que sous nos
« étendards nationaux ; les derniers revers impriment à notre
« guerre un caractère plus défensif ; on vient de donner à

« l'armée d'Italie un chef incapable de brigandage; en un
« mot, s'il est permis, si même il est prescrit, je crois, de
« balancer, il y a dans ce moment beaucoup de motifs pour
« adopter votre avis. »

Voici une autre lettre que Lafayette écrivait plus tard en
anglais, au même ami, et dans laquelle il lui annonce le départ prochain de son fils pour l'armée d'Italie.

Lagrange, 26 floréal.

« Je vous remercie de tout mon cœur, mon cher Masclet,
« de vos félicitations sur la nomination que nous avons tant
« desirée. Le nouvel officier se hâte de joindre l'armée; il
« espère vous embrasser demain avant son départ et le vôtre.
« Il est certain que l'étendard des droits de l'homme n'est pas
« du côté de ceux qu'il va combattre. Puissent ces droits être
« en France la récompense de la victoire!

« Je suis bien fâché, mon cher ami, que vous ne puissiez pas
« venir une fois de plus nous voir à Lagrange. Nous entre-
« tiendrons, je l'espère, une correspondance suivie. L'agent
« municipal de Passy vous fera sans doute ses adieux en per-
« sonne. Il a bien fait d'accepter cette place; mais il l'aurait
« acceptée avec bien plus de plaisir, je pense, si elle avait été
« élective, et je ne puis concevoir pourquoi on n'a pas laissé
« au peuple le choix de telles nominations.

« J'attends avec les plus vives espérances des nouvelles
« d'Italie. Bonaparte sera vainqueur. Notre position en Alle-
« magne est vraiment glorieuse! On peut compter, je crois,
« sur une campagne brillante, et sur une paix honorable.

« Adieu, mon cher Masclet. Présentez mes respects affec-
« tueux à madame Masclet; ma famille et notre amie ma-
« dame Staël joignent leurs sincères compliments aux miens.
« Quant à vous, mon excellent ami, vous connaissez mes
« vœux. Pour toujours, votre dévoué

« L. F.

« N'oubliez pas ce que nous avons dit relativement à vos
« discours choisis [1]. »

Lafayette considérait le jeu non seulement comme funeste
aux intérêts et à la moralité de la société, en détournant
l'homme du travail, en excitant chez lui les passions les plus
désordonnées, mais aussi comme une occupation condamnable
en elle-même. Celui qui s'enrichit par le jeu, se sert d'une

« [1] I heartily thank you, my dear Masclet, for your congratulations on the
« wished-for appointment. The new-made officer is hastening to the field, and
« hopes to embrace you to-morrow, before his and your departure. Sure it is,
« the standard of the rights of men is not on the side against which he is
« going to fight. May they be in France the reward of victory!

« I am very sorry, my dear friend, not to have the pleasure to receive you
« once more at Lagrange. I hope we shall keep up an exact correspondence.
« The municipal agent at Passy will no doubt take a personal leave of you: he
« has done very well to accept the place: with greater pleasure, I think, he
« would have accepted had it been elective, and I cannot conceive why such
« nominations have not been left to the people.

« With sanguine expectations I am waiting for news from Italy. Bonaparte
« will conquer. Our situation in Germany is glorious indeed: a brilliant
« campaign and an honourable peace are, I think, to be depended upon.
« Adieu, my dear Masclet. Present my affectionate respects to Mrs. Masclet:
« my family and our friend Madam Staël join in tender compliments to her
« and to you. My best wishes attend you, my excellent friend; and I am for
« ever yours.   L. F.

« Do not forget what we have said respecting your select speeches. »

coupable industrie ou de la main du sort pour prendre ce qui
est dans la poche des autres et le mettre dans la sienne.
L'argent qu'il se procure ainsi n'est pas légitimement acquis;
il satisfait plus sa cupidité que sa conscience; aussi le joueur
en fait-il en général peu de cas; il ne le regarde que comme
un moyen de soutenir et d'alimenter la passion qui le dévore,
et de suivre sans réserve l'impulsion de sa monomanie. Ceux
qui se ruinent au jeu, et c'est le plus grand nombre, ont à
peine, dans leur malheur, le droit d'exciter la compas-
sion des autres; la charité hésite et se tient toujours
en garde, même quand ils réclament pour leurs premiers
besoins.

Par de semblables raisons, Lafayette regardait la loterie
comme l'impôt le plus immoral qu'on pût lever sur un
peuple, et les joueurs comme les plus extravagants des spé-
culateurs. Le gouvernement banquier perd sur quelques
mises, il gagne sur presque toutes, et ne saurait être en
perte : il avance à coup sûr et s'enrichit, tandis que les ac-
tionnaires se ruinent par l'appât d'un gain dont les chances
sont contre eux, et qui, quand il se réalise, est bientôt en-
glouti de nouveau dans le gouffre dont il n'était sorti que
pour un instant. Beaucoup de gens se pendent ou vont mourir
à l'hôpital pour avoir rêvé de bons numéros.

Les idées de Lafayette étaient, ce me semble, fort justes
sur l'*amour-propre*, considéré comme sentiment exagéré que
les hommes ont en général de leur valeur personnelle. Enseigne le plus ordinairement de la médiocrité, l'amour-propre était, selon lui, un des plus grands obstacles à la perfec-

tibilité. L'homme, en effet, ne peut devenir meilleur qu'en connaissant bien sa véritable valeur, en la comparant à ce qu'elle pourrait être, et en se trouvant toujours loin de la perfection, qu'il conçoit, sans pouvoir jamais l'atteindre. L'homme modeste, quels que soient d'ailleurs son mérite ou ses talents, trouve toujours à y ajouter, à les agrandir, à les développer. Il se perfectionne en retranchant tous les jours de ce qu'il trouve de défectueux en lui, et en ajoutant à ce qu'il a de bon. Toujours perfectible, il ne voit jamais de motif d'avoir de l'amour-propre, quand bien même sa raison lui ferait reconnaître que les autres lui sont inférieurs. Peu d'hommes sont dépourvus d'amour-propre, d'orgueil ou de vanité, parceque, se faisant juges et parties dans leur propre cause, ils s'aveuglent, ne se connaissent pas ou ne sont pas vrais avec eux-mêmes.

Les hommes de mérite, s'ils ont de l'amour-propre, n'en ont ordinairement que pour leur côté faible : ils se font instinctivement les apologistes de ce que personne ne loue chez eux; ils ont pour ce côté faible la tendresse aveugle qu'ont les parents pour ceux de leurs enfants qui naissent débiles ou difformes.

L'amour-propre inné, non réfléchi, chez les gens médiocres, en fait ordinairement des sots; calculé vis-à-vis des autres, chez les gens d'esprit, il n'est qu'un blâmable et ridicule charlatanisme.

Comme la flatterie avance toujours plus vite que la franchise sur la route des faveurs, les hommes ont plutôt recours à l'une qu'à l'autre pour exploiter à leur bénéfice la vanité des autres; aussi la flatterie entre-t-elle comme un grand ressort dans l'industrie des intrigants.

La vanité fait oublier souvent *que tout flatteur vit aux dépens de celui qui l'écoute.* Quand un homme vous fait un compliment, demandez-vous d'abord si ce compliment est, ou non, mérité. Dans le premier cas, examinez celui qui vous le fait : si c'est un sot, il répète ce qu'il a entendu dire; ou s'il exprime son opinion personnelle, vous ne devez pas y attacher d'importance, et vous seriez peut-être plus sot que lui de vous en glorifier. Si le complimenteur est un homme d'esprit, vous avez lieu de soupçonner qu'il a besoin de vous, et qu'il cherche à tourner votre faiblesse à son profit. Les compliments non mérités sont, de la part de celui qui les fait, le résultat d'une erreur ou l'indice de la fausseté et de l'ironie. Dans ce dernier cas, ils devraient vous offenser; et cependant celui qui vous les adresse, attend ordinairement de votre vanité, un service en retour de la fausse monnaie qu'il vous donne et que votre aveuglement vous empêche de reconnaître. L'homme vrai, qui vous estime réellement, vous prouve le cas qu'il fait de vous, non par de futiles compliments, mais par ses égards, ses bons procédés et son dévouement s'il vous devient nécessaire...

L'homme, indépendamment de plusieurs autres caractères, se distingue d'entre les animaux par son amour-propre, qui paraît lié à son instinct de conservation, et le porte nécessairement vers l'égoïsme. Le plus souvent il se fait illusion, en se croyant supérieur aux autres, tantôt par sa force ou sa beauté, sa naissance ou son intelligence, ses vertus ou sa fortune; tantôt par le pays qui l'a vu naître, par la couleur de sa peau, par sa profession, et quelquefois même par sa perversité!

C'est de ce sentiment égoïste d'une prétendue supériorité que sont nées les différentes espèces d'*aristocraties*, en prenant ce mot dans toute l'étendue de sa signification, sans le réserver exclusivement aux classes privilégiées de la société.

Lafayette avait les idées les plus positives, les mieux arrêtées sur tous les préjugés aristocratiques, quels qu'ils fussent; et c'est en rassemblant ce que j'ai retenu de ses conversations, que je vais tâcher de vous présenter quelques considérations générales sur ce sujet.

Les sentiments aristocratiques existent naturellement dans le cœur de l'homme. Ils se développent de bonne heure et comme instinctivement chez lui avec son amour-propre, dont ils ne sont que le résultat. Dès que les enfants sont réunis dans un collége, petite société naissante, on voit les idées aristocratiques se prononcer chez eux, suivant que les uns ou les autres appartiennent à des parents plus ou moins riches et considérés; qu'ils sont plus ou moins avancés dans leur instruction ou s'occupent de tel ou tel genre d'études. Cet esprit de classe, qu'on observe aussi de collége à collége, sera remplacé plus tard, dans le monde, par celui des professions, des corporations, etc.

Les classes nombreuses d'aristocraties jouissent de plus ou moins de considération et de puissance. Elles se disputent la prééminence dans l'état actuel de la société. Voyons si leurs prétentions sont fondées.

L'aristocratie ou la supériorité de la force physique, celle
des peuples sauvages, chez lesquels le plus vigoureux est le
plus estimé, semble la plus naturelle, et, dans quelques cas,
peut-être la meilleure en fait; cependant elle ne joue qu'un
triste rôle, celui des brutes, dans l'état présent de la société.
Départie ordinairement aux forts des halles et à ces Alcides
modernes qui exploitent sur les théâtres, pour l'amusement
du public, la supériorité de leurs forces musculaires, elle n'est
réellement utile que pour lever de pesants fardeaux, et ne
devient honorable par son emploi que lorsqu'elle protége
le droit, défend le faible contre les attaques du fort, ou
sauve les jours de l'homme en danger.

L'esprit supérieur de Lafayette frappait de nullité les
titres de noblesse, distinctions futiles que les hommes ont
établies entre eux, et auxquelles une partie de ceux qui
en sont possesseurs attachent encore beaucoup de prix et
d'importance. Selon lui, les titres de noblesse n'étaient le
plus souvent qu'un héritage de vanité. Les armes, les couronnes, les croix, les fantastiques animaux ou les grotesques
emblèmes dont les nobles armoriaient leurs écussons, rappelaient bien quelquefois de hautes vertus, de grands talents
ou des actions d'éclat, mais n'aboutissaient que trop souvent
aussi à faire constater dans les familles des actes d'oppression, de cruauté, de bassesse, ou bien ne servaient qu'à
couvrir soit les défauts, soit la nullité de ceux qui en étaient
revêtus. L'orgueil de la vieille aristocratie féodale endur-
cissait ordinairement le cœur de ceux qui en étaient pos-
sédés, en leur persuadant que les autres hommes appar-

tenaient à une espèce inférieure à la leur; qu'ils étaient dès-lors dispensés à leur égard de tout bon sentiment, de toute reconnaissance pour les services qu'ils en avaient reçus, et qu'ils pouvaient, sans scrupule de conscience, mieux traiter leurs chiens ou leurs chevaux que leurs serviteurs.

Lafayette savait bien qu'en abolissant les titres de noblesse on ne pourrait plus dire, par exemple : Pierre a été fait baron tel jour, pour avoir fait, lui ou son grand-père, une action d'éclat; mais qu'on pourrait toujours dire : Tel jour Pierre ou son aïeul a fait telle action d'éclat. Ce titre de baron ou tout autre n'était qu'un écho qui répétait sans cesse et jusqu'à satiété aux gens : Pierre a fait telle action d'éclat; il n'en résultait qu'ennui pour les gens et vanité pour Pierre : heureux les nobles dont les titres n'étaient pas semblables aux échos du barbier de Midas !

Fier d'avoir perdu sa noblesse féodale, Lafayette regardait la terre de la liberté comme promettant à l'humanité de plus riches moissons de vertus publiques que les stériles champs de sable, d'or ou d'azur, si long-temps arrosés des larmes et du sang des peuples. Il ne reconnaissait d'autre noblesse que celle des sentiments de l'ame; il n'admettait d'autres distinctions parmi les hommes que celles qu'ils acquièrent par leurs vertus, leurs talents, ou les services qu'ils rendent à leurs semblables. Mais, bien qu'il ne reconnût pas de noblesse héréditaire, il ne voulait pas pour cela qu'on reniât le nom de son père[1]; seulement il pensait « qu'il était

---

[1] « Comme les enfants ne doivent pas porter les forfaits de leurs pères,

« inutile de corroborer par la loi la bienveillance pour le
« descendant d'un homme célèbre. »

L'illustration d'un grand nom était, selon lui, un devoir
imposé à ceux qui en héritaient, de le soutenir dignement, sans
en tirer aucun avantage, et de ne jamais oublier que *noblesse
oblige*; fardeau souvent trop pesant pour leurs épaules, et
qui pouvait les écraser, sur-tout quand ils n'avaient pas le
bon sens de laisser oublier aux autres qu'ils en étaient chargés. Que serait pour un fils l'héritage des titres de son père,
si la nature l'avait déshérité de ses vertus ? ce serait pour
lui recevoir l'épée des combats, sans avoir un bras pour la
porter.

« *Encore l'Évangile !* écrivait Lafayette au bailli de Ploën;
« est-il plus niveleur que nos lois ? il maudit les distinctions
« de la richesse : sa pratique primitive tendit à la commu-
« nauté des biens ; et après que Jésus eut été immolé à la ven-
« geance des princes et des prêtres, les sociétés de ses disciples
« furent regardées comme une propagande ennemie de toutes
« les inégalités sociales. Notre égalité, à nous, s'est bornée à
« proscrire entre les citoyens, dans l'ordre politique et dans
« l'usage de leurs facultés personnelles, les priviléges et les
« empêchements héréditaires, de manière que la seule nais-
« sance d'un homme ne marque pas sa vie d'une prérogative
« ou d'une incapacité légale; par suite, elle n'a reconnu de

« ils ne doivent pas aussi profiter de leur mérite. » Louis XI (procès du duc
d'Alençon), *Archives curieuses de l'Histoire de France*, *publiées par MM. Cim-
ber et Danjou.*

« droits nobiliaires, aux dépens des propriétés voisines, à
« aucune portion de territoire. »

« Par-tout, dit-il dans la même lettre, où l'on ne peut être
« privilégié, ni par le titre de sa terre, ni par des exemptions
« de charges publiques, ni par des préférences d'admission,
« ni par des droits politiques, il y a impossibilité à l'existence
« d'une noblesse. Toute qualification qui, dans l'ancienne ju-
« risprudence de France et dans celle de l'Europe, caractérise
« ces privilèges, devenait donc dans la nôtre inadmissible ; et
« au risque que des femmes, outrées de n'avoir conçu qu'un
« citoyen, allassent à la frontière accoucher d'un comte ou
« d'un baron, nous fîmes une loi très raisonnable en inter-
« disant, dans notre pays, des signes distinctifs, dont l'usur-
« pation ne serait tolérée ni en Allemagne ni en Angleterre. »

En 1819, dans un discours qu'il prononça à la Chambre
des députés, Lafayette, en parlant de l'abolition des priviléges par l'Assemblée constituante, s'exprimait ainsi : « Alors
« fut consacrée l'*égalité constitutionnelle*, qui se borne à fonder
« sur l'*utilité générale* les distinctions établies par la loi. La
« caste privilégiée perdit le droit de se distribuer graduelle-
« ment les exclusions et les mépris, et de les infliger ensemble
« au reste de leurs concitoyens. Aucun Français ne fut
« inhabile aux emplois, parcequ'il n'était pas noble, ou dés-
« honoré, s'il l'était, pour avoir exercé des professions utiles :
« préjugé funeste, qui enlevait à la prospérité publique la
« plupart des familles, à mesure qu'elles acquéraient les
« moyens de l'accroître. »

L'*aristocratie d'argent*, celle de l'homme riche, est une des plus puissantes, une de celles qui excitent en général le plus vif desir d'en faire partie. Devenir riche, et partant avoir beaucoup de puissance et de moyens de satisfaire ses goûts et ses passions, tel est le but de la vie pour bien des gens. Cependant l'aristocratie d'argent peut avoir de la noblesse, quand, semblable à une corne d'abondance, elle répand ses trésors sur les hommes qu'elle soulage, sur le commerce qu'elle anime, ou sur la terre qu'elle fertilise : mais qu'est-elle en elle-même ? Il faut peu d'esprit assez souvent pour amasser beaucoup d'argent, en le supposant légitimement acquis : mais il faut de grandes qualités pour en faire un sage emploi, pour le répandre largement sans s'épuiser. Les prodigues sèment dans le lit d'un torrent, sans honneur pour eux, sans bénéfice pour leur pays. D'autre part, le capitaliste avare appauvrit sa patrie, en thésaurisant, en arrêtant la circulation du métal qui la vivifie. Véritable coffre-fort, il n'a de valeur que s'il est plein, et d'utilité que lorsqu'on peut le vider. L'avarice est la rouille de l'ame ; rien de grand, de généreux ne peut germer ni se développer dans le cœur desséché d'un avare.

L'orgueil qui vient de la possession des biens matériels est toujours ridicule ; il peut faire d'un homme estimable d'ailleurs, un sot, en lui faisant oublier ou cacher son origine, que personne n'oublie, et que la malice aime à rappeler ; en le poussant à étaler avec faste des faiblesses qu'il aurait dû cacher ; en lui donnant sur-tout des prétentions déplacées aux autres genres d'aristocratie.

L'aristocratie de l'intelligence rend, certes, très recommandables les hommes qui concourent à l'illustration de leur pays, au bien de l'humanité, par leurs travaux dans les lettres, les sciences ou les arts; mais encore quel cas ferait-on d'un littérateur, d'un artiste ou d'un savant qui, par leur caractère, seraient indignes de leur talent ou de leur supériorité intellectuelle?

L'esprit d'aristocratie des corps académiques et des sociétés savantes ou littéraires est-il fondé? Non. Que sont, en effet, toutes les académies? des réunions d'hommes plus ou moins célèbres, ayant chacune une organisation spéciale, instituées pour s'occuper des lettres, des sciences ou des arts, et dont on ne saurait révoquer en doute, pour plusieurs du moins, ni la gloire ni l'utilité. De quels éléments se composent-elles? de membres : les uns, en petit nombre, d'un talent ou d'un génie supérieur, gens modestes en général, sobres de paroles, qui illustrent les académies, et dont les académies ont raison de s'honorer; les autres, ordinairement en grande majorité, d'un mérite moins avéré, prolixes dans leurs discours, qui s'honorent des académies dont ils font partie, et que l'intrigue quelquefois, plus que le talent, a fait asseoir au sein de l'assemblée.

D'ailleurs, il faut l'avouer, le temps des académies commence à passer : brillantes de splendeur dans les siècles d'ignorance, foyers des lumières qui éclairaient le monde, leur éclat a dû pâlir à mesure que l'instruction s'est répandue et que de nouvelles lumières ont jailli de tous les rangs de la société. Les communautés religieuses, retraites où tant d'hommes de mœurs austères allaient s'ensevelir par amour pour la religion, par zèle pour les lettres et les sciences, ne sont-elles pas dans le même cas? Mais, quoique leur existence ne soit plus nécessaire aujourd'hui, nous n'en devons pas moins de reconnaissance aux hommes pieux et savants qui ont conservé, enrichi et nous ont transmis les trésors sacrés de la science.

On a maintes fois répété dans ces derniers temps que les bonnes mœurs, les meilleurs sentiments, que les vertus enfin, s'étaient en quelque sorte réfugiés dans la classe moyenne de la société. Cette classe a pris trop au pied de la lettre une maxime qui avait quelque chose de vrai, et de là est née l'*aristocratie bourgeoise*, la plus récente, la plus nombreuse, la plus terne peut-être, mais non la moins prétentieuse de toutes les aristocraties.

Les différentes professions forment, dans les États, des corporations qui ont leur aristocratie. Ainsi, suivant les siècles, les pays, l'*aristocratie religieuse*, celle des ministres des diverses religions, jouit d'un crédit et d'une influence très variable. Par le spirituel dont ils sont chargés, si ces ministres arrivent abusivement à s'occuper du temporel, ils perdent en considération ce qu'ils gagnent en richesses. Le fanatisme, dans toutes les religions, engendre du mépris ou de l'horreur pour les autres cultes; chaque secte se croit dans la bonne voie, et pense que les autres sont dans l'erreur; souvent même la haine est plus vive entre les dissidents d'une même religion qu'entre eux et les sectaires d'une religion différente. La vraie philosophie, convaincue de la faiblesse des hommes, pénétrée de la grandeur et de la bonté infinies de la Divinité, en reconnaissant la liberté de conscience, prescrit la tolérance.

Lafayette dit, dans sa lettre au bailli de Ploën :

« Si avoir préféré la liberté civile et religieuse s'étendant « également à tous les hommes et à tous les pays, est un tort, « personne, monsieur, n'est plus coupable que moi. »

Les militaires forment aussi, dans les États, une puissante aristocratie. Tenus à une obéissance passive envers leurs supérieurs, ils font parfois sentir le poids de leur grade sur leurs subordonnés, ou sur les gens qui ne portent pas l'uniforme, d'entre lesquels ils sont sortis, et au milieu desquels ils doivent un jour rentrer. Lafayette, quand il était militaire, donnait l'exemple de l'obéissance au pouvoir civil. « Quoique la souveraineté nationale fût violée dans « les représentants comme dans les nouvelles délégations des « pouvoirs, » écrivait-il à M. d'Archenholz en parlant du 10 août, « je ne voulus point que la force armée cessât « d'être obéissante ; et c'est aux autorités civiles à portée du « camp que je demandai des ordres. » *L'aristocratie militaire* disparaît et son despotisme cesse chez un peuple dont chaque citoyen est armé pour le maintien des lois ou la défense du pays.

Certes, on ne peut nier qu'il n'y ait des différences dans l'intelligence entre les diverses races humaines, et que, sous ce rapport, les unes ne paraissent supérieures aux autres ; mais toutes n'en ont pas moins droit à la liberté civile et politique. Dans chacune de ces races, les mêmes différences existent entre les individus qui les composent ; et pour cela, les hommes qui ont reçu de la nature une haute intelligence ne vendent pas, ou du moins ne doivent pas vendre, comme bêtes de somme, ceux qui leur sont inférieurs. Ils doivent se les attacher, traiter de gré à gré avec eux, et les utiliser pour la société, en faisant leur bien. Les intérêts du supérieur et de l'inférieur, comme ceux du père et de son fils, sont les mêmes, sans que ceux-ci soient forcés de changer de position vis-à-vis l'un de l'autre. L'homme, quelle que soit la couleur de sa peau, la conformation de sa tête, la nature de ses cheveux, le développement de son intelligence, doit être maître de sa volonté et pouvoir disposer de sa personne en se soumettant aux lois qui régissent la société à laquelle il appartient. Aussi rien ne peut motiver l'*aristocratie de la race blanche*, ni excuser l'esclavage et la traite des noirs. Le dernier des nègres peut toujours dire au premier des blancs: *Am i not a man, a brother!* (ne suis-je pas un homme, un frère), inscription touchante d'une médaille que vous devez connaître, et sur laquelle on voit un pauvre nègre enchaîné, qui implore, à genoux et les mains jointes, l'indulgence de son maître dont le bâton est levé sur sa tête.

LETTRE HUITIÈME.

Paris, 12 octobre 1834.

Les gens élevés à l'école de la perversité, les réprouvés qui peuplent les bagnes et les prisons, ont aussi leur aristocratie; et quelle aristocratie, grand Dieu! Leurs facultés morales sont si perverties, tout sentiment de conscience est tellement étouffé en eux, qu'ils développent leur intelligence vers le mal comme les autres hommes vers le bien, et que, pour eux, la plus grande scélératesse est le point de perfection vers lequel ils tendent! Ils s'estiment d'autant plus entre eux qu'ils sont plus infâmes, et s'excitent, à l'envi les uns des autres, à se détériorer encore, s'il est possible, et à se perfectionner dans le crime! S'il reste à quelques uns d'entre eux de faibles traces de bons sentiments, elles sont bientôt effacées par la fausse honte de n'être pas au niveau des chefs de leur hiérarchie. Les vertus sociales ne sont, pour eux, que des préjugés; ils se rient de ce qu'il y a de plus sacré au monde, et leur dégradation morale les met au-dessous des brutes. Toujours en guerre ouverte avec la société, ils veulent l'exploiter par la ruse ou par la force, comme des renards ou des loups dévorants. Avec raison la société les craint; elle se réunit contre eux pour les découvrir, les traquer et leur faire la chasse. Cet état de choses est vraiment déplorable, et ne pourra changer que lorsqu'on aura

mis en usage les moyens de corriger, d'amender les crimi-
nels, au lieu de les tenir à la chaîne comme des bêtes fauves
dans une ménagerie, ou de les tuer comme des chiens en-
ragés. Mais laissons là cette horrible aristocratie; je ne l'ai
signalée en passant que pour faire voir l'abus qu'on peut
faire des meilleurs principes et des choses les plus sacrées.

Les prétentions aristocratiques que donne un sot amour-
propre sont rares dans les sommités de chaque classe, et
semblent s'accroître à mesure qu'on descend vers les derniers
rangs de chacune d'elles. Qui ne connaît les prétentions
d'un gentillâtre, d'un méchant poëte, d'un mauvais artiste,
d'un demi-savant ou d'un bedeau? « Les demi-savants, » disait un homme aussi remarquable par son immense savoir
que par son esprit, « sont comme les faux braves qui font
« du bruit de leurs exploits. »

Les diverses aristocraties, ambitieuses et jalouses les unes
des autres, vivent aujourd'hui dans une sorte d'anarchie; elles
s'insultent et se combattent, ou s'unissent et se défendent
quand leurs intérêts et leurs passions le commandent. C'est
sur-tout pendant les révolutions que l'observateur peut être
témoin du caractère et des prétentions de chaque aristocratie, et analyser les motifs de leur conduite ou de leurs
intrigues.

Cependant, à l'époque où nous vivons, la pente des esprits
de toutes les classes se tourne d'une manière très marquée
vers l'étude de la philosophie naturelle, des sciences exactes
et positives, des beaux-arts et de l'industrie : aussi les différentes aristocraties ne sauraient vivre isolément; une seule

ne suffit plus pour donner de l'importance à un homme;
elles ont besoin les unes des autres, et commencent à se mêler
ou à se combiner de diverses manières. Aujourd'hui les
nobles ont moins d'horreur pour les alliances avec la roture;
les roturiers font moins d'attention à l'honneur ou à la honte
d'une barre qui croise l'écusson d'un noble dans tel ou tel
sens; l'homme riche commmence à sentir que son argent
seul ne suffit pas pour lui donner de la considération; il as-
pire à être autre chose qu'un Crésus. Les lumières de la
philosophie en éclairant la raison de ces hommes, l'instruction en développant leur esprit, dissipent les vieux préjugés
chez les uns, et s'opposent au développement excessif de l'orgueil chez les autres.

Quelle conclusion peut-on tirer de tout ce qui précède?
qu'on a de la naissance, de la force, de la beauté, de l'esprit,
du génie, quand le sort l'a voulu; de l'instruction, des talents, de la fortune, quand on peut; de la probité, de l'honneur, de la vertu, quand on veut. L'homme sage doit donc
apprécier à leur véritable valeur toutes ces fumées aristocratiques, et n'aspirer qu'à devenir vertueux. Expression de la
conscience, des sentiments et de la volonté de l'homme, la
vertu seule a droit à notre estime et à notre admiration.

Lafayette fut un des plus zélés partisans de l'affranchissement des esclaves, et l'un des membres de la société qui devait poursuivre cette noble tâche. Quelque opposés que
fussent à toute idée de religion, de justice et d'humanité, le
commerce et l'esclavage des noirs, ce n'est pas avant le milieu du dix-huitième siècle que la cause de ces malheu-

reux a été défendue avec quelque éclat. L'abbé Raynal
fut un des plus anciens athlètes dans cette lutte mémorable,
qui fut ensuite soutenue avec tant de talent et de persévérance par le docteur Fothergill, par Clarkson, le ministre du
saint Évangile Froissard, le bon quaker Benezet, et par
Necker, Turgot, Poivre, Franklin, Jefferson, Adams, Fox,
Wilberforce.

Ce fut en 1503 que les Espagnols transportèrent, pour
la première fois, des Africains en petit nombre dans leurs
nouvelles colonies. Ferdinand en permit une importation
plus considérable en 1511; enfin en 1517 Charles-Quint
accorda à l'un de ses favoris flamands le droit exclusif d'im-
porter 4,000 nègres en Amérique. Le favori vendit sa pa-
tente à des marchands génois pour le prix de 25,000 ducats,
et les Génois furent les premiers qui donnèrent une forme
régulière à ce commerce d'esclaves entre l'Afrique et l'Amérique, qui depuis cette époque a pris un si prodigieux
accroissement [1].

Lafayette et Larochefoucauld furent tellement unis de
sentiments, d'opinion et de conduite dans la cause de l'affranchissement des nègres, qu'il est impossible de les séparer
l'un de l'autre. Tous deux croyaient si peu à la prétendue
propriété des maîtres d'esclaves, que toute leur vie ils
avaient soutenu à frais communs, devant les tribunaux français, les procès des nègres réclamant leur liberté. Lafayette,

---

[1] Herrera, cité par Robertson dans son *Histoire d'Amérique*, liv. III, p. 267-
268. Édition de Bâle.

dans la révolution américaine, ne fut pas non plus étranger aux lois contre la traite des noirs, ni aux mesures prises pour leur affranchissement graduel dans les États du Nord et du Centre; et si ces dispositions philanthropiques ne furent pas imitées dans les États du Sud, du moins elles y avaient des partisans, parmi lesquels on doit distinguer le brave colonel Laurens, l'un des plus grands propriétaires de la Caroline et aide-de-camp de Washington. Il allait affranchir et enrégimenter tous ses nègres au moment où il fut tué par les ennemis.

Lafayette, après la campagne décisive contre lord Cornwallis, en 1781, en recevant les remerciements de l'État de Virginie, qui avait particulièrement profité de ses succès, répondit par des vœux pour que la liberté pût être, le plus tôt possible, étendue à tous les hommes sans distinction; mais il n'en resta pas à ces vœux stériles, et, à son retour en France, se flattant, comme Turgot et Poivre, que l'affranchissement graduel des nègres pouvait se concilier avec l'intérêt personnel des colons, il voulut constater cette vérité par l'expérience, et il fit pour cet objet une tentative spéciale sur un plan assez large pour mettre la question en évidence. Cayenne avait alors un intendant habile, vertueux, expérimenté, Lescalier, dont les opinions à ce sujet étaient conformes à celles de Lafayette. Le maréchal de Castries, ministre de la marine, non seulement consentit à cette épreuve, mais voulut y concourir, en permettant à Lescalier d'essayer sur les nègres du roi le nouveau régime projeté. Lafayette avait d'abord consacré cent mille francs à cet objet : il confia la conduite de l'habitation qu'il avait achetée à Cayenne, à un homme plein de philosophie et de talent, nommé Richeprey, qui se dévoua généreusement à diriger l'essai. Les séminaristes établis dans la colonie, et sur-tout l'abbé Farjon, qui en était curé, applaudirent à ces mesures et les encouragèrent. On doit aux colons de Cayenne la justice de dire que les négres y avaient toujours été traités plus humainement qu'ailleurs. Les six mois de séjour qu'y fit Richeprey, et les exemples qu'il avait donnés avant de succomber à l'intempérie du climat, contribuèrent encore à adoucir leur sort. Aussitôt que l'établissement de Richeprey aurait été un peu avancé, Larochefoucauld devait acheter une autre plantation, et une troisième l'eût été ensuite par Malesherbes, qui s'intéressait cordialement à ce projet. La mort trop prompte de Richeprey, la difficulté de remplacer un tel homme, le départ de l'intendant, les changements dans le ministère, embarrassèrent l'exécution de cette noble entreprise.

Lorsque Lafayette eut été proscrit en 1792, la Convention nationale ayant confisqué tous ses biens, ordonna de vendre ses négres à Cayenne, malgré les réclamations de madame Lafayette, qui protesta contre cette vente, en observant que les négres n'avaient été achetés que pour être rendus à la liberté après avoir été instruits, et non pour être revendus à l'enchère, comme objets de commerce et de spéculation.

Plus tard, tous les noirs des colonies françaises furent déclarés libres par un décret de la Convention nationale.

Cependant, chose digne de remarque, une partie des pré-

visions de Lafayette sur l'affranchissement se réalisèrent :
Cayenne, la seule de nos colonies où l'on avait commencé à
suivre l'exemple qu'il avait donné d'instruire les négres, fut
aussi la seule où il n'y eut pas de désordres. Poussés par la
reconnaissance, les négres de sa plantation vinrent déclarer
au régisseur qui avait remplacé Richeprey, que si les biens
de Lafayette étaient confisqués, ils profiteraient de leur
liberté; mais que dans le cas contraire, ils voulaient rester et
continuer à cultiver ses terres.

Lafayette ne voulait affranchir les noirs que graduellement, à mesure que, par leur éducation morale et intellectuelle, ils se seraient montrés dignes de la liberté. Il pressentait
déja les inconvénients qu'il y aurait à émanciper tout-à-coup
un peuple flétri par l'esclavage, à le faire passer d'une manière immédiate de son état d'abrutissement à une entière
liberté, qui ne saurait être alors pour lui qu'une licence
effrénée, dont le despotisme s'emparerait adroitement,
comme d'une arme terrible, pour s'établir d'abord, et se justifier ensuite.

Il en est pour l'homme, en effet, des transitions morales
comme des transitions physiques. Le prisonnier, affaibli par
un long séjour dans des cachots obscurs, ne peut, sans danger, être rendu subitement à la vive lumière du jour. L'esclave aussi ne doit jouir de la liberté qu'après avoir été
graduellement éclairé sur les droits qu'elle donne, les devoirs
qu'elle prescrit, et les limites que lui ont tracées la raison et
la justice. Mais, selon Lafayette, plus les difficultés étaient
grandes à surmonter pour abolir l'esclavage, plus le zéle

des vrais philanthropes devait redoubler, plus leurs efforts
devaient s'accroître pour arriver à cet honorable résultat. Il
voyait avec peine qu'un vil intérêt paralysait le cœur de
quelques hommes qui auraient pu donner une chaleureuse
impulsion à l'émancipation des noirs.

De toutes les écoles publiques de New-York que Lafayette
visita lors de son dernier voyage en Amérique, celle qui lui
inspira le plus vif intérêt fut l'*école libre des jeunes Africains*,
fondée et instituée par la société d'affranchissement des noirs.
Nommé à l'unanimité membre de cette société, il fut aussi
touché de cette marque d'estime que des témoignages de la
reconnaissance des pauvres enfants noirs de l'établissement.
M. Levasseur, qui nous a conservé le souvenir de cette visite, rapporte qu'un petit nègre s'approcha de Lafayette, et
lui dit avec émotion : « Vous voyez, général, ces centaines
« de pauvres enfants de race africaine qui paraissent devant
« vous; ils partagent ici, avec les enfants des blancs, les
« bienfaits de l'éducation; comme eux ils apprennent à chérir
« le souvenir des services que vous avez rendus à l'Amé-
« rique; et, de plus, ils révèrent en vous un ardent ami de
« l'émancipation de leur race, et un digne membre de la
« société à laquelle ils doivent tant de reconnaissance. »

On sait avec quel dévouement Lafayette défendit les droits
des hommes de couleur de nos colonies à l'Assemblée nationale en 1791, et dernièrement encore sous le règne de
Charles X. Ce furent ces mêmes sentiments d'amour pour la
liberté, d'indignation pour la tyrannie, qui le portèrent
à embrasser, dans ces derniers temps, avec tant de zèle,

la cause des Grecs, des Polonais, ainsi que celle des patriotes italiens, espagnols et portugais.

Lafayette s'élevait avec force contre les mauvais traitements dont on use quelquefois dans les prisons, sur-tout
envers les condamnés et les détenus politiques. Il savait
combien pouvaient être grands les abus de pouvoir des gens
préposés à la garde des prisonniers; il n'ignorait pas non
plus que les réclamations de ces derniers sont rarement
écoutées. Dans la lettre qu'il écrivait de sa prison de Magdebourg, à la princesse d'Hénin, le 15 mars 1793, il lui pei-
gnait avec de vives couleurs les vexations inutiles qu'on lui
faisait endurer. « Maintenant, lui disait-il, je vais vous décrire
« ma prison et ma manière de vivre :

« Représentez-vous une ouverture faite dans le rempart
« de la citadelle, et garnie de hautes et fortes palissades. C'est
« par ce passage, et en traversant successivement quatre
« portes dont chacune est armée de chaînes, de verrous et
« de barres de fer, que vous pourrez, non sans difficulté et
« sans peine, atteindre ma cellule. Cette cellule est large de
« trois pas, longue de cinq et demi, ne renfermant d'autre or-
« nement que deux vers français, rimant par ces mots : souf-
« frir et mourir. Le mur près du fossé est humide de moisis-
« sure; le mur opposé permet à la lumière du jour, mais non
« aux rayons du soleil, de pénétrer à travers une fenêtre
« étroite, mais en quelque sorte hermétiquement grillée.
« Ajoutez à cela deux sentinelles, dont les regards plongent
« incessamment dans mon habitation souterraine pour em-
« pêcher que nous ne nous parlions les uns aux autres; des

« espions établis autour de nous, outre nos gardiens, et enfin
« les murs, les remparts, les fossés et les gardes dans l'inté-
« rieur et hors de la citadelle de Magdebourg, et vous
« verrez, ma chère princesse, que les puissances étrangères
« ne négligent rien pour me retenir en leur pouvoir. Le bruit
« de mes quatre portes se fait entendre chaque matin,
« quand on les ouvre pour admettre mon domestique;
« derechef à dîner, quand je prends mon repas en présence
« du commandant de la citadelle et de la garde, et enfin à
« la nuit, pour reconduire mon domestique à sa prison; cela
« fait, après avoir bien assuré tous les verrous, le comman-
« dant emporte les clefs dans l'appartement où, depuis mon
« arrivée, le roi lui a ordonné de coucher.

« On me fournit des livres dont on a enlevé les pages
« blanches; mais je n'ai ni nouvelles ni gazettes, ni commu-
« nications, ni encre, ni plumes, ni pinceaux; et c'est un
« miracle que je possède cette feuille, sur laquelle j'écris
« avec un cure-dent.

« Ma santé décline, ma constitution physique n'a pas
« moins besoin de liberté que ma constitution morale. Le
« peu d'air qui me parvient dans ma cellule souterraine n'a
« apporté qu'un faible soulagement à l'oppression de mes pou-
« mons. J'ai souvent la fièvre; je ne prends pas d'exercice
« et peu de repos. Cependant je n'élève point de plaintes,
« l'expérience m'en ayant démontré toute l'inutilité. Mais je
« tiens à la vie, et mes amis peuvent être assurés du con-
« cours actif de tous les sentiments qui contribuent à me
« faire estimer la conservation de mon existence, quoique

« en considérant ma position et les progrès de mes souf-
« frances, je ne puisse pas plus long-temps répondre de leur
« efficacité. Peut-être vaut-il mieux préparer mes amis de
« la sorte, que de les surprendre plus tard par un coup
« inattendu [1]. »

Que la douloureuse impression laissée dernièrement dans
toutes les âmes sensibles, par les révélations du malheureux Silvio Pellico, puisse enfin libérer l'humanité d'un reproche aussi grave que celui des souffrances dont on peut
accabler un homme innocent !

Pendant la restauration, plusieurs écrivains distingués
furent incarcérés pour les opinions libérales qu'ils avaient
émises. Lafayette allait les voir; il leur donnait ainsi un témoignage public de son estime et de son amitié, et semblait
vouloir se rendre garant de leurs principes.

En 1829 je lui parlais des souffrances qu'endurait dans les
cachots de Lisbonne M. de Mello-Breyner, victime de
dom Miguel. Bien que Lafayette ne fût pas précisément
de son opinion en politique, il le plaignit sincèrement,
s'indigna de la barbarie de ses persécuteurs, et me
prédit la chute du prince cruel dont ils exécutaient les
ordres.

Le commandeur de Mello-Breyner, l'un des plus savants
jurisconsultes du Portugal, était ministre plénipotentiaire de

---

[1] Cette lettre se trouve en anglais, dans l'ouvrage sur la vie du gouverneur
Morris. Boston, 1832. Elle a été traduite en français, et insérée dans l'excellent recueil de M. Jules Taschereau. *Revue Rétrospective*, vol. V, p. 142.

ce pays à Paris en 1826. Ce fut à cette époque qu'il me fit
appeler pour lui donner des soins. Il était alors âgé de soixante-
quinze ans, mais il avait conservé toute la fraîcheur de son
intelligence. Pendant son séjour à Paris, sa santé fut gravement compromise par diverses affections qui me four-
nirent l'occasion de le voir souvent, et de profiter de sa
conversation, aussi spirituelle que solide et instructive.
Il admettait comme base de toute législation les principes
fondamentaux établis par Lafayette, « que nul homme ne pouvait être soumis qu'à des lois consenties par lui ou ses représentants, antérieurement promulguées et légalement appli-
quées ; que les lois devaient être claires, précises et uniformes
pour tous les citoyens. »

Lorsqu'il était gouverneur d'Oporto, indépendamment
des monuments d'utilité publique dont il enrichit la ville, et
des réformes utiles qu'il fit dans l'administration, M. de
Mello-Breyner s'occupa tout particulièrement de changer
le régime des prisons et d'améliorer le sort des détenus,
qui le regardaient comme un père. Il aimait à me parler
des changements qu'il avait cru devoir opérer, des bons
résultats qu'il en avait obtenus, et sur-tout des regrets
qu'il avait laissés à Oporto. J'ai su, de plusieurs de ses compatriotes, qu'à toute heure du jour et de la nuit, quand
les prisonniers réclamaient son assistance, il se rendait aussitôt près d'eux, et pénétrait seul dans les cachots les plus
infects, pour leur apporter les soulagements que sa position
de gouverneur lui permettait de leur accorder. Comme
Lafayette, il soutenait que la loi, en privant l'homme de

sa liberté, ne pouvait agir contre l'humanité, en lui impo-
sant des privations, en lui causant des souffrances qui pouvaient compromettre sa santé ou sa vie. Ce respectable ma-
gistrat ne prévoyait pas à cette époque, qu'un jour, victime
de la vengeance de dom Miguel, séquestré de sa famille, arra-
ché à ses amis, il périrait, à l'âge de soixante-dix-neuf ans,
dans la misère et l'abandon, au fond d'un cachot, après avoir
servi son pays pendant plus de cinquante ans!

M. de Mello-Breyner, nonobstant son grand âge et le mauvais état habituel de sa santé, n'en était pas moins resté esclave
de ses devoirs, auxquels il sacrifiait tout. Lors de la promul-
gation de la charte de don Pédro, il fut nommé ministre de la
justice à Lisbonne, bien qu'il se trouvât encore à Paris. Je lui
fis observer que sa santé était trop faible pour lui permettre
de résister aux fatigues qu'allaient nécessiter ses nouvelles
fonctions, dans un pays agité par les passions les plus véhémentes. « Je sens bien toutes vos raisons, et je vous remercie
« de votre intérêt pour moi, me répondit-il; j'aimerais mieux
« rester à Paris avec mes bons amis, à soigner l'éducation de
« mes fils; mais mon pays me réclame : s'il a besoin de moi, je
« dois le servir et mourir sur la brèche, s'il le faut. » Peu de
temps après son retour en Portugal, il ne tarda pas à se voir
renversé du poste qu'il avait accepté, et se retira dans une
maison de campagne aux environs de Lisbonne. Je reçus
de lui une longue lettre qu'il m'écrivait de sa solitude, et qui
me fut apportée par le docteur Cordeiro. « Mon bon ami,
« me disait-il dans cette lettre, j'aurais bien fait de suivre
« vos sages conseils et de rester en France; mais que vou-

« lez-vous, je suis encore jeune (en expérience) : me voilà
« retiré dans ma campagne ; j'y cultive les choux, ils sont
« moins ingrats que les hommes. » Quelques mois plus tard
il fut arrêté et jeté dans les prisons de Bogio, puis dans
celles de Belem et de Saint-Julien. Ce ne fut qu'après les
plus pressantes sollicitations que sa malheureuse fille, la
marquise de Niza, obtint la permission, pour elle et ses
frères, de voir et de soigner leur vieux père. On lui refusa
de partager sa captivité : aussi tous les jours était-elle
forcée, même par les temps les plus affreux, de traver-
ser le Tage dans une barque, pour pénétrer dans le cachot
de son père. Souvent elle arrivait près de lui mouillée par
les vagues et mourante de froid, et passait dans cet état
la journée à ses côtés : aussi sa santé délicate ne tarda pas
à s'altérer, et, depuis cette époque, elle n'a pu se rétablir
complétement. Madame de Niza eut la douleur de se voir
séparée de son père quelques mois avant sa mort, toute communication leur ayant été interdite. On ne peut rappeler
sans horreur les souffrances que ce vieillard endura sur un
lit de misère trop petit pour lui, et sur lequel il ne lui fut
même pas loisible de s'étendre dans son agonie.

Quand M. de Mello-Breyner eut rendu le dernier soupir,
ses féroces geôliers voulaient jeter son corps dans le Tage ;
et ce ne fut pas sans peine que sa fille, aidée du digne
abbé Stéfani, gouverneur de son fils, obtint, comme par
grâce, la permission de lui donner une sépulture. Voici un
trait qu'on peut citer du beau caractère de cet infortuné
ministre, et de son inébranlable fermeté : on avait tout

préparé pour son évasion; il devait s'échapper par une fenêtre, et passer dans une barque qui l'aurait attendu sur
le Tage. Les prières, les larmes de sa fille furent inutiles pour
le déterminer à fuir; il fut inexorable. « Je sais bien que je
« suis injustement détenu, lui dit-il; mais les gardiens de la
« tour ne sont pas juges de la question; en exécutant les
« ordres qu'ils ont reçus, ils font leur devoir. Je ne veux pas
« les compromettre en fuyant. »

La marquise de Niza, obligée elle-même de se sauver de
Lisbonne peu de temps après la mort de son père, habite
maintenant Paris. Veuve du marquis de Niza, descendant
de Vasco da Gama, elle se consacre à l'éducation de son fils.
Les trois fils de M. de Mello-Breyner ont embrassé la carrière militaire, et viennent de combattre vaillamment pour
la délivrance de leur patrie.

Lafayette desirait ardemment qu'on pût introduire dans
nos prisons le régime pénitentiaire, généralement adopté
dans celles des États-Unis d'Amérique. Cependant il n'adop-
tait pas le système de l'isolement complet des prisonniers;
« la prison solitaire était un supplice, disait-il, qu'il fallait
« avoir éprouvé pour en bien juger, » et il pensait comme le
vertueux Malesherbes, qu'elle pouvait conduire à la folie.
Pendant les cinq années de sa captivité, il en avait passé
une entière de cette manière, et une autre partie de ce
temps à ne voir qu'un compagnon pendant une heure. Il
faisait observer qu'il avait éprouvé lui-même que ce n'était
point un moyen de réformation; qu'on ne l'avait mis là que
pour avoir voulu révolutionner les peuples contre le des-

potisme et l'aristocratie ; mais qu'il passait sa solitude à y rêver, et qu'il n'était pas sorti plus corrigé à cet égard [1].

Il pensait que la loi, en privant l'homme de sa liberté, en le séquestrant de la société qui avait à s'en plaindre, devait avoir pour but, non seulement de lui infliger une punition, mais aussi de le corriger, de l'amender dans son intérêt et dans celui de cette même société à laquelle il devait être rendu. Il regardait la plupart de nos maisons, dites de *correction*, comme des lieux de détérioration, bien plus propres à pousser de plus en plus les condamnés dans la carrière du vice et du crime, qu'à les en retirer.

Il prit beaucoup d'intérêt aux détails que je lui donnais un jour sur le régime et l'administration de la maison pénitentiaire de Genève, que j'avais visitée. Sa philanthropie, plus encore que son amour national, était blessée de nous voir rester, sous ce rapport, bien en arrière de nos voisins et de vos compatriotes.

Lafayette avait en horreur la peine de mort, et s'est constamment élevé contre cette monstrueuse exécution de la justice. Il ne croyait point que la société pût ôter ce qu'elle ne pouvait rendre ; qu'elle pût s'arroger le droit de priver de la vie un de ses membres, sur-tout en matière d'opinions politiques ou religieuses, qui appartiennent à ce que l'homme a de plus cher, de plus sacré, de plus inviolable, à la liberté de conscience. Il s'est constamment prononcé contre les tribunaux exceptionnels, qui n'étaient,

---

[1] Lévasseur, *Lafayette en Amérique*, T. II. p. 331.

selon lui, qu'un instrument terrible mis entre les mains du despotisme pour donner une apparence de légalité à ses actes les plus atroces ; pour tuer au nom de la loi.

« Quelque soin qu'ils aient pris de nous *tantaliser*, en « nous privant de toute nouvelle, » écrivait-il à la princesse d'Hénin en parlant de ses geoliers de Magdebourg, « nous « avons enfin appris par quelques mots de Damas, lors de « notre singulière rencontre à Ham, les succès des armées « françaises, la mauvaise direction des affaires publiques, « le jugement du roi, dans lequel toutes les lois d'humanité, « de justice et d'intérêt national ont été complétement mé- « connues. »

Je viens de vous faire, mon cher monsieur, une exposition très imparfaite, sans doute, et peu méthodique, des opinions de Lafayette sur différents sujets pris en quelque sorte au hasard. J'ajouterai qu'aucune question de morale, de droit, de politique, d'économie publique, ne lui était étrangère, et qu'il aurait pu les traiter toutes *ex professo*. Je l'ai plusieurs fois entendu parler sur les ressources de la France et des autres états ; sur les rapports que les peuples et les gouvernements devaient avoir entre eux ; sur les constitutions, la légitimité, la propriété ; sur le commerce, l'industrie, l'agriculture ; sur la stratégie, les progrès de la civilisation, le bonheur des nations et des individus, et sur d'autres questions qu'il exposait avec la plus grande clarté, et qu'il résolvait avec ce bon sens et cette simplicité qui lui étaient naturels. Vous rappeler tout ce que j'ai retenu de ses conversations, eût été pour moi chose difficile, parceque je ne suis pas assez familiarisé avec plusieurs des matières qui en faisaient le sujet, et que d'ailleurs je serais allé bien au-delà du but que je me suis proposé en vous écrivant des lettres que vous ne devez considérer que comme de simples renseignements. Le prochain courrier vous portera les souvenirs que j'ai conservés du séjour de Lafayette à Lagrange.

LETTRE NEUVIÈME.

Paris, 17 octobre 1834.

Beaucoup de personnes, et entre autres de vos compatriotes, sont dans la persuasion que Lafayette était un homme pour ainsi dire tout politique; qu'il ne devait pas avoir eu de temps à donner aux occupations et aux devoirs de la vie privée. Vous avez dû, je pense, vous convaincre déja du contraire, d'après mes lettres précédentes. Pour vous prouver davantage encore le peu de fondement d'une opinion assez généralement répandue, nous allons nous transporter à Lagrange, et voir ce que Lafayette a fait pour l'agriculture et l'économie rurale, dont le goût s'était développé chez lui pendant son exil dans les pays étrangers.

Lafayette avait beaucoup desiré devenir possesseur de Lagrange. Lorsqu'il put s'y installer, il se livra avec ardeur, pendant plusieurs années consécutives, aux travaux des champs, qui rétablirent sa santé délabrée par les souffrances de sa captivité, et, plus tard, le délassèrent des fatigues ou le consolèrent des ennuis de sa carrière politique.

Comme ces dictateurs que Rome, aux jours du danger, arrachait à la charrue pour se couvrir de leur épée, Lafayette, après le combat, déposait les armes, reprenait sa vie paisible de laboureur, et retrouvait une terre plus reconnaissante que sa patrie des soins qu'il lui prodiguait.

Il écrivait à Masclet, en date du 2 frimaire an IX :[1] « Je
« ne me mêle que de regarder les champs de Lagrange, en
« attendant que je sache s'ils seront à moi, et quand il me
« sera possible de les cultiver. Nos partages seront finis, j'es-
« père, dans trois ou quatre décades; le lot d'Adrienne sera
« moins considérable que je n'avais cru; mais si j'ai ma chère
« habitation de Lagrange avec son arrondissement de bois,
« de prés, de terres arables, je me composerai une belle et
« bonne ferme, qui ne me permettra d'envier la part de
« personne. »

Dans la même lettre il ajoute : « Je n'irai point en Amé-
« rique, mon cher Masclet, du moins avec un caractère
« diplomatique. Je suis loin de renoncer à des visites parti-
« culières et patriotiques aux États-Unis, et à mes concitoyens
« du Nouveau-Monde, mais à présent je suis beaucoup plus
« occupé de fermes que d'ambassades. Il me semble que si
« j'arrivais là, autrement habillé qu'en uniforme américain,
« je me trouverais aussi embarrassé de ma contenance qu'un
« sauvage en culotte. Au reste le premier Consul ne m'en a
« point parlé. »

« Je suis seul ici dans mes champs, écrivait-il encore au
« même ami, où je passe une vie très agréable, au milieu
« d'une exploitation de quatre fortes charrues, et en très
« bonne démonstration du problème tant disputé du pro-
« priétaire cultivateur. »

Avant de suivre Lafayette dans ses travaux agricoles, je

---

[1] Décembre 1801.

vais vous rappeler des choses que vous avez dû voir dans vos visites à Lagrange, et vous en faire connaître d'autres que probablement vous ignorez. Les unes vous retraceront d'agréables souvenirs; les autres, j'en suis sûr, exciteront vivement votre intérêt, comme Américain sur-tout : car rien de ce qui se rattache à ce grand homme ne peut être vu avec indifférence par vos compatriotes, qui savaient si bien apprécier ses vertus. Lafayette était pour eux un être vénéré, et Lagrange une sorte de sanctuaire auquel ils devaient faire un pèlerinage.

Lagrange-Bleneau, plus connue aujourd'hui sous le nom de *Lagrange-Lafayette*, est située à treize lieues à l'est de Paris, près de Rosay en Brie, et presque à mi-chemin de Melun à Meaux. Le château et la ferme se touchent, et sont situés au centre des terres qui les entourent, en formant un cercle presque parfait de plus de huit cents arpents.

Les routes qui conduisent à Lagrange sont bien plantées, entretenues avec soin, et traversent la propriété. On entre dans le parc par une large et belle allée, légèrement flexueuse, bordée de jeunes et vigoureux pommiers, dont les branches s'avancent vers les voyageurs et semblent leur offrir les fleurs ou les fruits dont elles sont surchargées. Cette allée tourne à gauche, en longeant la ferme et une antique chapelle qui en fait actuellement partie ; elle traverse une petite châtaigneraie, et bientôt, ombragée de beaux arbres verts qui lui donnent un aspect sombre et mystérieux, elle conduit à l'entrée du château. Un pont de pierre, garni de parapets, remplace le pont-levis qui existait autrefois sur le fossé. On

entre par une grande porte, formée elle-même de deux cin-
tres : l'un extérieur, plus grand, ayant sur les côtés deux profondes excavations qui recevaient une partie de la charpente
et les chaînes de l'ancien pont ; l'autre intérieur, surbaissé,

forme la véritable porte. Sur les côtés de celle-ci, on voit deux
grosses tours, percées de fenêtres étroites en forme de meur-
trières, et dont les murs épais sont bâtis en grès, ainsi que
les autres parties de l'édifice. Les murs, jusqu'au niveau du
toit d'ardoise qui les surmonte, sont couverts de mousses et
de lierres touffus, entre le feuillage desquels se dessinent les
jours de souffrance des tours. Le célèbre Fox planta ces
lierres pendant le séjour qu'il fit à Lagrange avec le général
Fitz-Patrik, après la paix d'Amiens. Symbole de son amitié

pour Lafayette, ces végétaux ont grandi avec le temps, et se sont attachés de plus en plus aux murs de son habitation. Le croquis de cette porte que je vous ai donné suffira, je pense, pour vous la rappeler.

La cour dans laquelle on entre a la forme d'un carré irrégulier. Elle est spacieuse, bien éclairée, et égayée par la vue du parc sur lequel elle est ouverte. Au milieu se trouve la façade du château que je vous présente, d'après un dessin que le général Carbonel a bien voulu mettre à ma disposition.

Voici une autre vue du château, que j'ai prise de l'entrée du taillis, à l'extrémité de la grande pelouse. Le parc renferme beaucoup de bancs semblables à celui que j'ai figuré. Ils sont formés par une planche placée entre deux arbres qui en reçoivent les extrémités ; et les fixent très solidement ensuite par l'accroissement successif de leurs couches extérieures.

Le château n'est pas régulier. Il présente cinq tours couvertes de toits coniques assez élégants. Deux sont placées aux extrémités des ailes qu'elles terminent; deux autres sont situées en dehors des angles de réunion des ailes avec le corps principal du bâtiment, et la cinquième derrière celui-ci. J'au-

rais voulu apporter dans cette partie de ma lettre la précision
dont le général Latour-Maubourg a donné un modèle dans
sa description des cachots d'Olmütz; ne pouvant que l'imiter
de loin, je vous donne un plan que j'ai fait à la hâte,
et qui pourra suppléer à ce que ma narration présente
d'obscur.

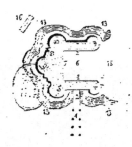

1. Allée qui conduit à la porte du château.
2. Le pont.
3. La porte.
4. 5. Les deux tours latérales de la porte.
6. La cour.
7. Façade du corps principal du bâtiment.
8. Les ailes du château.
4. 9. Tours qui terminent les ailes du château du côté du parc.
9. Second salon de réception.
10. Tour où est placée la bibliothèque de Lafayette.
11. Partie correspondante à la chambre à coucher de Lafayette.
12. La tour du milieu surmontée d'un paratonnerre.
13. 13. 13. 13. Fossé qui entoure le château.
15. La grande pelouse du parc.
16. Pavillon du canot américain.

Le château, outre le rez-de-chaussée, a deux étages. Sous
les combles sont placées les chambres des gens de service.
Les murs sont ornés et couverts en dehors de plantes grim-
pantes, de lierres, de jasmins de Virginie, etc.; ils sont entourés de buissons épais et de beaux arbres, de saules pleu-
reurs énormes, qui semblent s'élancer de leur base, s'élèvent

jusqu'a la toiture ou inclinent tranquillement leurs branches vers les eaux du fossé. Celui-ci a environ de trente à quarante pieds de largeur, et sept à huit de profondeur. Il ne fait plus le tour complet du château; Lafayette l'a fait combler du côté de la cour, de sorte qu'on passe de plain-pied de celle-ci sur la pelouse. Les eaux en sont limpides, nourrissent de beaux poissons, et sont alimentées par un ruisseau qui vient de l'un des étangs de la ferme. En dehors on arrive au fossé par une pente douce, couverte d'un gazon émaillé de fleurs.

Au rez-de-chaussée du château on trouve, communiquant avec le vestibule, une petite chapelle, une grande salle à manger qui peut contenir quarante ou cinquante personnes, et plus loin les cuisines. Un bel et large escalier en pierre, parfaitement éclairé, conduit aux deux salons de réception, au musée de Lafayette, et aux corridors qui mènent aux autres appartements de la famille et à ceux des amis.

L'appartement de Lafayette est au second étage. Il se compose de trois pièces : une antichambre, une chambre à coucher, et une bibliothèque dont les fenêtres donnent sur le parc, et dominent les bâtiments de la ferme, qu'on voit presque à vol d'oiseau, à vingt-cinq toises environ de distance.

Tous ces appartements sont très propres, bien entretenus et meublés avec la plus grande simplicité. Je vais vous indiquer sommairement ceux des objets dont ils sont garnis, et qui pourront vous intéresser.

A l'entrée du vestibule sont placés deux petits canons que le peuple de Paris, lors de la révolution de Juillet, avait

montés sur des roues de carrosse pour attaquer les troupes
de Charles X. Les vainqueurs les firent remonter sur des
affûts neufs pour les offrir à Lafayette. Ces canons portent
au-devant de la lumière l'inscription suivante, sculptée en
caractères saillants :

LE PEUPLE PARISIEN
AU GÉNÉRAL LAFAYETTE,
LE 3 AOUT 1830.

Près de ces canons, reste sur son perchoir un cacatoë blanc,
qui fut donné en 1829 à Lafayette par Benjamin Constant. Ce
bel oiseau faisait sur-tout accueil au général; il semblait parfaitement le distinguer des autres personnes de la maison,
par ses mouvements de joie dès qu'il l'apercevait, et par ses
caresses plus empressées quand il s'arrêtait près de lui.

La petite chapelle qui donne sur le vestibule est maintenant tendue en noir et à l'usage des membres de la famille
seulement : elle se distingue par son extrême simplicité. Un
crucifix d'ivoire et des candélabres en argent décorent son
autel. Sur les murs sont placés, en regard, deux tableaux :
sur l'un est écrit le Psaume 129, Vêpres du mercredi; et sur
l'autre, la Lecture du livre de Tobie, ch. 13.

Sur le mur du vestibule, parallèle à la grande porte du
salon, on voit un trophée de drapeaux, groupés avec autant
d'art que de sentiment, et qui, pour la plupart, rappellent
des souvenirs historiques. Ainsi on distingue : un drapeau dé-
chiré, enlevé à la garde suisse par le peuple de Paris aux
journées de juillet 1830; à côté, le drapeau tricolore que
portait l'enfant tué, le 28 juillet 1830, sur le pont d'Arcole,

et, près d'eux, un drapeau donné au général Lafayette par les
blessés de l'ambulance des Pyramides, comme hommage
de leur reconnaissance; un guidon du 8ᵉ régiment de hussards; un drapeau de la vieille garde nationale parisienne
de 1789 : il est encore en bon état, mais ses couleurs sont
presque entièrement passées ; plusieurs drapeaux américains, polonais, etc. [1].

Salons de réception. Le premier est une vaste pièce carrée,
bien éclairée et qui est chauffée, pendant l'hiver, par un
énorme poêle bronzé, en forme de colonne tronquée. Sur
deux petits corps de bibliothéque sont placés, en pendants,
les bustes en marbre de Monroë et de Quincy-Adams, présidents des États-Unis.

Au-dessus de la porte on voit un tableau qui rappelle une
époque mémorable de la vie de Lafayette. Il représente le port
du Passage en Espagne, où le général Lafayette, après bien
des vicissitudes, s'embarqua lors de son premier départ pour
l'Amérique. Le bâtiment qu'il avait frété, portant à l'avant
le pavillon américain et à l'arrière le pavillon français, est
à la voile; il traverse le goulet du port, et gagne la pleine
mer, pour porter au Nouveau-Monde l'homme qui devait
assurer son indépendance. Ce tableau est de Robert.

A droite et à gauche de la porte sont deux autres tableaux
du même maître. L'un représente la Fédération Française, vue
de l'arc de triomphe qu'on avait élevé au Champ-de-Mars,
du côté de la Seine. Ce tableau est d'une belle perspective;

---

[1] Depuis la mort de Lafayette, ces drapeaux ont été placés dans l'antichambre
de son appartement.

il donne une idée parfaite du grandiose de la solennité qui, après des jours de discorde et de deuil, semblait avoir réuni tous les Français en une seule famille.

L'autre tableau vous fait assister à la démolition de la Bastille. Il est plein de mouvement et de vie, et ne peut avoir été fait que par un peintre encore ému du spectacle terrible auquel il vient d'assister. Le peuple, excité par les passions les plus ardentes, est sous les armes : il s'est rendu maître de la forteresse, et voulant la faire disparaître à jamais, il en soulève et détache les pierres ; d'énormes masses ébranlées s'écroulent, et bientôt remplissent de leurs débris fumants les fossés profonds qui l'entourent. Des nuages de poussière et de fumée voilent une partie de cette scène de destruction, empreinte du grand caractère de l'époque.

Ce tableau faisait partie de l'exposition du Louvre en 1790. Lafayette le regardait avec un de ses amis, et disait dans son admiration, que l'*homme qui en serait possesseur serait bien heureux* : Robert, qui était placé derrière le général, prêtait une oreille attentive au jugement qu'il portait de son tableau : lorsqu'il entendit ces derniers mots, il s'avança vers Lafayette et lui dit : *Général, soyez heureux, ce tableau vous appartient.* C'est à dater de cette rencontre que le général et le peintre firent connaissance et commencèrent à se lier d'amitié.

Au-dessous des deux tableaux précédents sont placés le portrait du commodore Morris, commandant de la frégate *la Brandywine*, qui a ramené Lafayette en France lors de son dernier voyage, et celui du général américain Greene. Sur le mur à droite, sont exposées les deux belles gravures de la déclaration d'indépendance des Américains, et du *fare well address* du président Washington.

L'ornement le plus remarquable de cette pièce est un buste en marbre de Lafayette, sculpté par David. Il est supporté par un fût de colonne, et placé entre les portraits de Washington et de Franklin [1]. Le pavillon de la frégate américaine *la Brandywine*, donné à Lafayette par le lieutenant Grégory, ombrage les portraits de ces trois amis qu'il semble réunir, et fait flotter au-dessus de leurs têtes ses plis d'azur semés d'étoiles d'argent. L'effet de ce groupe est admirable; il rappelle tant de beaux souvenirs! *L'hôte de la nation américaine* ne pouvait être mieux placé qu'entre les deux principaux fondateurs de sa liberté. D'après une délibération de la ville de New-York, délibération que vous connaissez sans doute, ce nom (*the Nation's Guest*) a été donné la première fois à Lafayette, lors de son dernier voyage.

Le second salon de réception est rond, comme la tour dans laquelle il est placé. Décoré d'une simple tenture en étoffe rayée blanc et nankin, il est orné d'un beau buste en bronze de Washington, par David. Au-dessus de ce buste, sont placés les portraits de John Adams et de Quincy Adams, son fils, tous deux présidents des États-Unis. Ces deux portraits sont mis en regard avec ceux des présidents Jefferson, Madison, Monroë et Jackson. Ces tableaux, de différents

---

[1] Ces portraits sont de fort belles copies faites d'après les tableaux originaux, l'une par M. Scheffer, et l'autre par l'une des petites-filles de Lafayette, Mme Adolphe Perrier.

maîtres, sont parfaitement peints, et ont sur-tout, d'après
le témoignage de Lafayette, le mérite d'une grande ressemblance.

De chaque côté de la cheminée sont placés en pendants,
1° le portrait du malheureux Bailly, premier maire de Paris,
homme aussi recommandable par sa probité et son instruction que par son courage, et qui périt sur l'échafaud lors de
notre première révolution. Lafayette, après avoir rendu
compte au bailli de Ploën de l'affaire du Champ-de-Mars,
terminait en lui disant : « Voilà, monsieur, cette affaire du
« Champ-de-Mars, qui, depuis, lorsque le crime eut triom-
« phé, devint un des motifs du long et douloureux supplice
« où l'illustre et excellent Bailly expia au milieu des Pari-
« siens les services qu'il leur avait rendus, et où l'atrocité
« des assassins ne put être égalée que par la magnanimité de
« la victime. » 2° Le portrait de l'infortuné duc de la Roche-
foucauld, président du département, qui fut massacré à
Gisors à la même époque!

Sur la cheminée, une modeste pendule sépare le buste
du général Riégo, mort pour la liberté, de celui de sa femme.

On monte par un petit escalier à l'appartement particulier de Lafayette. L'*antichambre* est éclairée par le haut, au
moyen d'un vitrage. Près de la porte d'entrée, à gauche, est
placé le portrait du caporal de la prison d'Olmütz que je
vous ai fait connaître.

La *chambre à coucher* est irrégulièrement carrée; la tenture est en étoffe de soie jaune. Le lit ainsi que les autres
meubles sont simples et très propres. Les murs sont couverts

de tableaux, de dessins et de gravures dont je vais vous indiquer les principaux. Au-dessus des cinq portes de cette
chambre sont autant de portraits de famille peints en bustes
et à l'huile. Ce sont ceux, 1° du père de Lafayette, qui fut
tué à l'âge de vingt-six ans à la bataille de Minden (Lafayette
n'avait alors que deux ans); 2° de sa mère; 3° celui de sa
grand'mère; et 4° ceux de ses deux bonnes tantes qui avaient
pris soin de son enfance, et pour lesquelles il avait tant de
respect et d'affection. En face du lit, on voit un fort beau
portrait du maréchal de Noailles.

Parmi les portraits gravés ou dessinés, on trouve ceux de
Fox, du général Fitz-Patrick, de Thomas Clarkson, d'Henri
Clay, du duc de Noailles, de Kosciusko, de Jackson, de Jefferson, de Clinton, de Crawfort, de Calhoun, de Van-Ryssel,
du comte de Mun, de Necker, de madame de Staël, de madame d'Hénin, de madame de Tessé, du général Knox, du
général Foy, de Léon Dubreuil, médecin, maître et ami de
Cabanis, etc. Je dois noter encore une petite silhouette du
juge Peters de Philadelphie, et un beau portrait de Lally-
Tolendal, arrachant le crêpe qui couvre le buste de son père
dont il vient de réhabiliter la mémoire.

Sur l'un des côtés de la cheminée, on observe une grande
miniature qui mérite de fixer notre attention par l'homme
qu'elle représente et par la beauté de son exécution. C'est le
portrait de M. F. K. Huger, qu'on peut nommer le libérateur
de Lafayette, bien que l'audacieuse entreprise qu'il avait
tentée pour l'enlever des prisons d'Olmütz n'ait point réussi.
Vous devez savoir, en effet, que ce digne fils du major

Huger, de la Caroline du Sud, chez lequel Lafayette avait débarqué lors de son premier voyage en Amérique, eut la générosité de se livrer pour faciliter la fuite de Lafayette et de Bollmann. Je me souviendrai toujours de la vive et agréable émotion que j'ai éprouvée en voyant ce portrait pour la première fois. On le dit fort ressemblant. Le front de M. Huger est largement développé et plein de noblesse; son visage est ovale, maigre, coloré; son nez est assez prononcé, et ses lèvres minces. Ses yeux, d'un bleu tirant sur le gris, sont remplis d'expression. L'ensemble de cette belle physionomie fait reconnaître un homme d'un tempérament nerveux, plein d'élévation d'ame et d'un caractère résolu.

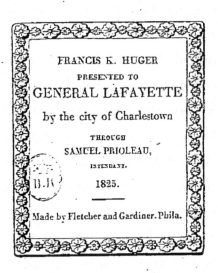

FRANCIS K. HUGER
PRESENTED TO
GENERAL LAFAYETTE
by the city of Charlestown
THROUGH
SAMUEL PRIOLEAU,
INTENDANT.
1825.

Made by Fletcher and Gardiner. Phila.

Ce portrait est entouré d'un cadre d'or, décoré de rosaces et d'ornements, d'un excellent goût, et enchâssé dans une boîte d'or massif. Il fut offert à Lafayette, en 1825, par la ville de Charlestown, comme l'indique l'inscription ci-jointe, placée derrière la boîte, et entourée elle-même d'un cadre d'or ciselé.

Au-dessus du lit est placé un tableau qui représente la réunion des officiers supérieurs de l'armée américaine, parmi lesquels se trouve Lafayette, et de l'état-major du général Rochambeau, au siége de York-Town.

Parmi les dessins, on distingue sur-tout : une vue de la résidence de John Adams, par mademoiselle Élisa Quincy, sa petite-fille, et la maison de M. Hancock, à Boston.

Le tombeau de Washington (gravure).

La vue de Fayetteville, petite cité située sur la rive occidentale de la rivière *Capefear*, dessinée en 1814, par M. Horace Say.

En 1814, mon ami M. H. Say, fils du célèbre économiste, en allant de Charlestown à New-York, passa par la capitale de la Caroline du nord, à laquelle la reconnaissance américaine a donné le nom de Fayetteville. Cette ville était alors peu populeuse, et ne se composait guère que de deux grandes rues réunies en croix, au point de rencontre desquelles s'élevait le bâtiment du gouverneur. La vue du pays n'offrait rien de pittoresque, mais le nom donné à cette cité, engagea le jeune voyageur à en prendre un croquis. De retour en France, il pensa que cette marque de souvenir pourrait ne pas être indifférente au général. Il fit faire un cadre à son esquisse (dont je vous présente la copie) et la lui envoya.

En 1818 le beau-frère de M. H. Say, M. Comte, l'un des rédacteurs du *Censeur Européen*, était persécuté par la restauration. Il trouva refuge et hospitalité à Lagrange. Lafayette écrivit à M. H. Say pour l'engager à venir passer quelques jours à sa campagne. Mon ami s'y rendit : un matin qu'il se proposait une promenade dans le parc, un domestique vint l'avertir que le général desirait le voir. Lorsque M. Say entra dans son cabinet, Lafayette lui serra cordialement la main, le fit asseoir près de lui et lui dit : *J'ai été bien touché que vous ayez pensé à moi aux États-Unis : voilà votre dessin, je l'ai mis près de moi : je ne verrai probablement jamais ce lieu : au moins vous m'en aurez donné une idée.* Il ne pensait pas alors que quelques années plus tard il y ferait une entrée triomphale.

Lors de son dernier voyage, en approchant de Fayetteville, quoique le temps fût affreux et que la pluie tombât par torrents, il dit à Bastien : *Voyons maintenant si M. Say a bien représenté la ville dont il m'a envoyé le dessin.* Il la reconnut parfaitement d'après le souvenir qui lui en était resté, et, depuis son retour à Paris, il fit compliment à l'auteur sur l'exactitude et la correction de son esquisse.

Sur la commode est placé un vase d'argent, ciselé avec beaucoup d'art, et offert à Lafayette par les aspirants (midshipmen) de la frégate la *Brandywine.*

Le président des États-Unis avait décidé que chaque état serait représenté auprès de Lafayette par un aspirant, lorsqu'il s'embarqua sur *la Brandywine* pour revenir en France; de sorte que cette frégate reçut vingt-quatre élèves, au lieu de huit à dix que comptent ordinairement les bâtiments de son rang. Ces jeunes officiers, touchés de l'amitié toute paternelle que Lafayette leur avait témoignée pendant la traversée, le prièrent, en se séparant de lui, de leur permettre de se cotiser entre eux pour lui offrir un témoignage durable de leur attachement. Le vase, dont ils voulaient lui faire présent, fut exécuté à Paris sous la direction de M. Barnett, consul des États-Unis, et envoyé à Lafayette peu de temps après son arrivée. Il est entouré à son col de pampres artistement dessinés : deux têtes de fleuves remplacent les anses. L'aigle américaine est sculptée sur l'une de ses faces; elle plane au-devant d'un nuage parsemé d'étoiles, tient dans l'une de ses serres un faisceau de javelots, et dans l'autre une branche d'olivier. Des ornements à feuilles d'acanthe embellissent la base du vase, dont le socle carré, soutenu par quatre pieds de lion, offre sur trois de ses côtés autant de bas-reliefs qui représentent, 1° le capitole de Washington ; 2° la visite de Lafayette au tombeau de Washington ; 3° l'arrivée de *la Brandywine* au Havre. Sur le quatrième, est gravée, en anglais, l'inscription suivante :

OFFERT PAR LES ASPIRANTS
DE LA FRÉGATE DES ÉTATS-UNIS LA BRANDYWINE,
AU GÉNÉRAL LAFAYETTE,
COMME UN TÉMOIGNAGE DE LEUR ESTIME ET DE LEUR ADMIRATION,
ET COMME UN HOMMAGE RENDU
A SES VERTUS PRIVÉES ET PUBLIQUES.

Près de ce vase se trouve une boîte qui renferme les épaulettes d'argent, brodées de trois étoiles, que Lafayette portait en qualité de commandant en chef de la garde nationale.

A côté de la cheminée est posée la canne dont Lafayette se servait habituellement, et qui lui avait été donnée par le commodore Taylor. La pomme de cette canne est une simple corne de cerf, avec une plaque d'or, sur laquelle on lit : *Commodore Taylor to General Lafayette.*

Dans les armoires de la chambre à coucher sont conservés les habits du général, et beaucoup d'autres objets précieux. Parmi les vêtements nous pouvons remarquer : 1° un uniforme complet de simple grenadier de la garde nationale de Warsovie, offert par les Polonais, et que Lafayette a porté plusieurs fois; 2° un habillement complet de drap bleu que lui ont donné les Américains de la Caroline : le drap de l'habit et les boutons d'or massif qui le parent sont de la Caroline. Ces derniers portent l'effigie de Washington.

Bibliothèque. Placée dans l'une des tours du château, sa forme est circulaire; deux grandes croisées l'éclairent parfaitement. Elle est composée de trois corps, dont les rayons sont soutenus par d'élégantes colonnes blanches. Le bas est occupé par des armoires que masquent de faux titres d'infolio, et par des tiroirs remplis d'une foule d'objets intéressants. Les colonnes sont surmontées d'un nombre égal de grands camées peints à l'huile, qui représentent

Diétrich.	Franklin.	Larochefoucauld.
Van-Ryssel.	Washington.	Lavoisier.
Desrousseaux.	Bailly.	Malesherbes.

Ces camées sont séparés et surmontés par six petites urnes, sur lesquelles sont inscrits les noms de

Daverhout.	Mandat.
Laurens.	Kalb.
Desaix.	Gouvion.

Des reliures parfaitement soignées couvrent les meilleurs ouvrages d'histoire, de sciences politiques et morales, de littérature, de beaux-arts, et sur-tout d'agriculture. La plupart de ces livres ont été donnés en présent au général. Il y en a beaucoup d'écrits en langues étrangères, et sur-tout en allemand et en anglais. Une place particulière est réservée aux livres américains.

A l'occasion de ces derniers, je ne dois pas oublier de vous mentionner un superbe manuscrit in-folio, qui a été commandé par la ville de New-York pour Lafayette, et auquel il attachait le plus grand prix. Ce livre lui fut remis à Washington, le jour anniversaire de sa naissance, par une députation de New-York. Il renferme les actes et délibérations de la ville, et la relation des événements relatifs à son séjour dans cette grande cité. Il est orné de vignettes et de jolis dessins à la plume. L'écriture est de M. Bragg, et les dessins et vignettes de MM. Burton, Inman et Cumming. Le papier est de fabrique américaine. La reliure en est très riche, et faite par M. Forster de New-York. Pour le préserver de toute atteinte, il est placé dans une boîte d'acajou, fermée à clef.

Quatre chaises et deux fauteuils d'acajou, garnis en maroquin, et une table à pupitre, forment l'ameublement de la bibliothèque : on trouve dans la même pièce deux chaises dont les coussins ont été brodés par madame Lafayette.

Dans les tiroirs de la table, il y a deux cachets. L'un, en cornaline, est celui que Lafayette portait lors de son premier voyage en Amérique. Son chiffre y est entouré de la devise qu'il avait adoptée : *Cur non.*

L'autre cachet est celui dont il se servait habituellement, et qui lui avait été donné par M. Barnett, consul des États-

Unis à Paris. Il représente la tête de Washington entourée de rayons.

Près de l'une des fenêtres de la bibliothèque est placé un porte-voix; plus tard je vous dirai quel en était l'usage.

Les objets renfermés dans les armoires et les tiroirs de la bibliothèque pourraient à eux seuls former un musée. Je vais vous en faire connaître quelques uns.

1°. Une enseigne romaine, trophée qui fut offert par la ville de Lyon au général Lafayette, lorsqu'il quitta le commandement de la garde nationale, après l'Assemblée Constituante.

Lafayette aimait beaucoup et conservait avec reconnaissance ce témoignage d'estime que les citoyens de la seconde cité de France lui avaient donné à une époque mémorable de notre première révolution : aussi, lorsqu'en 1829, le général eut été harangué par M. Prunelle, au nom des habitants de Lyon, dans sa réponse il lui rappela qu'à la solennité de la Fédération, il avait applaudi avec transport la nouvelle bannière du département du Rhône. « C'est à ce « grand anniversaire, ajoutait-il, que je reçus, de la ville de « Lyon, le présent symbolique dont vous avez bien voulu

« parler, et que j'ai toujours conservé comme un précieux
« talisman, comme un indissoluble lien avec elle. »

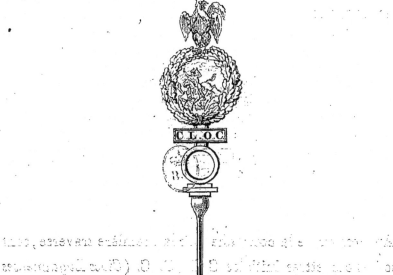

Voici en quelques mots la description de ce trophée dont
je vous présente la figure :

Une couronne civique en feuilles de chêne, surmontée
du coq gaulois, enchâsse un grand écusson. D'un côté est

représenté le dévouement de Curtius, qui se précipite dans le gouffre dont les flammes entourent déjà le poitrail de son cheval;

De l'autre côté de l'écusson est le lion, que la ville a pris pour ses armes.

Au-dessous de la couronne, sur la première traverse, sont inscrites ces lettres initiales C. L. O. C. (*Cives Lugdunenses optimo civi*).

2° Une couronne civique en argent, qui fut donnée à Lafayette, en 1829, par les habitants de la ville de Grenoble. Les feuilles de chêne dont cette couronne est tressée, et les glands qui en sortent de distance en distance, sont d'un travail délicat et de fort bon goût.

3° Une médaille en or, offerte à Lafayette par les enfants des écoles publiques d'Hartford, et sur laquelle est écrit :

LES ENFANTS D'HARTFORD,

A LAFAYETTE,

LE 4 SEPTEMBRE 1824.

4° Une belle médaille, que les électeurs de Meaux firent

frapper en l'honneur de Lafayette. Gravée par notre habile artiste M. Gatteaux, elle porte d'un côté l'effigie très ressemblante de Lafayette, avec deux dates qui rappellent de grandes époques de sa carrière politique de 1789 — 1830. De l'autre côté, une couronne civique encadre ces mots frappés en relief :

A LAFAYETTE,

L'ARRONDISSEMENT DE MEAUX,

JUILLET 1830.

Plusieurs objets sont des souvenirs du général Washington, que Lafayette conservait avec un respect religieux. Voici les principaux :

5° Un binocle à châsse d'ivoire, et monté en argent, dont Washington se servait dans les dernières années de sa vie. L'un des côtés de la châsse porte un écusson d'argent sur

lequel on lit : Washington. Cette espèce de lunette est ren-
fermée dans un étui de maroquin.

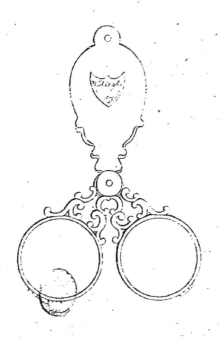

6° Un parasol à pomme d'ivoire, monté sur un grand
jonc, que l'illustre président des États-Unis fixait à la selle
de son cheval pour se garantir, dans ses voyages, des rayons
ardents du soleil des Carolines. La couleur de l'étoffe qui le
recouvre est presque entièrement détruite.

7° La dernière tapisserie que broda madame Washington
à l'âge de soixante-dix ans. Elle représente des coquilles du

genre *peigne*, régulièrement disposées, et recouvre un joli coussin qui fut offert à Lafayette, comme l'indique l'inscription qui est derrière, le 31 août 1821, par madame Lawrence Lewis, petite-fille de Mme Washington.

8° Une bague qui renferme des cheveux de Washington et de sa femme. Lafayette étant allé visiter, en 1824, le tombeau de son illustre ami à Mount-Vernon, M. Costis, petit-fils de madame Washington, lui remit cette bague au nom de la famille, en le priant de la léguer après sa mort, à l'aîné de ses petits-fils, M. Oscar Lafayette.

Les cheveux châtains qu'on voit sur le milieu du chaton de la bague sont ceux de Washington; les cheveux blancs de chaque côté sont ceux de sa femme. Autour du chaton sont écrits ces mots : PATER PATRIÆ ; sur les côtés, MOUNT-VERNON, et derrière est gravée cette inscription :

LAFAYETTE

1777.

PRO. NOVI. ORBIS. LIBERTATE.

DECERTABAT. JUVENIS.

STABILITAM. SENEX.

INVENIT.

1824.

9° *La décoration de Cincinnatus* qu'avait portée Washington. Madame Lewis avait hérité de cette précieuse décoration. Elle en fit présent, en 1824, à Lafayette, pour être donnée au second de ses petits-fils, M. Edmond Lafayette.

L'ordre de Cincinnatus avait été créé par les officiers de l'armée américaine après la guerre de l'indépendance, afin de former entre eux un lien qui devait leur rappeler leur ancienne union. Le but de la société de Cincinnatus était 1° de perpétuer le souvenir de la révolution américaine, et d'entretenir l'amitié entre les officiers et l'Union des États; 2° de former un capital dont l'intérêt serait employé au soulagement des veuves et des orphelins victimes des malheurs de la guerre. Washington en avait été nommé président; il crut plus tard devoir demander à l'assemblée générale la suppression de cet ordre, qui avait excité des jalousies et des haines parmi ses concitoyens.

La société de Cincinnatus, profondément pénétrée de reconnaissance pour la généreuse assistance que l'Amérique avait reçue de la France, et voulant perpétuer les liens d'amitié entre les officiers des deux pays, avait envoyé sa décoration aux comtes d'Estaing, de Grasse, de Barras, de Rochambeau, à Lafayette, au malheureux Lapeyrouse, etc.

Cette décoration, en or émaillé, est encadrée dans une couronne de laurier, que soutiennent deux cornes d'abondance enlacées, desquelles sortent des fruits, et qui sont elles-mêmes suspendues au ruban par un anneau oblong formé de deux tresses accolées. L'aigle américaine, les ailes déployées, occupe le milieu de la couronne, et porte un écusson de chaque côté. Sur l'un des écussons on voit Cincinnatus appuyé sur sa charrue, et recevant les députés ro-

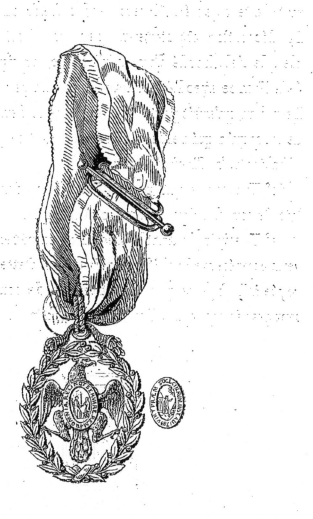

mains qui viennent lui offrir l'épée de dictateur. Autour ces mots sont écrits en lettres d'or sur un fond bleu azuré : OMNIA. RELINQUIT. SERVARE. REMPU. Sur l'autre écusson, Cincinnatus, rendu à ses travaux agricoles, conduit une

charrue. Non loin de lui est sa chaumière. Le soleil éclaire
ce petit tableau, autour duquel on lit : SOCI. CIN. RUM. INST.
AD 1783. VIRT. PRÆ. Les figures de ces écussons sont en or
mat ; la terre en émail vert, et les fonds en émail incarnat.
La décoration est soutenue par un ruban de soie moiré,
bleu de ciel, bordé d'un liséré blanc, en signe de l'alliance
de la France avec l'Amérique, et retenu par une agrafe d'or.
Le ruban qu'avait porté Washington est demi-usé. La boîte
de maroquin qui renferme cette décoration porte ces mots :
Washington's Cincinnati Badge.

10° Une canne que portait Franklin : donnée à Lafayette,
lors de son dernier voyage en Amérique.

11° Une épingle dont le médaillon carré renferme des cheveux et présente le chiffre de Franklin. Cette épingle fut envoyée à Lafayette par la petite-fille de son ami. Derrière
sont gravés ces mots : *Benjamin Franklin.*

12° Une bague qui offre le portrait et renferme des cheveux
de Jérémie Bentham. Elle fut léguée par testament à Lafayette,

par le célèbre publiciste anglais. Autour de la bague sont gravés ces mots : *Memento for general Lafayette.* Derrière le médaillon on voit des cheveux tressés de J. Bentham, et autour, on lit : *Jeremy Bentham's hair and profile.*

13° Une boîte de cristal, montée en or et fermée avec un petit cadenas. Elle renferme de bien douloureux souvenirs. Le brave Riégo avant de mourir sur l'échafaud détacha sa cravate et l'envoya à sa femme, avec une boucle de ses cheveux. Madame Riégo divisa la cravate et les cheveux par moitié ; elle en garda une pour elle et envoya l'autre à Lafayette. Celui-ci ne pouvait regarder sans attendrissement ces précieuses reliques qu'on distingue parfaitement à travers le cristal pur de la boîte. Sur celle-ci on lit cette simple inscription :

TERESA EL RIEGO

Y RIEGO.

La portion de cravate, en soie noire, est placée dans le fond de la boîte. Les cheveux sont roulés sur une carte. La figure ci-après pourra vous en donner une idée. Elle n'a qu'un tiers de la grandeur de l'original.

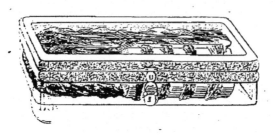

Lorsqu'en 1824, Lafayette répondit au discours que lui avait adressé M. Campe, président de la commission des Espagnols réfugiés à la Nouvelle-Orléans, il lui dit, en parlant de l'Espagne : « La liberté reviendra bientôt éclairer et «fertiliser cette intéressante partie de l'Europe; alors seule-«ment seront apaisés les mânes de Riégo, de sa jeune et «malheureuse épouse, et de tant d'autres victimes de la «superstition et de la tyrannie[1]. »

14° Une boîte ronde, curieuse par les bois qui la composent. Elle est en noyer, et porte sur le couvercle un cercle divisé en quatre parties dont chacune est formée d'un bois différent. Voici l'inscription en anglais qu'on trouve derrière: *Reliques des vieux temps. Don de J. F. Watson, membre de la société de Penn, au général Lafayette, lorsqu'il était à Germantown, le 20 juillet 1825. — Le noyer est du dernier arbre de la forêt de Penn, coupé en 1818, vis-à-vis la salle*

---

[1] Levasseur, ouv. cit., tom. II, p. 216.

de l'indépendance. — Morceau du bois d'un autre arbre de
Penn, existant à Dush-Hill. —L'orme est de l'arbre du Traité.
— Le chêne est du premier pont construit sur le Dock-creek.
— L'acajou est de la maison de C. Colomb.

15° Plusieurs autres boîtes, de forme et de grandeur différentes, faites avec le bois de l'arbre si connu aux États-Unis
sous le nom de *Treaty-tree*, sous lequel William Penn con-
clut avec les Indiens le traité de cession du territoire de la
Pensylvanie.

16° Une grosse canne à pomme d'ivoire, faite avec le bois
qui servit au premier monument élevé à la mémoire du général Warren, mort à Bunker's Hill, le 17 juin 1775, en
combattant pour l'indépendance de son pays.

Le cercle d'or qui entoure cette canne porte une inscription en anglais, qui indique qu'elle fut donnée le 17 juin 1825
(anniversaire de la bataille de Bunker's Hill) au général Lafayette, par les membres de la loge du roi Salomon de Charlestown (Massachusetts).

17° Une canne dont la pomme présente le portrait de
Lafayette, et qui lui fut donnée dans les circonstances suivantes. Un vieux capitaine américain alla le trouver à Nash-
ville lors de la dernière visite qu'il fit à vos compatriotes; il

l'embrassa en pleurant, et lui dit : « J'ai eu deux beaux jours
« dans ma vie, celui où je suis débarqué avec vous à Char-
« lestown, en 1777, et celui-ci : Je vous ai vu et embrassé; je
« ne demande plus à vivre. » Puis il ajouta : « Je n'ai qu'une
« canne; vous voyez votre portrait dessus : je desire que vous
« l'acceptiez et que vous la conserviez en souvenir de l'un de
« vos vieux soldats et compagnons d'armes. » Lafayette se
servait souvent de cette canne.

Ce fait me rappelle l'histoire d'un brave serrurier, père
de famille, qui me fut apporté à l'hôpital Saint-Antoine, le
28 juillet 1830. Une balle lui avait fracassé l'os de la cuisse
vers sa partie moyenne. Ce pauvre homme me disait : « Je
« suis blessé à mort, je le sens bien : mais j'ai rencontré La-
« fayette pendant qu'on m'apportait ici ; il m'a serré la main;
« je meurs content. » Et en effet le malheureux succomba
quelques jours après, à la gravité des accidents qui se développèrent.

18° Une canne offerte à Lafayette par une députation des
habitants de Bergen, lors de son dernier voyage en Amérique. Elle est faite avec une branche d'un pommier sous lequel il avait déjeuné avec Washington, lorsqu'ils traversèrent
ensemble cette ville pendant la guerre de la révolution. Ce
pommier avait été renversé en 1821 par un ouragan. Ces diverses circonstances sont gravées sur la pomme d'or de la
canne.

19° Une fort belle épée donnée à Lafayette par les milices
de New-York, lors de son dernier voyage.

20° Une épée, sortie des ateliers de New-York, et présentée à Lafayette, le 10 septembre 1834, par le colonel Muir, à la tête du 9ᵉ régiment d'artillerie de l'état de ce nom.

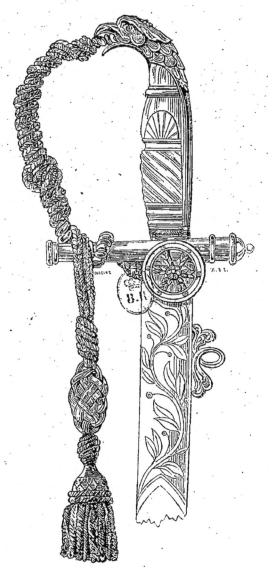

La poignée est en ivoire, et surmontée par une tête d'aigle en or fort bien ciselée, ainsi que les autres parties de la garniture. La garde est formée par un petit canon dont les roues mobiles remplacent les coquilles de l'arme, et ont pour rais des branches de laurier. Des torsades de bon goût réunissent ces diverses parties de la poignée.

La lame damasquinée en or offre des figures allégoriques relatives à l'art militaire, à la liberté et à l'union des États de l'Amérique du Nord. L'aigle américaine y est représentée surmontée d'une banderole sur laquelle on lit : E PLURIBUS UNUM.

Le fourreau de l'épée est en cuivre doré et ciselé. Il se termine par un carquois surmonté du bonnet phrygien. Sur l'un de ses côtés est gravée l'inscription suivante :

Presented to major general Lafayette by colonel Alexander M. Muir, in behalf of the officers of the ninth regiment N. Y. S. artillery, 10th *September* 1824, *as a small token of the esteem in which he is held by them for his private worth and distinguished Services during the war which gave* INDEPENDENCE TO THE UNITED STATES.

LETTRE DIXIÈME.

Paris, le 25 octobre 1834.

21° L'épée d'honneur des États-Unis est sans contredit une des pièces les plus intéressantes de la collection de Lafayette. Il y a plus d'un demi-siècle qu'elle lui fut remise au Hâvre par le petit-fils de Franklin de la part du Congrès américain, comme un témoignage de reconnaissance de la nation, pour les services qu'il lui avait rendus.

Voici la lettre que Franklin écrivit, en anglais, à Lafayette en lui envoyant cette épée :

AU MARQUIS DE LAFAYETTE.

« Passy, 24 août 1779.

« Monsieur,

« Le Congrès, pénétré de reconnaissance pour votre con-
« duite envers les États-Unis, mais se trouvant aussi dans
« l'impossibilité de vous récompenser selon votre mérite, a
« pris la détermination de vous présenter, comme une faible
« marque de sa profonde gratitude, une épée ornée de de-
« vises. Ce qui en fait sur-tout la valeur, c'est que plusieurs
« des principales actions où vous vous êtes distingué par
« votre bravoure et votre conduite, s'y trouvent représentées
« avec des figures emblématiques admirablement exécutées.
« Il n'y a qu'une chose que les talents des artistes célèbres

« que produit la France ne peuvent m'aider à exprimer, c'est
« la haute idée que nous avons de votre mérite et nos obliga-
« tions envers vous.

 « J'ai l'honneur d'être avec la plus parfaite estime, etc.

« B. FRANKLIN. »

 « P. S. Mon petit-fils, porteur de cette épée, se rend au
« Havre, et aura l'honneur de vous la présenter [1]. »

Lafayette, après avoir reçu le présent des États-Unis,
écrivit à Franklin, également en anglais, la lettre suivante :

LE MARQUIS DE LAFAYETTE À B. FRANKLIN.

« Havre, 29 août 1779.

 « Monsieur,

 « Quelles que soient les espérances qu'aient pu faire naître
« en moi les faveurs passées des États-Unis, leur bonté envers

---

[1] TO THE MARQUIS DE LAFAYETTE.

« Passy, August 24, 1779.

 « SIR,

 « The Congress, sensible of your merit towards the United States, but
« unable adequately to reward it, determined to present you with a sword, as
« a small mark of their grateful acknowledgements. They directed it to be
« ornamented with suitable devices. Some of the principal actions of the war,
« in which you distinguished yourself by your bravery and conduct, are
« therefore represented upon it. These, with a few emblematic figures, all
« admirably well executed, make its principal value. By help of the exquisite
« artists France affords, I find it easy to express every thing but the sense we
« have of your worth, and our obligations to you. I therefore only add, that,
« with the most perfect esteem, I have the honour to be, etc.

« B. FRANKLIN. »

 « P.S. My grandson goes to Havre with the sword, and will have the honour
« of presenting it to you. »

« moi a toujours été telle, que dans toutes les occasions elle a
« surpassé les idées que j'en pouvais concevoir. Je trouve
« une nouvelle preuve de cette flatteuse vérité dans le noble
« présent dont il a plu au Congrès de m'honorer, et qui m'est
« offert par votre excellence d'une manière que rien ne peut
« surpasser, si ce n'est le sentiment de ma reconnaissance
« sans bornes.

   « Je ne puis m'empêcher de considérer quelques unes des
« devises comme une récompense trop honorable pour les
« légers services que j'ai eu la bonne fortune de pouvoir
« rendre, de concert avec mes compagnons d'armes et sous
« les ordres du héros américain qui nous commandait. La
« vue de ces actions où j'ai été témoin de la bravoure et de
« l'esprit patriotique des Américains, sera toujours une
« source de plaisir pour mon cœur plein d'attachement pour
« votre nation et d'un zèle ardent pour sa gloire et son bon-
« heur. Les assurances de ma profonde gratitude que je prie
« votre excellence d'agréer, sont aussi au-dessous de ce que
« j'éprouve. Ces sentiments peuvent seuls reconnaître vos
« bontés envers moi. La délicatesse avec laquelle il a plu à
« M. Franklin de me remettre cette inestimable épée, me fait
« contracter envers lui de grandes obligations, et m'engage à
« lui adresser en particulier mes remerciements.

   « J'ai l'honneur d'être avec le plus profond respect, etc.

                    « LAFAYETTE.

THE MARQUIS DE LAFAYETTE TO B. FRANKLIN.

                     « Havre, August 29, 1779.

   SIR,

« Whatever expectations might have been raised from the sense of past

On peut regarder cette arme comme un chef-d'œuvre de l'art. La poignée et la garniture sont en or massif, admirablement ciselées, et offrent des sujets nombreux dont je vais vous donner une analyse : de simples traits en aideront l'intelligence.

A l'époque de la terreur, madame Lafayette étant à Chavaniac, fit enterrer cette épée, qui fut ainsi cachée et soustraite pendant plusieurs années au vandalisme révolutionnaire. M. George Lafayette, à son retour d'Amérique, la fit déterrer : mais elle avait payé tribut à sa captivité souterraine : sa lame était complétement rongée et détruite par la rouille. M. George ne put en conserver que la poignée et la garniture, qu'il cacha soigneusement, et qu'il parvint à porter

---

« favours, the goodness of the United States for me has ever been such, that « on every occasion it far surpasses any idea I could have conceived. A new « proof of that flattering truth I find in the noble present which Congress has « been pleased to honour me with, and which is offered in such a manner by « your Excellency as will exceed any thing but the feelings of my unbounded « gratitude.

« In some of the devices I cannot help finding too honourable a reward for « those slight services which, in concert with my fellow soldiers, and under « the godlike American hero's orders, I had the good luck to render. The « sight of those actions, where I was a witness of American bravery and « patriotic spirit, I shall ever enjoy with that pleasure which becomes a heart « glowing with love for the nation, and the most ardent zeal for their glory « and happiness. Assurances of gratitude, which I beg leave to present to your « Excellency, are much too inadequate to my feelings, and nothing but those « sentiments may properly acknowledge your kindness towards me. The polite « manner in which Mr. Franklin was pleased to deliver that inestimable sword « lays me under great obligations to him, and demands my particular thanks.

« With the most perfect respect, I have the honour to be, etc.

« LAFAYETTE.

en Hollande à son père, quoique alors il fût très dangereux pour lui de sortir de l'or de la France.

Lorsque Lafayette rentra dans sa patrie, après le 18 brumaire, il eut l'heureuse idée d'ajuster à cette poignée la lame d'une épée que la garde nationale de Paris lui avait offerte avec une statue de Washington, lorsqu'il lui eut fait ses adieux le 8 octobre 1791. Cette dernière lame, forgée avec le fer des verrous de la Bastille, afin de consacrer les armes du despotisme à la défense de la liberté, présente des sujets allégoriques relatifs à la prise et à la destruction de cette célèbre prison d'État.

Le bouton de la poignée offre, d'un côté, un écusson aux armes de Lafayette : une couronne de marquis, surmontée d'une banderole sur laquelle est inscrite la devise CUR NON; de l'autre côté, un médaillon représente le premier croissant de la lune dont les rayons se répandent sur les mers et les terres du continent américain qu'on aperçoit à l'horizon. Les côtes de France forment le devant de ce tableau qui est surmonté d'une bande flottante sur laquelle on lit : CRESCAM UT PROSIM, allusion à la liberté naissante et à la prospérité future de l'Amérique.

Au milieu de la poignée, de l'un et l'autre côté, sont deux médaillons oblongs : l'un représente Lafayette qui a tiré l'épée et terrasse le lion anglais qu'on voit renversé à ses pieds. Le général est près de le tuer, mais il s'arrête, étend sur lui la main, et semble vouloir épargner sa vie.

Sur l'autre médaillon on voit l'Amérique qui vient de briser ses fers. Représentée sous la figure d'une jeune femme à demi vêtue, elle est assise sous une tente militaire; d'une main elle tient ses chaînes rompues et de l'autre offre à Lafayette une branche de laurier.

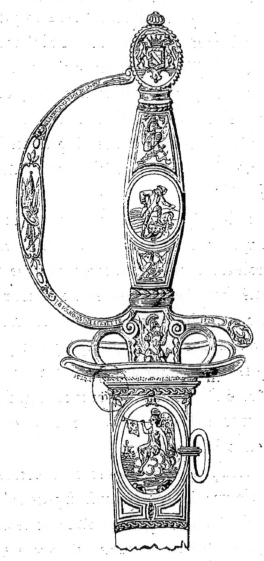

Au-dessus et au-dessous des deux médaillons précédents, sont ciselés des faisceaux d'armes et deux couronnes de laurier qui ceignent la poignée.

Sur les côtés de la garde sont d'autres trophées d'armes, et sur l'un d'eux on lit ces mots : FROM THE AMERICAN CONGRESS TO MARQUIS DE LAFAYETTE, 1779.

Les coquilles de l'épée sont ciselées sur leurs deux faces. Elles représentent, sur leurs médaillons, quatre événements

mémorables de la guerre d'Amérique dans lesquels Lafayette
s'était distingué par sa prudence ou sa bravoure. Je vais vous
les rappeler successivement :

OF GLOUSTER IN THE JERSAYS

1º LE COMBAT DE GLOUCESTER DANS LES JERSEYS. Lorsque,
après la malheureuse affaire de la Brandywine, le général anglais Howe eut occupé Philadelphie, Washington avait détaché
de son corps principal le général Greene avec trois ou quatre
mille hommes, et lui avait prescrit de concourir à la défense
des forts. A l'approche de Greene, le général anglais qui venait
de s'emparer des forts, était déja occupé à embarquer des
vivres à un endroit sur la Delaware qu'on nomme *Gloucester's*
ou *Gloster's Point*. Greene n'osa pas interrompre cette opération qui était protégée par un corps plus nombreux que le sien
et par les canons de l'escadre anglaise. Toutefois avant de se
retirer, il permit à Lafayette (qui, rétabli de la blessure qu'il
avait reçue à la Brandywine, servait encore comme volontaire), et au colonel Butler, d'attaquer avec trois cents hommes
un piquet ennemi de force égale. Cette attaque faite avec

impétuosité eut un succès brillant; les Anglais furent refoulés
dans leurs retranchements avec une perte assez forte. Dans
cette affaire, qui eut lieu au mois de novembre 1777, Lafayette se distingua par sa brillante valeur. Le général Greene
disait de lui, qu'il semblait chercher par-tout le danger. Il
commandait cent cinquante hommes de milice; le reste du
détachement était composé de carabiniers.—C'est ce combat
qui est représenté sur le bas-relief au-dessus duquel on lit:
B. OF GLOUSTER IN THE JERSEYS.

2° RETRAITE DE BARREN-HILL. Au printemps de l'année 1778, le général Washington fit sortir, de ses retranchements à Valley-Forge, un corps de plus de deux mille hommes
de troupes d'élite sous le commandement de Lafayette, auquel
il ordonna de se porter en avant pour surveiller de plus près
les Anglais, contenir les détachements qu'ils envoyaient rava-
ger le pays autour de Philadelphie, et inquiéter leur arrière-
garde, s'ils se décidaient à évacuer la ville; ce qui paraissait

assez probable. En conséquence Lafayette prit position à
Barren-Hill, entre le fleuve *Skuylkill* et la *Delaware*, à dix
milles environ des lignes de Valley-Forge. Instruit de ce
mouvement, le général Howe fit reconnaître la position du
général américain, et résolut de le faire attaquer sans délai.
Un détachement de cinq mille hommes partit donc sous les
ordres du général Grant, dans la nuit du 19 au 20 mai; parvint à tourner l'aile gauche de Lafayette, et à s'établir à un
mille presque en arrière de sa position, tandis qu'un autre
détachement moins fort suivait les rives du Skuylkill pour
s'emparer d'un gué qui se trouvait sur son flanc droit. La
situation de l'avant-garde américaine était ainsi devenue si
périlleuse, qu'on s'en aperçut même au camp de Valley-
Forge, et que toute l'armée américaine prit sur-le-champ
les armes et se rangea en bataille. Lafayette jugea d'un coup
d'œil l'imminence du danger : il vit qu'il était serré de toute
part par des forces supérieures qui ne pouvaient tarder à
l'attaquer, et qu'il était trop complétement séparé de Washington pour espérer en recevoir du secours. Il n'en conserva
pas moins un sang-froid admirable, et prit sans hésiter une
décision aussi hardie que l'exécution en fut habile et le succès étonnant. Avec quelques hommes seulement, il réussit à
en imposer aux Anglais, tandis que sa colonne principale
gagnait, par un rapide mouvement de flanc, un gué de la
Delaware qui n'était pas gardé, mais qui se trouvait plus près
de la position du général Grant que de *Barren-Hill*. Cet officier s'était tellement laissé tromper par la contenance
ferme de Lafayette, qu'il n'arriva au gué que pour voir passer

l'arrière-garde américaine et être témoin de sa réunion au gros du détachement qui s'était déja retranché sur la rive opposée, à l'abri de toute insulte. Le général Washington parle avec éloge, dans sa lettre au Congrès, de l'habileté et de la présence d'esprit qu'avait déployées Lafayette en conduisant cette retraite, que représente le bas-relief au-dessus duquel on lit: RETREAT OF BARREN-HILL.

3° BATAILLE DE MONTMOUTH. Après l'évacuation de la ville de Philadelphie par l'armée anglaise, les avis des officiers américains étaient très partagés quant à l'opportunité de livrer bataille à l'ennemi pendant sa retraite vers New-York. La plupart opinèrent qu'il fallait éviter une action générale, et cette opinion prévalut. Cependant Washington, qui penchait vers l'avis contraire, résolut de faire harasser les Anglais par un corps de quatre mille hommes, et, dans le cas où ce corps se trouverait trop exposé, de le soutenir avec toute l'armée. Le commandement de cette force revenait de droit au général Lee; mais cet officier qui était opposé à

tout ce qui pouvait amener un engagement général, le céda
volontiers à Lafayette qui partageait l'opinion de Washington. Lee toutefois changea bientôt d'idée, et fut envoyé
rejoindre Lafayette avec un renfort de mille hommes: il
reprit le commandement de tout le détachement. Dans la
bataille qui s'engagea presque aussitôt, l'une des plus importantes et des plus chaudement contestées de la guerre
américaine, Lafayette se montra digne de la brillante réputation qu'il s'était déja acquise. Le bas-relief représente
le fort de l'action. Les canons américains foudroient l'armée
anglaise qui fuit en déroute. Sur le devant, Lafayette, l'épée
à la main, traverse rapidement à cheval le champ de bataille.
Plus loin, des cavaliers se battent corps à corps : sur la gauche, des artilleurs américains ramassent des boulets pour
alimenter leurs batteries. Au-dessus du bas-relief est écrit :
BATTLE OF MONTMOUTH.

4° RETRAITE DE RHODE-ISLAND. Les Anglais étaient de retour à New-York, et Washington se disposait à camper près

d'eux sur les rives de l'Hudson, lorsqu'il apprit l'arrivée du comte d'Estaing avec une flotte française. Cet amiral voulait d'abord attaquer la flotte anglaise qui se trouvait mouillée dans la baie de New-York, mais les renseignements qu'il recueillit lui firent craindre de ne pouvoir faire franchir à ses gros vaisseaux la barre qui obstrue l'entrée de ce port. Il se décida donc, après avoir consulté le général américain, à mettre à la voile pour Rhode-Island, que l'ennemi occupait en force presque depuis le commencement de la guerre. En même temps un corps de douze mille hommes dont Lafayette commandait deux brigades, s'assembla sous les ordres du général Sullivan sur un point du continent en face de cette île. Ces troupes débarquèrent sans peine et forcèrent bientôt les Anglais à se replier sur leurs ouvrages à New-Port, auquel les Américains vinrent mettre le siège en règle. A peine avaient-ils ouvert la tranchée, qu'une flotte anglaise parut sur la rade, et que le comte d'Estaing s'empressa de sortir pour lui offrir bataille. Après beaucoup d'évolutions faites de part et d'autre pendant trois jours, les deux escadres furent séparées et leurs vaisseaux dispersés par une tempête. Au retour du comte d'Estaing à New-Port, sa flotte avait tant souffert, qu'il déclara que son intention était de n'y pas rester, mais d'aller à Boston. Malgré les réclamations des généraux américains, il partit, et on lui dépêcha Lafayette avec de nouvelles remontrances. Pendant l'absence de ce dernier, les Anglais attaquèrent avec impétuosité les lignes américaines, et furent repoussés. Cependant Sullivan savait que rien ne les empêchait plus de recevoir des renforts de New-

York, de sorte que son armée pouvait se trouver compromise d'un instant à l'autre : il se décida donc à se retirer, et il exécuta sa retraite avec autant d'habileté que de bonheur, bien qu'en face d'un ennemi formidable. Elle était à peine commencée, lorsque Lafayette arriva de Boston, et fut immédiatement investi du commandement de l'arrière-garde, avec laquelle il concourut puissamment à assurer le succès d'un mouvement dont dépendait peut-être même le sort de la guerre. Cette retraite se fit dans la nuit du 30 au 31 août 1778. Le Congrès, après beaucoup d'autres éloges non moins mérités, loua Lafayette sur-tout du sacrifice personnel qu'il avait dû s'imposer en consentant à se charger d'une mission qui devait nécessairement l'empêcher d'être à la tête de sa division, la veille même d'une bataille. Lafayette est représenté entouré de plusieurs officiers américains, et protégeant l'arrière-garde. Il est placé sur le devant du bas-relief au-dessus duquel on lit : RETREAT OF RHODE-ISLAND.

La lame de l'épée est plate et à deux tranchants soutenus par une double arête. D'un côté, on voit un médaillon, damasquiné en or, suspendu par des chaînes du même métal qui se détachent admirablement sur le fond azuré de l'acier. Il représente la prise de la Bastille. Le peuple de Paris, placé sur le devant de la scène, assiége la forteresse, dont les remparts s'écroulent sous les coups redoublés du canon. Les assiégés font du haut des tours une vigoureuse résistance. La Renommée traverse les airs, et embouche la trompette pour annoncer l'an Ier de la liberté.

Au-dessous de ce médaillon, sont deux flambeaux allu-

més, du milieu desquels sortent les supports d'une cloche
mise en branle pour sonner le tocsin. Ces flambeaux sont

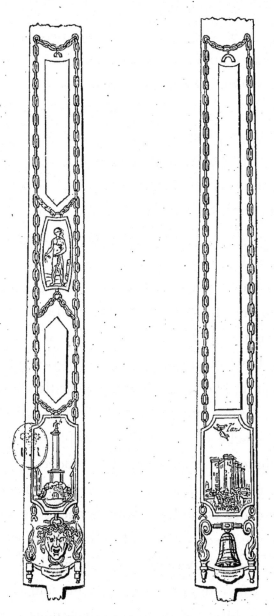

réunis par une traverse qui soutient une draperie sur laquelle
on lit : *Réveil de la liberté.*

De l'autre côté de la lame, on observe quatre médaillons, également soutenus par des chaînes artistement disposées. Dans deux de ces médaillons, on voit à nu l'acier poli de l'arme; dans un troisième, un prisonnier brise les fers qu'il avait aux pieds et aux mains, et s'éloigne du poteau auquel il était attaché : enfin, le quatrième représente la colonne de la liberté, élevée sur les débris de la Bastille, et dominant les autres édifices qu'on aperçoit sur les côtés.

Au-dessous de ce dernier médaillon est représentée la tête de Méduse; et, de chaque côté, deux foyers dont les flammes fondent des chaînes enlacées qui supportent et unissent ces différents sujets. Sur la draperie du bas sont gravés ces mots : *L'an IV de la liberté.*

La garniture du fourreau est en or et ciselée : d'un côté, on remarque un grand médaillon ovalaire, qui représente la Renommée portée sur des nuages. La déesse traverse l'océan; elle précède le vaisseau qui ramène Lafayette en France, et qu'on aperçoit sur l'horizon; d'une main elle tient la couronne décernée par l'Amérique à Lafayette, et de l'autre la trompette avec laquelle elle annonce ses exploits à la France, comme l'indiquent les trois fleurs de lis brodées sur le guidon de l'instrument. De l'autre côté, se trouve un écusson irrégulier, dont le cadre est enlacé d'une branche de laurier. Il devait, je pense, recevoir le chiffre de Lafayette.

Il faudrait plus d'un volume pour décrire les choses précieuses que Lafayette conservait avec un soin et un ordre parfaits dans sa bibliothèque. Cependant nous ne pouvons quitter le château, sans que je vous dise un mot d'un petit musée dans lequel il gardait presque tous les objets qui lui venaient des États-Unis. Ce musée, vraiment américain, est situé au premier étage, près la porte du grand salon. En entrant, on est tout étonné de la petitesse de la pièce qui lui est destinée. Aussi les objets qu'il renferme, en partie suspendus aux murailles, en partie placés sur les meubles ou rangés dans une armoire à glace, sont-ils logés trop à l'étroit ; ils y sont entassés.

La pièce du musée était autrefois la salle d'entrée de l'appartement de madame Lafayette. Après la mort de sa femme, le général fit murer la porte de communication, et l'appartement, tel qu'il était à cette époque, est resté clos : seulement, à certains jours consacrés, il y pénétrait seul ou avec ses enfants, par une porte dérobée, pour rendre hommage à sa mémoire. Madame Lafayette était bien digne, en effet, des tendres et respectueux souvenirs de toute sa famille ! En approchant de ce sanctuaire, vous êtes saisi d'un saint respect ; on se rappelle le portrait que M. de Ségur faisait de cette excellente femme le lendemain de sa mort, et que je ne puis m'empêcher de vous retracer : « Modèle « d'héroïsme, mais aussi de toutes les vertus, son sang « reçut, dans sa captivité et ses malheurs, le poison qui, « après de longues souffrances, termina sa vie le 24 décem- « bre 1807... Fidèle à tous ses devoirs, ils furent toujours ses « seuls plaisirs ; ornée de toutes les vertus, pieuse, modeste, « charitable, sévère pour elle-même, indulgente pour les « autres, elle fut du petit nombre des personnes dont la ré- « putation pure a reçu un nouvel éclat des malheurs de la

« révolution. Ruinée par nos orages, à peine paraissait-elle
« se rappeler qu'elle avait joui d'une grande fortune. Elle
« fut le bonheur de sa famille, l'appui des pauvres, la conso-
« lation des affligés, l'ornement de sa patrie, et l'honneur
« de son sexe. »

Dans ce musée sont conservés des modèles de machines,
de moulins, de réservoirs, de pirogues, etc., beaucoup d'objets d'histoire naturelle; des oiseaux, des reptiles empaillés;
des coquilles, des minéraux, que Lafayette avait rapportés
de ses voyages ou qu'on lui avait donnés. On y voit beaucoup
d'armes (arcs, flèches, javelots, sagaies, casse-têtes), d'ornements, de colliers, de calumets, d'ustensiles de pêche ou de
chasse, de vêtements et de costumes indiens. Parmi ces derniers objets, nous devons noter :

1° Le bonnet d'un chef indien, et son étendard formé
d'une peau de faucon noir (le chef portait le nom de cet
oiseau). Le président Jackson avait destiné ces deux curio-
sités au général Lafayette et allait les lui envoyer, lorsqu'il
apprit sa mort : reportant sur ses enfants l'amitié qu'il avait
pour lui, il les leur adressa.

2° Des espèces de guêtres noires, brodées, et la raquette
du célèbre chef indien Mackintosh.

3° Une jolie boîte fermée à clef, contenant un flacon de
cristal, dans lequel on envoya à Lafayette de l'eau du canal
qui unit la rivière du Nord au lac Érié, à l'occasion de l'ouverture de ce canal.

4° Des bougies de lord Cornwallis. On retrouva, seulement
en 1824, les caisses qui les contenaient, et qui étaient à

l'adresse de lord Cornwallis, dans une maison que Lafayette occupait à York-Town, et dans laquelle, quarante-trois ans auparavant, demeurait le général anglais. Les Américains, après avoir éclairé avec ces bougies une fête qu'ils donnèrent à Lafayette, lui en avaient offert plusieurs.

5° Quelques projectiles et débris d'armes ramassés sur le champ de bataille de Brandywine.

6° Deux cuillères d'argent, échantillon de l'argenterie que l'on fit fabriquer en Amérique pour la frégate *la Brandywine*, à l'occasion du retour de Lafayette en France.

7° Un fragment de la frégate américaine l'*Alliance*, qui ramena Lafayette en France après son premier voyage aux États-Unis : donné par M. J.-F. Watson.

8° Beaucoup de cartes des différents États de l'Amérique du Nord, offertes la plupart à Lafayette par les capitales de ces États, et renfermées, les unes dans des boîtes d'argent, les autres dans de longs et gros étuis en fer-blanc, parmi lesquels on en voit un qui a plus de huit pieds de longueur.

De la cour du château on entre de plain-pied dans le parc qui a soixante-douze arpents en prairies naturelles, à-peu-près autant en bois, et quelques arpents de vigne. Il entoure une partie des bâtiments de la ferme. Les allées, tantôt sinueuses, tantôt droites, qui le traversent; les sentiers qui le sillonnent dans toutes les directions; les bosquets, ainsi que la partie boisée de la propriété qu'on appelle *la Garenne*, et où se trouvent l'un des étangs et deux sources vives qui fournissent l'eau pour le château, ont été dessinés par le général, qui s'aida des conseils de son ami Robert le paysagiste.

L'aspect de ce lieu est ravissant, sur-tout lorsqu'on se promène à quelque distance de la façade du château, avant le lever du soleil. Dans le lointain, l'édifice entouré de vapeurs semble d'abord confondu en une masse obscure avec les arbres qui l'entourent; mais, à mesure que le jour paraît, l'immense tapis de verdure qui vous sépare du château se colore et s'émaille de fleurs; les tours se dessinent, et semblent s'élever au milieu des arbres qui les entourent, et dont le feuillage bientôt éclairé par les premiers rayons du soleil, contraste agréablement avec la teinte grisâtre de leurs vieilles murailles. Cette scène calme et imposante est animée par le ramage des oiseaux, le bruit des travaux et les chants joyeux des ouvriers de la ferme, le bêlement des brebis qui sortent des bergeries, le mugissement des vaches qui quittent leurs étables.

Le parc renferme un beau potager clos de murs, et traversé dans son grand diamètre par une allée, dont chaque extrémité aboutit à une grille. Dans un des taillis de la Garenne, Lafayette a fait creuser une belle glacière qui fournit avec profusion aux rafraîchissements du château.

En allant du château à la ferme, on trouve dans le parc deux petits bâtiments que je dois mentionner ici. L'un est une loge grillée, sorte de ménagerie où Lafayette enfermait les animaux étrangers qu'on lui envoyait. Depuis son retour en France, il avait reçu du gouverneur Clarke un jeune ours gris du Missouri. Toujours animé du desir d'être utile à ses concitoyens, il ne voulut pas garder à Lagrange un animal aussi

rare; il en fit présent aux professeurs du Muséum d'histoire
naturelle, pour être placé à la Ménagerie.

L'autre bâtiment est un élégant pavillon, placé sous les
fenêtres de la bibliothèque, et couvert d'un toit d'ardoises
que supporte une légère charpente. Ses piliers sont réunis
par des grilles de bois; sa forme, très alongée, indique le
but de sa construction. Lafayette le fit élever pour conserver
un canot que lui offrirent les marins (*whitehallers*) du port
de New-York.

Ce canot était sorti victorieux d'une joute avec une cha-
loupe de la frégate anglaise *le Hussard*, joute où l'amour-
propre des deux nations s'était trouvé engagé. Il est très
étroit, fort alongé, de manière à fendre l'eau avec rapidité,
peint en bleu en dedans et en brun, avec une bande jaune,
en dehors. Sur les bancs se trouvent inscrits les noms des
matelots vainqueurs : de chaque côté on lit cette inscription :
«AMERICAN STAR, VICTORIOUS, DECEMBER 9TH, 1824.»

Les rames sont placées en sautoir de chaque côté de la barque, qui est soutenue par quatre supports.

Les *whitehallers*, après leur victoire, n'avaient pas voulu céder pour trois mille dollars au capitaine de la frégate anglaise ce canot avec lequel ils conduisirent Lafayette à l'entrée de la baie de New-York.

Ce petit monument devant vous intéresser, comme Américain, je vous en donne une esquisse dans laquelle j'ai supprimé les piliers et les grilles du devant, afin de mieux vous faire voir le canot. Que les braves marins qui montaient ce dernier ne peuvent-ils visiter Lagrange ! Ils y verraient le cas que Lafayette faisait de l'esquif léger qui, en fendant rapidement les eaux sous les efforts de leurs bras vigoureux, leur avait servi tout-à-la-fois d'instrument de victoire et de char de triomphe !

La ferme. Les terres de la ferme sont en général fortes. Cinq cents arpents sont mis en labour ; le reste est en bois ou en prairies. Les terres arables sont coupées en pièces de vingt arpents, entourées chacune de pommiers et de poiriers. Outre l'étang de la Garenne, il y en a un autre beaucoup plus considérable, placé sur la route de Coulommiers à Nangis. Il est parsemé d'îlots couverts d'arbustes. Une petite barque à voile et à rames permet d'y faire d'agréables promenades.

Les bois, plantés d'arbres mélangés, et sur-tout de chênes et de hêtres, comprennent à-peu-près deux cent trente arpents ; ils sont exploités par coupes régulières à vingt ans de crue.

La ferme est divisée en deux grandes cours : dans la première, qui est la plus considérable, se trouvent toutes les bergeries, les étables, les écuries, les poulaillers, la volière, la laiterie, une immense grange pour serrer le foin, et le logement du fermier.

Les bergeries sont spacieuses, bien aérées et d'une grande propreté. Elles renferment de mille à douze cents bêtes. Les unes sont pour les brebis et leurs agneaux, les autres pour les moutons ou les agneaux séparément. Il y en a aussi une pour les animaux malades, ou infirmerie qui est presque toujours vide. Les étables, les écuries, etc., sont construites et entretenues avec le même soin.

La volière est une espèce de faisanderie grillée, où sont renfermés de beaux oiseaux donnés à Lafayette, et parmi lesquels on peut remarquer la Grue à couronne, des Faisans dorés et argentés, des Poules chinoises, des Canards branchus de la Caroline, des Oies de la Louisiane, des Hoccos du Mexique, des Perdrix particulières à l'Amérique, etc.

Il y a deux grandes laiteries avec une machine à battre le beurre.

Les bâtiments de ce corps de la ferme renferment aussi un four, un pétrin mécanique, et une Machine à vapeur avec ses cuves en bois, donnée par M. Morris. Cette dernière machine sert à cuire des masses de pommes de terre destinées à l'engrais des bestiaux et des porcs en particulier.

Le logement du fermier est d'une propreté remarquable. Son ameublement est simple, mais indique une grande aisance. Dans son bureau, les registres de la ferme sont rangés dans un casier et tenus avec beaucoup d'ordre.

Les personnes les plus délicates dîneraient volontiers à la longue table, garnie de carreaux de faïence, sur laquelle les gens de service prennent leurs repas.

Dans l'autre cour de la ferme, on trouve, 1° un grand bâtiment qui contient la récolte du blé, et dont le milieu est occupé, à ses deux étages, par une belle machine à battre; 2° une grande porcherie qui peut contenir cent à cent cinquante animaux : elle est fort propre, ne donne aucune odeur désagréable; ce qui est assez rare dans de semblables lieux; 3° un bâtiment qui renferme le pressoir à cidre et les cuves à vin : des tuyaux souterrains conduisent ces boissons dans les caves, qui sont à environ vingt-cinq toises de ce bâtiment; 4° de belles remises pour les voitures, les charrues; et au-dessous, d'immenses celliers pour conserver les récoltes de betteraves et de pommes de terre.

La paille, le fumier, qui doivent former les engrais, sont arrosés par une pompe.

LETTRE ONZIÈME.

Paris, le 1ᵉʳ novembre 1834.

Parmi les animaux de la ferme de Lagrange, le troupeau de mérinos est ce qu'il y a de plus remarquable. C'est un des premiers et un des plus beaux qui aient été introduits en France. Il a toujours été perfectionné depuis, et à plusieurs reprises il a obtenu le prix de la finesse des laines : cependant sa taille est assez élevée. Il se compose d'environ mille bêtes.

Il y a à Lagrange trente à quarante vaches; une partie est originaire du canton de Schwitz en Suisse; quelques unes sont de la belle race normande; deux vaches et un taureau sont de la race anglaise de Devon, et ont été donnés à Lafayette par le célèbre agriculteur M. Coke d'Holkam; il y a aussi quelques vaches de la même race, venues des États-Unis.

Les cochons sont de diverses races. Il y en a de très gros envoyés de Baltimore. D'autres sont anglo-chinois. Beaucoup sont croisés de la race du pays avec celle de Baltimore.

Il y a quelques années, un beau verrat chinois se battit à outrance avec un rival de Baltimore, et resta sur la place. Le vainqueur lui-même mourut peu de jours après des blessures qu'il avait reçues. Lafayette regrettait principalement le premier, qui était jeune et de la plus grande espèce.

Les chevaux au service de la ferme forment quatre attelages. Dans une des écuries, on trouve le cheval blanc que Lafayette montait en 1830, aux jours de revues de la garde nationale. La vieillesse commence à trahir la bonne volonté de ce vieux serviteur, mais il a trouvé dans les pâturages et les écuries de Lagrange une retraite assurée jusqu'à la fin de sa vie.

Si des bestiaux nous passons aux récoltes, nous verrons qu'elles consistent principalement en grains, foin, luzerne, pommes de terre, betteraves, pommes et poires à cidre.

Vous avez pu juger, d'après ce qui précéde, que pour lui, Lafayette préférait la vie des champs à celle de la ville. Dès qu'il pouvait se retirer à sa ferme, il y jouissait d'une tranquillité d'esprit qui rafraîchissait ses forces excédées par les occupations qu'il avait à Paris. Néanmoins il ne faudrait pas croire qu'il donnât au repos le temps qu'il passait à Lagrange; devenu cultivateur, il se délassait de ses fatigues par des occupations différentes de celles qui les avaient produites.

Sa famille et ses amis ne craignaient pas pour lui les exercices du corps, mais seulement les peines de l'ame. Ils savaient que ceux-là ne faisaient que le fortifier, tandis que celles-ci altéraient visiblement sa santé, et commençaient par déterminer presque constamment chez lui une toux nerveuse.

Lafayette ne dormait ordinairement que sept heures, mais d'un sommeil doux, paisible, rarement agité par des rêves. Il pensait avec raison que la vie matinale était favorable à la santé, et qu'un trop long sommeil, au lieu de reposer les forces, les affaiblit par l'espéce de torpeur qu'il produit. Il se faisait éveiller à cinq heures du matin, et avait l'habitude de rester encore une ou deux heures dans son lit, à lire ou à écrire. Dès qu'il était levé, il faisait sa toilette, rendait à la mémoire de sa femme le touchant hommage dont j'ai parlé, et s'occupait ensuite dans son cabinet jusqu'à dix heures. Il descendait alors pour le déjeuner. Après ce premier repas, il parcourait les journaux français ou étrangers, et vers midi, il allait à la ferme; il y restait au moins deux heures tous les jours. Il ne rentrait chez lui que vers trois heures, s'occupait de sa correspondance et de ses autres travaux de cabinet jusqu'à six, où la cloche se faisait entendre au loin, pour annoncer le dîner aux personnes qui se trouvaient au château et à celles qui se promenaient dans le parc.

Après le dîner, quand le temps était mauvais, Lafayette passait la soirée au salon à causer avec ses enfants et ses amis, et à recevoir les étrangers qui venaient le visiter. Quand il n'y avait que sa famille, il lui arrivait assez souvent de se retirer chez lui, à huit heures, pour travailler; mais, avant de se coucher, vers dix heures et demie, il rentrait ordinairement au salon pour recevoir le bonsoir de ses enfants et leur donner le sien.

Pendant son séjour à Lagrange, il employait la majeure partie de son temps à diriger les travaux d'agriculture, à s'instruire de ce qu'on écrivait sur la partie pratique de cette science, à perfectionner les instruments aratoires ou à améliorer la culture des terres. Il entendait parfaitement l'art de cultiver et en parlait volontiers, faisait la plupart de ses expériences en grand, et presque toujours elles lui réussissaient : bien qu'il ne s'occupât que de la direction générale de ces travaux, les détails ne lui étaient pas étrangers ; il savait que les plus grandes choses se composent de petites, et l'on n'abattait pas un arbre à Lagrange, qu'il n'en eût donné l'ordre. Rien au parc et à la ferme n'était accordé au luxe ou à de vains ornements, et l'agrément était toujours, quand il le fallait, sacrifié à l'utilité.

Lafayette n'avait voulu faire de Lagrange qu'une *ferme ornée* d'allées bien dessinées, de belles et bonnes plantations, et rien de plus. Il aimait peu les fleurs, ou plutôt n'avait pas le temps de les aimer et de les cultiver ; d'ailleurs les troupeaux ne les auraient pas respectées : aussi, dans les dernières années de sa vie, on soignait seulement quelques jolies plantes pour les dames de sa famille. Les prairies de son parc n'étaient point fauchées : les troupeaux se chargeaient de les tondre et de remédier à leur exubérante végétation ; les bosquets du parc eux-mêmes n'étaient point épargnés, et les feuilles des arbres étaient coupées par eux à la hauteur qu'ils pouvaient atteindre.

Les terres de Lagrange étaient les mieux cultivées du canton, et il était facile de les distinguer, par cela même, de celles des voisins, auxquels Lafayette donnait l'exemple. Les paysans qui l'ont imité, ont considérablement amélioré leur position, sur-tout depuis 1816. A cette époque, Lafayette avait planté cinq mille pieds de pommiers et de poiriers : les paysans se rirent d'abord de ses plantations ; mais

voyant bientôt qu'il en obtenait d'abondantes récoltes; que
le cidre qu'on faisait à Lagrange était une excellente boisson
qui se *vendait fort bien*, ils commencèrent aussi à cultiver ces
arbres. Aujourd'hui le pays en est couvert, et le cidre est la
boisson ordinaire des habitants.

Dès le matin Lafayette inspectait les travaux de la ferme
par l'une des fenêtres de sa bibliothèque qui en dominait
les bâtiments et les cours; il voyait distribuer les fourrages
aux bestiaux, et le porte-voix que j'ai mentionné lui servait à donner des ordres à son fermier dont les vigoureux
poumons pouvaient se passer de cet instrument pour lui
répondre.

Lafayette savait que l'exercice lui était favorable; aussi
se rendait-il à pied aux bâtiments de la ferme et présidait à
la rentrée des blés, des foins et des autres récoltes. Comme
il ne marchait que difficilement, il montait à cheval pour
aller visiter les travaux des terres plus éloignées, sur-tout à
l'époque des moissons et du fanage. Depuis sept à huit ans,
il se servait plus habituellement dans ses courses, d'une petite
calèche russe, fort légère, qui allait facilement à travers
champs.

Lescuyer, homme vigoureux, actif, intelligent, et d'une
grande probité, dirigeait comme fermier et conduit encore
aujourd'hui l'exploitation de Lagrange. Depuis 1818 Lafayette l'avait formé aux travaux agricoles; il le regardait
comme son élève, l'aimait beaucoup et lui avait donné toute
sa confiance.

Le fermier tenait avec un ordre parfait des registres sur

lesquels les produits et les dépenses de la ferme étaient régulièrement constatés; le château ne prenait pas un pot de lait ou un quarteron d'œufs sans y être débité.

Lafayette avait emporté ces registres avec lui dans le dernier voyage qu'il fit en Amérique : il en perdit un à New-York et le regretta beaucoup.

Un jour Lafayette fit voir ces registres à M. H. Say, et lui demanda si, comme négociant, il approuvait sa manière de tenir ses comptes; ensuite il lui parla longuement des avantages que l'agriculture peut retirer d'une bonne comptabilité, et de l'analogie qu'il y a entre une grande ferme et une manufacture.

Il fit remarquer à M. H. Say que les grandes allées de gazon qui, après avoir traversé sa propriété, en faisaient ensuite le tour, avaient été tracées aussi bien pour l'utilité que pour l'agrément; que les troupeaux devaient cheminer en broutant, et se trouvaient ainsi obligés de prendre l'exercice nécessaire à leur santé, en faisant le tour du domaine avant de rentrer aux bergeries.

Lafayette voulait que chez lui les animaux fussent bien traités, bien nourris : aussi en prenait-il un soin tout particulier. Une année où les récoltes avaient été peu abondantes, il s'aperçut que le fermier, par une économie mal entendue, ne nourrissait pas assez les porcs, et que ces animaux devenaient maigres et galeux. Il lui recommanda de leur donner une nourriture plus abondante et de ne rien épargner pour leur santé. Il était déja monté dans sa voiture pour revenir à Paris, quand le fermier vint lui répéter les assurances qu'il lui avait déja données., qu'il pouvait être tranquille sur le sort de ces animaux; qu'il aurait grand soin, pendant son absence, de les laver, de les frotter souvent: *C'est sur-tout en dedans*, répondit le général, *que vous devez bien les frotter, si vous voulez les engraisser, et guérir leur peau.*

Pendant ses derniers triomphes en Amérique, Lafayette n'oubliait pas Lagrange, et chaque *paquebot* rapportait à son fermier des instructions sur les travaux à exécuter : aussi à son retour, put-il jouir de beaucoup d'améliorations et d'embellissements qu'il avait indiqués de l'autre côté des mers.

Ce qui distingue sur-tout la culture de Lagrange, c'est qu'on y fait beaucoup de prairies artificielles en trèfle et en luzerne; que les engrais sont parfaitement adaptés à la nature des terres et à celle des récoltes, et qu'il n'y a pas de jachères.

Les produits de la ferme sont réguliers, considérables, et cependant peu d'établissements de cette importance sont aussi bien entretenus avec aussi peu de monde : il n'y a que seize à dix-huit domestiques, tels que garçons de ferme, charretiers, vachers, bergers, etc., et trente à quarante ouvriers journaliers. Pendant les moissons et les récoltes, le nombre des employés de toute espèce ne monte pas au-delà de soixante-dix à quatre-vingts.

A l'heure des repas, au son de la cloche, la famille et les amis du général se réunissaient dans la salle à manger. Chacun prenait sa place accoutumée ou celle que les dames de la maison, qui faisaient les honneurs de la table, lui avaient désignée.

L'appétit était excité par l'exercice qu'on avait fait, les distractions qu'on avait prises, l'air vif qu'on avait respiré, et sur-tout par le plaisir qu'on éprouvait de se trouver à la table de Lafayette. Il y avait rarement moins de vingt-cinq à trente convives à cette grande table dont le vénérable chef de la famille occupait le milieu. Dans ces agréables réunions régnaient le bon accueil, les prévenances et une joie douce, mais universelle. Le bonheur était empreint sur tous les visages; la conversation était générale, ou le plus souvent s'établissait de voisin à voisin. Lafayette avait banni de sa table les vaisselles d'argent, les mets et les vins recherchés : il n'entrait pas dans ses habitudes de tempérance d'user son temps et sa santé dans de longs et splendides repas. La nourriture, sans être recherchée, était variée, délicate et appétissante.

Les petits-enfants et même les arrière-petits-enfants du général prenaient leur part à ces banquets; et, quelque jeunes qu'ils fussent, ils y tenaient parfaitement leur place. Leur excellente éducation, et je dirai aussi leur bonne nature, les empêchaient de se rendre importuns, comme nous l'observons malheureusement trop souvent en France, et, je crois, dans bien d'autres pays, où les parents ne s'aperçoivent pas qu'ils fatiguent les étrangers par les efforts de mémoire ou les gentillesses qu'ils exigent de leurs enfants, ou par le trop de liberté qu'ils leur laissent prendre.

Après dîner, dans les beaux jours de l'année la compagnie se rendait sur la pelouse du château : les uns se promenaient ; les autres se reposaient à l'ombre de quelque arbre, autour de Lafayette. Au milieu de sa nombreuse famille, d'une famille si pleine de vie et d'espérances déjà réalisées, le général paraissait comme l'arbre antique d'une forêt, entouré de vigoureux rejetons qui semblent destinés, en perpétuant ses bienfaits, à soutenir leur noble origine.

Vous me demandiez, monsieur, dans l'une de vos lettres, de vous donner des renseignements sur les aïeux de Lafayette : m'étant peu occupé de cette question, je vais vous reproduire le tableau qu'en a tracé l'un de nos compatriotes, M. Monneron, lors de la fête que les Français résidant à New-York offrirent au général, le 11 septembre 1824, pour célébrer avec lui l'anniversaire de la bataille de Brandywine. «Au quatorzième siècle, disait M. Monneron, les La-« fayette, dans la province d'Auvergne, amélioraient déjà le « sort de ceux qu'on appelait alors les *vassaux.*

« Au quinzième siècle, le maréchal de Lafayette chassa « les ennemis du territoire Français.

« Au seizième siècle, mademoiselle de Lafayette était « représentée comme l'image de la beauté, de la vertu, de « la charité.

« Au dix-septième siècle, madame de Lafayette com-« posait ces ouvrages qui passeront à la postérité la plus « reculée.

« Au dix-huitième siècle, le général Lafayette est né en-« nemi de la tyrannie, et amant de la liberté.

« Pendant sa jeunesse il a concouru à soutenir et à dé-
« fendre le berceau de la liberté des États-Unis.

« Dans un âge plus avancé, il a paru à la tribune publique :
« il a parlé de la liberté en Europe, comme il avait su la
« défendre en Amérique.

« De la tribune il est entré dans les rangs des défenseurs
« de la patrie. Je l'ai vu dans les dangers révolutionnaires; son
« génie et son sang-froid ne l'abandonnaient jamais. Prompt
« à concevoir, ardent à exécuter, il combattit toujours pour
« la véritable liberté.

« Je suis historien oculaire et fidèle; voyez ces trophées,
« ces drapeaux, ces étendards, sur tous est écrit :

« LIBERTÉ, VICTOIRE, LAFAYETTE[1]. »

Vous parler des qualités des enfants du général Lafayette, et des parents qu'il s'était donnés par leurs alliances,
serait chose fort délicate pour moi. Je ne pourrais le faire
sans mettre mal à l'aise leur modestie; d'autre part, ceux
qui ne les connaissent pas pourraient prendre pour des
compliments les vérités que je vous en dirais : je m'abstiens donc de toucher cet article. Il vous suffira de savoir qu'ils sont dignes en tout point du chef de la famille.
Par un simple tableau, je vais vous les faire connaître
sommairement; cette manière de vous les présenter sera
plus concise, et suffira pour vous bien faire saisir les rapports
de parenté qui existent entre eux. Au moment de sa mort,

---

[1] *Lafayette en Amérique en* 1824 *et* 1825 ; par Levasseur, tom. I, p. 202.

Lafayette avait trois enfants, onze petits-enfants et douze arrière-petits-enfants.

LAFAYETTE, marié à Mlle de NOAILLES, a eu trois enfants : —

Ier,

Mlle Anastasie Lafayette, mariée à M. Charles de Maubourg ; deux enfants.

1º Mlle Célestine (Mme de Brigode), quatre enfants.

2º Mlle Jenny (Mme Duperon), un enfant.

IIe,

M. George-Washington Lafayette, marié à Mlle Émilie de Tracy ; cinq enfants.

2 mariées,

1º Mlle Natalie (Mme Adolphe Perrier), trois enfants.

2º Mlle Mathilde (Mme Bureaux de Pusy) ; un fils.

3. Mlle Clémentine.

4. M. Oscar.

5. M. Edmond.

IIIe,

Mlle Virginie Lafayette, veuve du colonel de Lasteyrie ; quatre enfants.

2 mariées,

1º Mlle Pauline (Mme de Rémusat), deux enfants.

2º Mlle Mélanie (Mme de Corcelle), un enfant.

3. M. Jules de Lasteyrie.

4. Mlle Octavie.

Les familles alliées à celle de Lafayette, celles des Tracy, des Lasteyrie, des Maubourg, des Ségur, des Perrier, etc., venaient souvent le visiter et passer quelques jours près de lui à Lagrange. Il me serait impossible de vous nommer tous ses amis sans en oublier, tant ils étaient nombreux. Cependant je ne puis en omettre un, aussi excellent qu'attaché à Lafayette auquel il avait consacré sa vie, et qui lui tenait lieu d'un second fils : vous reconnaissez déjà M. Carbonel, car vous avez dû le voir près de Lafayette à Paris ou à Lagrange.

Le général Carbonel, ancien chef d'état-major de la garde

nationale, s'était lié avec M. George Lafayette en 1805 :
ils étaient alors tous deux aides-de-camp de Grouchy. Ils s'é-
taient embarqués ensemble en Hollande pour l'expédition
projetée contre l'Angleterre; cette expédition n'eut pas lieu,
et les deux amis firent les campagnes d'Austerlitz et de Pologne, après lesquelles ils furent obligés de se séparer. Napoléon encore irrité du vote de Lafayette contre le Consulat
à vie, se refusa constamment à accorder à son fils l'avancement demandé pour lui par tous les chefs de l'armée, et
notamment par Murat qui voulait en faire son aide-de-camp.
Plusieurs années de brillants succès dans son grade de lieutenant, des blessures, des actions d'éclat, ne purent vaincre
l'obstination de l'Empereur. Cette injustice surprit toute l'armée et ajouta encore à l'estime et à la considération que le
jeune officier avait su mériter. Après tant d'efforts infruc-
tueux pour suivre une carrière qu'il aimait, et qui devait être
glorieuse pour lui, il se devait à sa famille; il donna sa dé-
mission, et fut obligé de se séparer du général Carbonel,
qui fut plus heureux dans son avancement. Il put enfin se
réunir de nouveau à cet ami, après les guerres de l'Empire.
M. Carbonel habitait la maison de Lafayette, auquel il consacrait la plus grande partie de son temps. Son tendre dévouement pour lui n'avait pas plus de limites que les marques de
bonté et les témoignages de confiance qu'il en recevait : il
l'a soigné avec ses enfants jusqu'à son dernier moment, et
ce n'est qu'au milieu de son excellente famille qu'il a pu
trouver des consolations.

J'aime à transcrire ici une lettre écrite en anglais par

Lafayette, et dans laquelle il rend compte à son ami Masclet
de la position de son fils à l'armée :

« Paris, 28 pluviôse.

« Je n'ai pas reçu de vos nouvelles depuis long-temps, mon
« cher Masclet ; je suis cependant bien persuadé que vous
« n'oubliez pas votre ami, et que vous avez appris avec plaisir
« l'heureuse occasion qui s'est offerte à George sur le Mincio.
« Il était sous les ordres du général commandant l'aile qui
« s'est battue et qui a remporté la victoire. Le 11ᵉ régiment
« de hussards s'est particulièrement distingué. Mon fils a reçu
« pour sa part trois balles, qui n'ont heureusement fait que
« de légères blessures. Le général Dupont m'écrit qu'il l'avait
« nommé dans son rapport sur cette bataille, mais que George
« avait demandé qu'on supprimât cette mention honorable
« pour lui, à moins que ses camarades blessés n'obtinssent la
« même faveur. Il se serait plus tôt guéri de ses blessures s'il
« n'avait cru devoir rester avec son régiment tant qu'il y a eu
« quelque chose à faire, ce qui lui a causé une inflammation et
« un dépôt au bras. Mais lorsque le onzième de hussards, en
« allant faire le blocus des forts de Vérone se fut éloigné du
« danger, George entra dans la ville, où tous les soins pos-
« sibles lui furent prodigués. La dernière fois que le général
« Dupont le vit, son état faisait espérer un prompt rétablis-
« sement, quoiqu'il portât encore le bras en écharpe. Il
« avait le côté beaucoup moins maltraité que le bras. De
« sorte que le danger de la bataille, qui a été extrême,
« étant une fois passé, nous n'avons plus qu'à nous réjouir.
« Je vous donne ces détails, parceque je sais qu'ils vous fe-

«ront plaisir. Voici donc une bonne, solide et honorable
« paix. Je vais ce soir à la fête que donne Talleyrand en
«commémoration de cette paix, et je ne manquerai pas de
«profiter de l'occasion pour lui rappeler Éleuthère. Il vient
« d'arriver à Calais un de nos compatriotes, Joseph Cursay ;
« il attend un passe-port. Vous savez que ce n'est qu'une affaire
«de temps ; nous desirons toutefois l'abréger. Madame
«d'Hénin le connaît particulièrement. Votre recommanda-
«tion au commissaire Mingo, qui pourrait écrire à Paris
«pour lui obtenir cette permission, ou tout autre moyen que
«vous jugerez plus efficace, nous obligerait infiniment. Of-
«frez à Madame Masclet mes respectueux hommages.

« Votre ami,   L. F¹. »

« Paris, 28 Pluviôse.

¹ « I have not this long while heard from you, my dear Masclet; sure I am,
« nevertheless, that you do not forget your friend, and that you have been
« pleased with George's good fortune on the Mincio. He was in the wing, and
« under the general who fought and won the action. The eleventh regiment of
« hussars was the most distinguished. My son had for his share three bullets,
« but slight wounds. General Dupont tells me he had named him in the account
« of the battle. George insisted on the suppression of the mention made of him,
« unless the same was done in favour of his wounded comrades. His wounds
« would have been sooner cured, had he not remained with the regiment as
« long as there was something to do, which caused an inflammation and a
« dépôt in his arm. But when the eleventh hussars made the blockade of
« the forts of Verona, which put them out of the way of danger, George got
« into the city, where he was very well taken care of. When General Dupont
« saw him last, he was in good train of recovery, although he yet bore a scarf.
« His side was still less damaged than the arm. So that the danger of the battle,
« which has been great, being over, we have had nothing to fear, and much to
« rejoice at. I give you those details, as I know you will enjoy them. Here is
« a good, honourable, solid peace. I am going this evening to the entertain-
« ment given on the occasion by Talleyrand; nor shall I lose the opportunity

Adoré de ses parents et de ses amis, Lafayette était pour eux l'objet d'un vrai culte; chacun de son côté était aux petits soins pour lui; on voulait l'aider à prolonger, à embellir ses dernières années, et il serait vrai de dire qu'il pouvait en toute assurance abandonner à autrui les soins d'une existence qui paraissait ne plus lui appartenir.

Il existait un bonheur de communauté, de sentiments et d'affection entre tous les membres de la nombreuse et bonne famille de Lafayette. Mais, comme dans la vie les causes de peine et de chagrin sont plus fréquentes que celles de satisfaction ou de plaisir, il en résultait aussi que souvent tous étaient frappés à-la-fois du malheur personnel de l'un d'eux ou d'un ami commun : l'ami de l'un devait nécessairement être celui des autres. Dans plusieurs circonstances j'ai été témoin de leur affliction; il aurait été impossible de ne point la partager, tant elle était sincère, tant on sentait qu'elle partait du fond de leurs cœurs.

Vers le milieu de l'automne de l'année 1828, M. George Lafayette vint me chercher, en poste, pour aller à Lagrange, porter secours au fils aîné de son ancien précepteur M. Frestel, qui s'était gravement blessé dans une partie de chasse. Nous arrivâmes à Lagrange à onze heures du soir. Le général

---

« to remind him of Eleutheros. There is one of our countrymen arrived at
« Calais, *Joseph Cursay*, who is waiting for a passport. You know it is only an
« affair of time, but we wish to shorten it. Madame d'Hénin knows him parti-
« cularly. A recommendation from you to Commissary Mingo, who might
« write to Paris for the permission, or any other efficacious means you may
« think of, would much oblige us. My affectionate respects to Mrs. Masclet.

« Your friend,   L. T. »

avec sa famille et ses amis étaient réunis dans le salon; ils attendaient avec impatience notre arrivée, et avec anxiété le jugement que je porterais sur l'état du blessé. Le fusil du jeune Léon Frestel avait éclaté : sa main droite était fendue jusqu'au poignet, et horriblement fracassée : je fus obligé d'amputer les trois derniers doigts. M. Frestel père, doué d'une force de caractère peu commune, fit violence à sa vive douleur, et ne voulut point quitter son fils pendant l'opération, que le malade supporta avec courage et résignation.

Lorsque je rentrai au salon, je ne saurais vous dépeindre l'intérêt palpitant de Lafayette, de ses enfants, de ses amis, pour le pauvre jeune homme; l'empressement qu'ils mettaient à connaître le fond de ma pensée sur sa position; les émotions, le soulagement, la joie qu'ils éprouvaient de mes espérances : joie traversée par le chagrin de le savoir mutilé ! De semblables scènes sont trop vives; les sentiments qui les animent, les mouvements, les expressions qui les caractérisent, sont trop multipliés, et se croisent dans trop de directions à-la-fois, pour que je cherche à vous les décrire. Il faut y avoir assisté. Ce sont de ces circonstances de la vie qui laissent dans l'ame de profondes impressions, et se sentent toujours mieux qu'on ne peut les exprimer.

Le docteur Sautéreau continua de donner ses soins au malade, qui se rétablit complétement, et, plus tard, fit construire lui-même une machine très simple, pour suppléer les doigts qu'il avait perdus. Quelques semaines avant l'invasion du choléra-morbus, M. Léon Frestel, dont la carrière s'ouvrait sous les plus heureux auspices, fut attaqué d'une inflammation grave de poitrine à laquelle il succomba.

Quand on était à Lagrange, on y respirait en toute liberté un air pur; on y savourait les charmes de la retraite sans avoir les ennuis de la solitude; tout concourait à inspirer un calme heureux et des sentiments d'affection pour l'espèce humaine, qu'on n'y voyait que sous d'agréables couleurs. On se sentait en quelque sorte rendu à la nature : on pouvait donner un libre cours à ses pensées ou à l'expression du bonheur dont on jouissait. Chacun y paraissait ce qu'il était ; on ne voyait que dans l'éloignement, et bien petites, ces scènes du grand monde dont les personnages se croient obligés de jouer un rôle, et consentent volontiers à être trompés par les autres, pourvu qu'ils les trompent à leur tour.

Le luxe, la frivolité, les plaisirs brillants et avec eux la nullité de la plupart des sociétés de Paris, étaient bannis de Lagrange. Le général se serait fait scrupule de gêner en rien la liberté de ses hôtes; tous les moyens de distraction étaient à leur disposition, et vous pouviez sans contrainte vous livrer à vos goûts pour l'étude, le dessin, ou la conversation ; vous pouviez puiser auprès de Lafayette tous les renseignements dont vous aviez besoin pour votre instruction : livre vivant de bien mémorables époques, il s'ouvrait volontiers pour ceux qui étaient dignes de le consulter, et il avait un tact parfait pour deviner si un intérêt véritable ou une futile curiosité était le mobile des questions que vous lui adressiez. Vouliez-vous prendre des distractions plus actives, faire de l'exercice; les plus charmantes promenades vous étaient ouvertes de

toutes parts; vous pouviez dans une nacelle visiter les îlots du
grand étang, vous livrer au plaisir de la pêche et de la
chasse, ou même folâtrer, comme des enfants, sur l'herbe et
sur les meules de foin du parc, sans craindre de compromettre votre gravité; parfois jeunes et vieux se livraient ensemble à ces amusements du premier âge.

Quelquefois on donnait des fêtes à Lagrange. L'une des
plus intéressantes fut celle que les habitants de ce pays offrirent à Lafayette le 9 octobre 1825, à son retour d'Amérique, et dont M. Levasseur nous a conservé le précieux
souvenir. Depuis trois jours les habitants des communes voisines de Lagrange s'occupaient des préparatifs de cette fête.

« A une certaine distance de l'habitation, la voiture s'arrêta, le général en descendit et se trouva tout-à-coup au
milieu d'une population dont les transports et l'empressement
auraient trompé l'œil d'un étranger, en lui faisant croire que
tous étaient ses enfants. Jusqu'au soir la maison fut remplie
par la foule qui avait peine à se séparer de Lafayette. Les
citoyens ne se retirèrent qu'après l'avoir conduit, à la clarté
des illuminations et au son de la musique, sous un arc-de-
triomphe portant une inscription où ils lui avaient décerné
le titre *d'ami du peuple*. Là il reçut de nouveau l'expression
de la joie et du bonheur que son retour causait à ses bons
voisins.

« Le lendemain le général fut occupé toute la journée à
recevoir les jeunes filles qui lui apportèrent des fleurs et lui
chantèrent des couplets; la compagnie de la garde nationale de Court-Palais, ainsi qu'une députation de la ville de

Rosay. Les habitants de la commune, en offrant une caisse de fleurs à leur ami, lui adressèrent, par l'organe de M. Fricotelle, chef de la députation, un discours simple et touchant. A peine ce discours était-il prononcé, que tous se précipitèrent dans les bras du général, et n'en sortirent que pour se jeter dans ceux de son fils M. George Lafayette.

« Le dimanche suivant, les habitants de Rosay et des environs offrirent au général une fête brillante, dont une souscription, à laquelle tout le monde contribua, fit les frais. Les préparatifs, qui avaient exigé plusieurs jours de travail, étaient l'ouvrage d'une partie des citoyens qui n'avaient voulu être aidés par aucune main salariée.

« A cinq heures du soir, plus de quatre mille personnes, dont beaucoup étaient venues de plusieurs lieues, remplissaient les appartements et les cours du château de Lagrange, pour saluer celui que toutes les bouches appelaient *l'ami du peuple*. A sept heures une troupe de jeunes filles, marchant en tête de la population de Rosay, vint présenter au général une corbeille de fleurs, en chantant en chœur des couplets simples et touchants. M. Vigné, au nom du canton, prononça un discours plein de sentiments généreux. Lafayette, après avoir remercié les habitants du canton de l'accueil qu'ils lui faisaient, disait en terminant : « Me voici « maintenant rendu à cette retraite de Lagrange, qui m'est « chère à tant de titres, et à ces occupations agricoles aux- « quelles vous savez que je suis si attaché, et que pendant « beaucoup d'années j'ai partagées avec vous, mes chers « voisins, et avec la plupart des amis qui m'entourent. Votre

« affection, bien réciproque de ma part, me les rend de
« plus en plus précieuses. Recevez tous, je vous prie, mes
« remercîments pour la belle et touchante fête que vous
« m'avez préparée, et qui remplit mon cœur de joie, de ten-
« dresse et de reconnaissance.

« Après cette réponse, accueillie avec transport, le
général fut conduit en triomphe sur la prairie, où une
tente élégante avait été dressée pour lui et sa famille. Des
illuminations disposées avec art, un feu d'artifice, des danses
animées, un grand nombre de boutiques de toute espèce,
et une population de plus de six mille personnes, enfin tout
contribua à rappeler à Lafayette quelques unes des belles
scènes de son triomphe en Amérique, avec d'autant plus de
vérité qu'il y trouva une grande conformité dans les sentiments et dans leur expression.

« Les danses durèrent toute la nuit; les cris de *vive l'ami
du peuple!* retentirent jusqu'au jour, et le lendemain Lafayette,
retiré au sein de sa famille, jouissait du bonheur et du calme
que donne seul le souvenir d'une vie bien remplie. »

Quelque grande que fût la liberté que Lafayette laissait
aux personnes qui venaient le visiter à Lagrange, il ne permettait cependant jamais qu'on s'écartât des bienséances.
Un jour un jeune homme s'étant un peu trop émancipé,
Lafayette ne lui fit aucune observation; mais, bien qu'il le
traitât avec une extrême politesse, il lui fit sentir assez
qu'il n'approuvait pas sa conduite, pour que le jeune étourdi
partît le soir même du château. M. le comte d'Alva, qui
m'a rapporté ce fait, dont il fut témoin, me faisait observer

qu'il était impossible d'éconduire un homme avec plus de délicatesse et de ménagements pour son amour-propre.

Les voisins de Lafayette et les étrangers venaient se promener librement dans son parc, qui leur était ouvert. Souvent même ils se réunissaient en famille dans les jolis bois qui en dépendent, et s'y donnaient des fêtes champêtres, avec la certitude de n'être jamais dérangés : la plupart justifiaient la confiance qu'il avait en eux, en s'abstenant de la moindre dégradation; ils usaient, sans en abuser, de l'hospitalité qui leur était offerte.

Cependant on avait aussi quelquefois à regretter que *les habitants* du pays ne fussent pas aussi délicats que Lafayette le supposait; quelques uns d'entre eux du moins se persuadaient que toute production agricole et autres de la terre de Lagrange, étaient la propriété de tout le monde, et venaient faire leur récolte sur ses terres ou pratiquer des coupes secrètes dans ses bois. Sur les observations réitérées de ses gardes, Lafayette permettait quelquefois d'exercer des poursuites contre les délinquants pris en flagrant délit : mais qu'en arrivait-il ? quand ils étaient condamnés, le général se laissait toucher par leurs prières et leurs larmes; il leur faisait grâce, intercédait pour eux, et finissait par payer lui-même les frais de la procédure.

Lafayette était, pour les indigents de son canton, d'une bienfaisance inouïe. Tous les lundis on distribuait au château deux cents livres de pain, cuit exprès à la ferme pour les pauvres, et dans les temps de disette il leur en faisait donner jusqu'à six cents livres par semaine. Ce pain était de la même qualité que celui qu'on mangeait à sa table. Il y ajoutait alors une soupe et un sou par individu.

Si les indigents étaient frappés de quelque maladie grave, il les visitait et les faisait soigner à ses frais par le docteur Sautereau, dont le talent égale la modestie, et dont le dévouement pour les malheureux était la meilleure preuve de son bon cœur et de son attachement à la famille Lafayette.

Il existe à Court-palais un établissement de charité fondé par la famille de Noailles. Lafayette, comme époux d'une demoiselle de Noailles, entrait, pour sa part, dans les dépenses de cet établissement, et, de plus, il faisait traiter à ses frais, à l'hôpital de Rosay, les malades qui ne pouvaient être soignés à domicile.

Le docteur Sautereau habitait Lagrange depuis trente-six ans : Lafayette lui accordait sa confiance comme médecin et son affection comme ami. Peu d'hommes ont aussi bien connu que lui Lafayette dans sa vie privée; peu d'hommes aussi ont eu autant d'admiration pour ses vertus et son noble caractère. « Tous les instants de la vie de Lafayette à Lagrange, me disait-il un jour, se ressemblent, en cela qu'ils sont tous marqués par de bons sentiments ou des œuvres de bienfaisance. » C'est de lui que je tiens les anecdotes suivantes qu'il me racontait les larmes aux yeux, avec l'émotion d'un homme qui regrette de n'avoir pas été à même de faire les bonnes actions dont il parle.

Un prêtre lui disait un jour du mal de Lafayette : pour toute réponse il lui rapporta l'anecdote suivante : « Lorsque

Lafayette fut possesseur de Lagrange, il voulait arrondir sa propriété, et dans ce but il acheta beaucoup de petites piéces de terre qui étaient intercalées dans les siennes. Une de ces propriétés appartenait à un paysan, nommé P***, qui éleva toutes les difficultés imaginables pour en obtenir un prix exorbitant : il voulait même actionner Lafayette, à raison d'un fossé qu'il faisait creuser dans son voisinage ; enfin il fit si bien, qu'il obtint du général trois fois au moins la valeur de son terrain. Deux ou trois ans après, ce même paysan, non content d'avoir rançonné Lafayette, s'imagina de faire, à son profit, des coupes dans les bois de son parc : mais, par malheur pour lui, il tomba du haut d'un chêne, se cassa la cuisse, et fut pris par les gardes, *flagrante delicto.* Lafayette fut informé de l'accident par le blessé même, qu'on avait transporté chez lui, et qui lui faisait demander des secours. Il apprit dans quelles circonstances il s'était cassé la cuisse, et lui envoya M. Sautereau pour lui appliquer l'appareil. Comme on lui faisait observer que c'était ce même individu qui avait voulu le traduire en justice : « N'importe, ré-« pondit-il, faisons-lui du bien, cela lui fera connaître ses « torts envers nous, et peut-être regretter d'avoir été si exi-« geant au sujet de nos échanges de terre. » Le cas étant fort grave, Lafayette fit, quarante jours après l'accident, transporter à Paris et soigner à ses frais ce malade qui, en vérité, était bien peu digne de ses bontés. Ce fait nous prouve que le général savait oublier les mauvais procédés des gens, et leur rendre le bien pour le mal qu'il en avait reçu.

Au mois de décembre de l'année 1806, M. Sautereau fut

appelé pour donner ses soins à un manouvrier de Rosay,
nommé Cerceau, pour une fracture de la jambe. Le froid était
extrême; le pauvre malade et sa femme qui le gardait n'a-
vaient pas une grande provision de bois; mais ils savaient que
leur docteur voyait des malades à Lagrange, et que les excellents habitants de cette maison étaient toujours disposés à
venir au secours des malheureux. Ils le prièrent donc d'implorer la charité de madame Lafayette pour avoir de quoi se
chauffer. M. Sautereau leur promit de s'acquitter de leur
commission avec d'autant plus de plaisir, qu'il était persuadé
que leur demande serait bien accueillie. Le lendemain, en faisant sa visite à Lagrange, il exposa à madame Lafayette les
besoins de son blessé et la nécessité d'entretenir près de lui
du feu, jour et nuit, à cause du froid excessif qu'il faisait. Madame Lafayette, interpellant son mari qui était présent, lui
demanda s'il ne serait pas possible d'autoriser ces bonnes gens
à prendre un quart de bois à charbon dans la Garenne : « Hé!
« ma chère amie, donnez-leur plutôt une demi-corde; les
« pauvres malheureux ne seront pas obligés de revenir si
« souvent; » et ce qui fut conseillé fut fait.

Voici encore, me disait M. Sautereau, un trait d'humanité
et de délicatesse de Lafayette qui mérite bien d'être conservé
La femme d'un ancien médecin de Rosay faisait un commerce d'eau-de-vie pour aider son mari à vivre honorable-
ment; mais elle n'avait ni l'ordre ni l'économie nécessaires pour
faire de bonnes affaires. Elle souscrivit un billet à ordre de
quatre cents francs, au profit d'un particulier de Berney
(village voisin du château de Lagrange). Ce billet n'ayant pu

être payé à l'échéance fut protesté; la débitrice, fort embar-
rassée, comptant sur l'extrême bonté de Lafayette, alla le
supplier de la tirer d'embarras. Celui-ci, touché de sa position, consentit à solder son billet, bien qu'il soupçonnât
son insolvabilité. Peu de temps après, Lafayette demande à
M. Sautereau si la dame qu'il avait obligée était en état de
de le rembourser, comme elle le lui avait promis. M. Sautereau lui répondit que, dans le pays, elle passait pour être
ruinée; qu'elle vendait peu à peu son mobilier; mais qu'il
lui restait encore quelques bons tableaux, et qu'il pensait
que ce ne pouvait être qu'en les acceptant qu'il serait
remboursé de ce qu'elle lui devait. « J'aime mieux, ré-
« pondit Lafayette, n'être jamais payé que de l'être de
« cette manière, et je me réjouis de pouvoir offrir en
« don à cette pauvre femme ce que je lui avais avancé à titre
« d'emprunt. » Il est bon d'observer que le mari de cette
dame n'avait jamais été appelé à Lagrange comme médecin; que Lafayette ne le connaissait pas même personnellement, et que par conséquent sa conduite généreuse n'était
pas dictée par la reconnaissance, mais uniquement par le
desir de faire du bien.

Pendant la famine de l'année 1817, la misère était à son
comble à Lagrange, et le château nourrissait tous les pauvres du pays et ceux des communes voisines; on en voyait
jusqu'à 700 par jour; on leur faisait des soupes économiques;
on leur donnait du pain et de l'argent; mais les bourses
et les greniers se vidaient avec trop de promptitude pour atteindre la fin de la saison. Vers le mois de juin on tint con-

seil de famille au château, pour aviser aux moyens de subvenir aux besoins de tant de malheureux. On observa à Lafayette qu'il était impossible de continuer la distribution que l'on faisait, sans quoi, avant six semaines, il n'y aurait plus rien dans la maison. « Eh bien, dit Lafayette, il y a un moyen « très simple de résoudre ce problème difficile; nous pouvons « vivre en Auvergne : en nous retirant à Chavaniac, nous « abandonnerons aux pauvres ce que nous aurions consommé « en restant à Lagrange; ce sera le moyen de prolonger leur « existence jusqu'aux moissons. » Ce qu'il proposait fut reçu avec joie par sa digne famille, et mis à exécution.

Pendant le choléra-morbus, qui désola les environs de Lagrange, en 1832, Lafayette, malgré les instances de sa famille, voulut absolument se rendre à sa campagne pour donner des secours aux victimes de cette horrible épidémie, et emmena avec lui le docteur Thierry. Les médicaments qu'il avait emportés, sa glacière, une quantité considérable de flanelle, de linge, de couvertures de laine, et on peut dire toute sa maison, furent à la disposition des villages voisins. Pendant toute la durée de ce fléau, me disait M. Sautereau, duquel je tiens les détails suivants, Lafayette fut admirablement secondé par son fils et par ses filles, mesdames de Maubourg et de Lasteyrie. M. George et ses sœurs avaient fait venir à Lagrange un jeune médecin recommandable par son zèle et son activité, M. Cardinal. Ensemble ils visitaient les villages et les maisons où se trouvaient des malades; ils étaient nuit et jour en mouvement pour porter des secours et des consolations aux malheureux

cholériques auxquels ils servaient de garde-malades, et
qu'ils étaient parfois obligés d'ensevelir, et même d'enterrer,
quand ils avaient succombé. Un pensionnat de demoiselles,
à Court-Palais, dirigé par madame Ducloselle, avait été con-
verti par eux en une vaste pharmacie qui fournissait des
médicaments à tous les malades, riches ou pauvres indiffé-
remment. Les villageois, frappés de terreur par l'épidémie,
effrayés de ses progrès rapides, s'enfuyaient en abandon-
nant les malades : chacun, dans ce danger commun, ne
pensait qu'à soi; mais l'arrivée de M. George et de ses
sœurs ranima leur courage : ils commencèrent à les suivre
dans les maisons : honteux de leur faiblesse, convaincus,
par l'exemple, de la non contagion de la maladie, ils
consentirent enfin à soigner ceux des leurs qui étaient atta-
qués par le choléra. « Des personnes, » me disait M. Sautereau, « qui sont à même d'estimer les dépenses que fit La-
« fayette, à l'occasion du choléra-morbus, les portent à
« 38,000 francs. »

Vers la fin de l'automne dernier j'étais allé à Lagrange pour
voir M. Jules de Lasteyrie, qui était gravement indisposé.
Il n'y avait d'étrangers au château que la famille du comte
d'Alva et le major anglais M. Frye. Après le dîner, le salon
se trouva bientôt rempli de paysans infirmes ou malades,
qui, sachant que j'étais arrivé, étaient venus dans l'intention de me consulter. Madame de Maubourg leur servait
de guide et d'interprète. Ils étaient accueillis par les membres
de la famille et par son vénérable chef, avec une bonté tout
évangélique : j'avais devant les yeux le tableau de la cha-

rité. On voyait sur le visage de ces infortunés, dans leurs gestes et leurs expressions, combien l'accueil et les consolations qu'ils recevaient à Lagrange remuaient profondément leur ame; l'effusion de leur reconnaissance était vive, parfois bruyante, mais sincère.

Le fait suivant, quelque simple qu'il soit, vous prouvera jusqu'à quel point les habitants du pays aimaient Lafayette. Il y a environ trois semaines, je fis en cabriolet un voyage à Lagrange. Je ne sais par quelle fatalité je me trompai de route et m'égarai au milieu des terres labourées; la nuit était close. Après bien des allées et des venues inutiles, je désespérais presque de retrouver mon chemin, quand j'aperçus au loin une faible lumière : je me dirigeai vers cette étoile de salut, et j'arrivai à la porte d'une chaumière. La vieille femme qui l'habitait allait se coucher. Dès qu'elle sut que je voulais me rendre à Lagrange, elle se rhabilla à la hâte, mit ses sabots, se couvrit d'une espèce de manteau dont les pièces nombreuses attestaient les efforts de son économie pour s'opposer aux ravages du temps; elle ferma sa porte et eut la bonté de me conduire plus d'un quart de lieue par des chemins de traverse détestables. Tout en marchant, elle m'entretint, dans son langage, de la perte que le pays avait faite dans la personne du *bienfaisant Lafayette*, et me fit entendre qu'en me servant de guide elle acquittait une dette de reconnaissance à sa mémoire. Lorsque nous nous séparâmes, la bonne vieille refusa mes remerciements. J'étais aussi touché de la bonté de cette femme, que j'avais été heureux de la rencontrer, car sans elle il est probable que j'aurais été obligé d'attendre le jour pour arriver à Lagrange : nous en étions alors à plus de deux lieues.

Je ne chercherai pas, mon cher monsieur, à vous dépeindre les sensations pénibles qu'on éprouve en visitant Lagrange depuis la mort de Lafayette. A mesure qu'on approche de ce lieu qu'il avait tant chéri, le cœur s'attriste d'avantage. Les beaux lierres plantés par Fox ne paraissent plus aujourd'hui, par leur sombre feuillage, qu'un voile funèbre qui couvre le château. A chaque pas, on rencontre un souvenir douloureux. Les appartements du général sont fermés ; le deuil des membres de la famille et des personnes de la maison est en harmonie avec la tristesse qui règne sur cette terre, qu'embellissait, il y a bien peu de temps encore, l'homme qui lui donnait la vie. Bastien y est retiré, avec sa femme, comme gardien du château [1]. Le général l'avait légué à ses enfants : en le plaçant à Lagrange, ils ne pouvaient mieux remplir les intentions de leur père.

Tels sont, mon cher monsieur, les souvenirs qui me sont restés sur Lagrange. Je ne terminerai pas cette lettre sans vous dire quelques mots d'une autre propriété dont il a déjà été souvent question : c'est le château de Chavaniac, où

---

[1] Bastien (Sébastien Wagner), que je cite souvent dans ces lettres, peut avoir maintenant une cinquantaine d'années. C'est un homme paisible, sobre, honnête, plein de bon sens, et aussi attaché à ses devoirs qu'à ses maîtres. Il est pour moi le type de ces honnêtes serviteurs qui consacrent leur vie à la famille qui les adopte, et dont ils font réellement partie. Ex-militaire, il avait d'abord suivi le général Carbonel. Connaissant ses bonnes qualités, M. Carbonel le fit passer, en 1819, au service de Lafayette. Depuis cette époque, il ne l'avait pas quitté.

naquit Lafayette. La vue que je vous en présente a été faite
d'après un joli dessin qui appartient au général Carbonel.

Chavaniac est un petit village de quarante feux environ,
qui peut contenir deux cent cinquante à trois cents ames de
population. Il est situé à trois lieues de la rive droite de
l'Allier, dans le département de la Haute-Loire, canton de
Paulhoquet, arrondissement de Brioude, qui faisait partie
de l'ancienne Auvergne. La propriété de Chavaniac est
maintenant peu considérable, ayant été morcelée à l'époque
des confiscations : le château lui-même avait été vendu
comme propriété nationale; il fut ensuite racheté par une
tante de M. George Lafayette.

La nature des terres de Chavaniac varie suivant qu'elles sont plus ou moins élevées, placées plus près ou plus loin des rochers. Il y a des bois, des prés et un joli ruisseau, comme on l'observe dans la plupart des villages de montagnes.

Cette propriété n'est pas, depuis bien long-temps, dans la famille Lafayette : elle y a été apportée par la mère ou la grand'mère du général. Le château a été brûlé, et fut reconstruit, en 1701, comme l'indique une inscription qu'on y voit encore. Lafayette y naquit le 6 septembre 1757. On aimerait à y retrouver des objets qui pussent rappeler les premiers temps de sa vie; mais M. George lui-même n'a jamais pu savoir seulement dans quelle chambre du château son père était né. Il ne reste d'autre souvenir matériel de l'enfance du général qu'un portrait de lui, à l'âge de neuf à dix ans.

LETTRE DOUZIEME.

Paris, 7 novembre 1834.

Lafayette passait les hivers à Paris. Il y séjournait, quelle que fût la saison, pendant les sessions des Chambres ou lorsque des affaires importantes le forçaient à renoncer à la vie des champs. Depuis une quinzaine d'années environ, il habitait une partie d'un grand hôtel, n° 6, rue d'Anjou-Saint-Honoré. Son appartement, situé au premier étage, se composait de vastes pièces, placées à la suite les unes des autres, correspondant à la façade de l'hôtel, et ayant chacune leurs dépendances et communications : ainsi l'antichambre, le salon, le cabinet de travail et la chambre à coucher, qui se trouvait à l'extrémité de l'appartement, pouvaient, par l'ouverture de leurs portes à deux battants, se convertir en une sorte de longue galerie : ce qui avait lieu les jours de réception. L'ordre, la simplicité, la propreté qui régnaient au château de Lagrange, distinguaient aussi la maison de Lafayette à Paris. Je pense, monsieur, que vous aimerez à conserver la mémoire de la chambre dans laquelle, entouré de ses enfants et de ses amis, cet excellent homme a rendu le dernier soupir, et je vais vous la décrire succinctement. J'ai copié le trait que je vous envoie, d'après un dessin qu'en a fait prendre madame de Maubourg, après la mort de son père. Vous vous apercevrez facilement que les règles de la perspective ont cédé à la nécessité dans laquelle se trouvait le peintre, de représenter à-la-fois tout ce qui se trouvait dans cette pièce. L'exactitude était la chose essentielle à conserver, et c'est ce qu'a fait l'artiste. L'explication suivante vous servira de description :

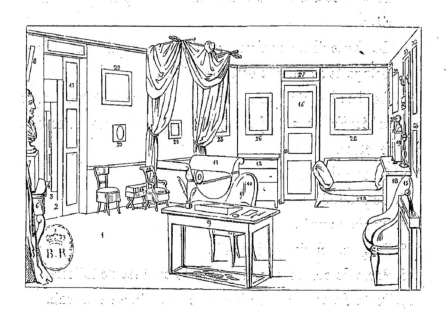

   1. La chambre à coucher, dont la porte est à demi ouverte, et laisse voir,

   2. Le cabinet de travail,

   3. Le salon,

   4. L'antichambre,

   5. La porte d'entrée de l'appartement.

   6. Console placée entre les deux fenêtres et supportant

   7. Le buste de Washington, modelé en terre par Houdon, surmonté par

8. Le portrait de Kosciusko, offert par les Polonais au général Lafayette, le jour de la naissance de cet illustre défenseur de la liberté polonaise.

9. Bureau d'acajou, placé au milieu de la chambre, en face du buste de Washington, garni d'un pupitre mobile, et de ses accessoires; au-dessous est un petit tapis et derrière

10. Le fauteuil en acajou, garni en maroquin vert, dont Lafayette se servait pour travailler.

11. Le lit : les rideaux, soutenus par des flèches, sont en étoffe de soie jaune, ainsi que les draperies des fenêtres.

12. La commode.

13. Le canapé.

14. Table de nuit.

15. Bergère, chaise et fauteuil.

16. Porte de communication avec le cabinet de toilette.

17. Porte de communication avec le cabinet de travail.

18. Cheminée de marbre noir, garnie de flambeaux et d'une

19. Pendule donnée à Lafayette par madame de Tracy; soutenue par quatre petites tortues qui lui servent de pieds, surmontée par le buste de Washington, elle offre au-dessous du cadran un petit bas-relief en bronze qui représente la capitulation de lord Cornwallis.

20. La glace avec ses deux candélabres.

21. Écran en acajou, garni de soie.

22. La mort du général Warren, à la bataille de *Bunker's-Hill*. Gravure.

23. Portrait du général Lafayette : ouvrage de dames qui lui en avaient fait hommage. Grande miniature.

24. Tableau de l'entrée du château de Lagrange, peint et offert à Lafayette par madame Joubert.

25. Un grand cadre contenant une vignette qui représente l'ange de la Pologne en prière, avec ces mots écrits au-dessous : *Hommage de reconnaissance.* Suivent les signatures de soixante-quinze Polonais qui ont offert ce tableau à Lafayette ;

26. Les adieux du général Washington au peuple des États-Unis (*farewell-address*). Gravure.

27. Déclaration d'indépendance des États-Unis. Gravure.

28. La déclaration d'indépendance des treize États-Unis : gravure offerte au général Lafayette par une résolution du Congrès, en mai 1824.

29. Gravure représentant le serment du jeu de Paume : d'après David.

30. La constitution des États-Unis du nord.

31. Le portrait lithographié du général espagnol José Torrijos, victime d'une trahison, et mis à mort le 11 décembre 1831.

32. Cadre donné par les Polonais. Il renferme, dans un médaillon entouré de quatre camées en émail, les restes d'un drapeau pris sur les Russes, avec cette inscription gravée derrière, sur une plaque d'or : *Contemplez les lambeaux du premier drapeau enlevé à notre puissant ennemi : tous nos trophées ont disparu ; il viendra un temps où ils reparaîtront. Nous nous sommes échappés*

avec ces faibles lambeaux. Acceptez, général, de nos mains ce souvenir. Nous vous le remettons au moment où nous célébrons notre gloire et notre deuil : nous vous le déposons comme un hommage d'affection nationale.

33. La déclaration des droits de l'homme et du citoyen, proposée par Lafayette à l'Assemblée nationale, à Versailles, en 1789.

34. Portrait lithographié de M. Dupont (de l'Eure), donné par M. Dupont à Lafayette.

Lafayette employait comme secrétaire M. Berger, jeune homme studieux, instruit et d'une grande douceur de caractère; il avait de l'affection pour lui et le traitait avec beaucoup d'égards. Le personnel de sa maison était peu nombreux : ses deux ou trois domestiques et son cocher n'étaient point couverts de ces livrées brillantes, indices du faste et de la vanité des maîtres : leurs vêtements simples et leur attachement à sa personne lui paraissaient préférables. Sa voiture était propre, des plus modestes, mais à la disposition de ses enfants et de ses amis, quand il ne s'en servait pas.

Les occupations de Lafayette à Paris étaient multipliées : outre les fonctions publiques qu'il avait à remplir comme député, et dont il s'acquittait avec une consciencieuse exactitude, il devait de plus assister à diverses réunions, comités, sociétés de secours, d'instruction populaire, etc., dont il faisait partie, et trouvait encore du temps pour soigner ses affaires domestiques et se livrer à l'étude.

Lafayette aimait le monde, et, quand il ne restait pas

à travailler chez lui, il allait passer la soirée avec ses parents
ou ses amis. Souvent il dînait en famille, et presque tous
les dimanches chez M. Destutt-Tracy, père de sa belle-fille,
Mme George Lafayette. Il chérissait comme siens les enfants
de son vieil ami : sa belle-fille, M. et Mme Victor de Tracy,
M. et Mme de Laubespin, et certes ces personnes étaient
bien dignes de toute son affection par leurs excellentes
qualités et le tendre respect qu'elles lui portaient. Après
le dîner, la meilleure société de Paris venait se joindre à ces assemblées de famille qui ne finissaient que fort
avant dans la nuit. Lafayette se retirait ordinairement à dix
heures.

Si quelque auteur de sa connaissance faisait représenter une
pièce nouvelle, Lafayette allait volontiers au théâtre avec
ses enfants : quelquefois il assistait aux représentations à bénéfice; et préférait le Théâtre français et les Italiens aux autres.
Il se rendait également aux bals ou aux concerts qu'on donnait en faveur des pauvres et des réfugiés; il se faisait un
devoir d'accepter les invitations aux banquets patriotiques,
et n'a jamais manqué à la réunion américaine du 4 juillet :
il était heureux de se retrouver au milieu de ses enfants
adoptifs dans ces fêtes nationales auxquelles vous avez assisté, et dont je m'abstiens de vous parler. Je vous transcris
seulement une de ses lettres écrite en anglais, dans laquelle
il parle des banquets américains.

Chavaniac, 16 thermidor.

« Le jour même où vous m'écriviez de Boulogne, mon cher
« Masclet, j'étais en route pour aller visiter ma ville natale,
« ce qui vous explique naturellement le retard qu'éprouve ma
« réponse. Je vous remercie de tout mon cœur d'avoir bien
« voulu me sacrifier quelques uns de vos moments d'occupa-
« tion ; aussi ne saurais-je mieux vous en témoigner ma re-
« connaissance qu'en vous écrivant le 4 août, anniversaire si
« cher à tous les amis de la liberté et de l'égalité. J'ai trouvé
« ma bien-aimée tante en bonne santé et le cœur plein de séré-
« nité. On m'a fait dans mon pays une réception flatteuse, et
« si j'y avais été propriétaire ou domicilié, il m'aurait été dif-
« ficile d'éviter d'y être nommé dans le conseil-général de dé-
« partement. Ma femme et Virginie sont dans la ci-devant
« Bretagne, où elles viennent d'être arrêtées sur le grand che-
« min par un parti de royalistes qui se sont emparés de plu-
« sieurs sacs d'argent, sans que cependant elles aient rien
« perdu. George mène une vie plus tranquille, quoique fai-
« sant partie de l'avant-garde dans l'armée d'Italie. Le jeune
« couple et leur enfant nous attendent à Lagrange où j'espère
« être de retour vers le 15 fructidor.

« Le dîner américain dont vous me faites votre compliment
« a été sous tous les rapports fort agréable, sur-tout pour
« votre ami. Kosciusko et Barbé-Marbois étaient comme moi
« au nombre des convives. Pendant mon court séjour à Paris,
« mon temps s'est passé presque entièrement en visites de
« condoléance aux veuves et aux orphelins de mes ver-
« tueux amis ; j'ai eu le plaisir d'en trouver quelques uns

« encore vivants. Nous avons été, Latour-Maubourg et moi,
« voir le Premier Consul tout récemment de retour de son
« glorieux et miraculeux voyage. Nous avons lieu d'être sa-
« tisfaits de la manière dont il nous a reçus.

« Vous m'avez parlé de votre discours du 4 juillet : puis-je
« espérer d'en avoir une copie? La dernière lettre que j'ai
« reçue de votre jeune ami George est déjà d'une date an-
« cienne. Il partait de Milan pour Brescia avec son régiment,
« le onzième de hussards, qui, à l'exception d'un détache-
« ment d'ancienne formation, n'a pas eu le bonheur d'être
« à Marengo : Masséna est général en chef, Dupont chef
« d'état-major, Davoust général de la cavalerie. Je crois avoir
« répondu à toutes vos questions bienveillantes. Quand me
« sera-t-il permis de le faire de vive voix? En attendant soyez
« assez bon pour présenter mes respects affectueux à votre
« dame, et croyez que je suis avec tous les sentiments d'une
« estime sincère et d'un tendre attachement,

                        « Votre ami pour toujours,

                                « L. F.

« Je joins ici une lettre pour notre ami Dyson. Je désire
« qu'elle lui parvienne, car elle contient plusieurs questions
« sur l'agriculture. J'invite Dyson à venir nous visiter, en
» l'assurant que de ce côté de la Manche, vous lui en don-
« neriez toutes les facilités; mais je doute que l'inquisition
« de M. Pitt puisse permettre une semblable visite[1].

                        Chavaniac, 16 thermidor.
« [1] On the very date of your letter from Boulogne, my dear Masclet, I was
« travelling the road to my native place, which for the delay of my answer is

Pendant l'hiver Lafayette recevait ordinairement tous les mardis. Il était peu d'hommes distingués à Paris, Français ou

---

« an obvious apology. I heartily thank you to have spared for me some of
« your busy time, nor can I better acknowledge it than in writing to you on
« the 4th of August, an anniversary so dear to all friends of equality and
« liberty. I found my beloved aunt in good health and spirits. I have been
« well received in my country, and would have found it difficult to disentangle
« myself from a place in the *conseil général de département*, had I not happened
« to be neither proprietor therein nor domiciliated. My wife and Virginia are
« in the *ci-devant* Bretagne, and have been lately stopped on the highway by
« a royal party, who took off some bags of money in which they had no share.
« George has a more peaceful time of it, although in the vanguard of the
« Italian army. The young couple and their child wait for us at Lagrange.
« where I purpose to be returned by the 15th Fructidor.

« The American dinner, on which you congratulate me, was in every respect
« very agreeable, particularly so to your friend. Three of the messmates were
« Kosciusko, Barbé Marbois, and myself. My short stay in Paris was chiefly
« taken up in mournful visits—widows and orphans of my virtuous friends ;
« some living ones I had the pleasure to meet with. We waited, Latour Mau-
« bourg and myself, on the First Consul, lately returned from his glorious,
« miraculous journey, with whose reception we had every reason to be
« satisfied.

« You have mentioned to me your speech of the 4th of July. Could I be
« favoured with a copy of it ? My last letter from your young friend George
« is very old. He was setting out from Milan to Brescia with his regiment,
« the eleventh of hussards, who, excepting a detachment of an old forming,
« had not the good fortune to be at Marengo. Massena is commander in chief ;
« Dupont, chef d'état-major, Davoust, general of the horse. Thus I have
« answered your kind inquiries. When can I have the happiness to do it
« verbally ? In the mean while be pleased to present my affectionate respects
« to your Lady ; and believe me, with every sentiment of sincere regard and
« tender attachment, Your friend for ever, L. F. »

« Here is a letter to our friend Dyson I wish very much it may reach him,
« as it contains many agricultural queries. I invite Dyson over, telling him
« that on this side every facility would be given by you. Whether Mr. Pitt's
« inquisition may be so sociable as to admit of such a visit, I much question. »

étrangers, qui n'aient tenu à honneur de lui rendre visite
et d'être admis à ses soirées. Ordinairement il suffisait de
se présenter chez lui pour y trouver cette hospitalité du
premier âge, qui est passée en proverbe, et qu'il est si rare
de rencontrer aujourd'hui; aussi son vaste appartement était-
il toujours rempli de monde. Les deux Amériques, l'Angleterre, l'Italie, la Pologne, l'Espagne, le Portugal semblaient
avoir fourni leur contingent, l'élite de leurs habitants, pour
fraterniser avec nos compatriotes. Les parents du général,
ses amis, des voyageurs, des savants, des jurisconsultes, des
littérateurs, des diplomates, des industriels se trouvaient
indistinctement à côté les uns des autres et pouvaient faire
un échange mutuel de leurs connaissances dans les conversations qui s'établissaient entre eux, et qui étaient presque toujours d'un piquant intérêt. Ce commerce intellectuel était
fort animé : il faisait des réunions de Lafayette une sorte de
congrès de toutes les intelligences et de tous les bons sentiments, les seuls qui eussent cours chez lui. Chacun y apportait, selon sa spécialité et sa capacité, le tribut de ses veilles,
de son expérience, et s'enrichissait de ce qu'on lui donnait en
retour. Les intérêts généraux ou particuliers de la société,
les connaissances théoriques ou pratiques, les événements de
l'histoire moderne, devenaient successivement le sujet des
entretiens dans les groupes qui se formaient au milieu de
ces grandes assemblées : là tous les faits, toutes les opinions,
étaient exposés, commentés en pleine liberté ou éclaircis
par une discussion qui demeurait toujours dans les bornes
de la bienséance. En se retirant à la fin de la soirée, chacun

avait fait sa récolte; chacun avait la certitude d'avoir employé son temps d'une manière utile et agréable, au profit de son intelligence ou de celle des autres.

Sous le toit hospitalier de l'homme des deux mondes, les hôtes de Lafayette venaient resserrer les liens d'estime et d'amitié qui doivent exister entre tous les peuples. L'étiquette, les préséances étaient bannies; l'égoïsme national avait disparu entre eux; ils étaient affables, prévenants les uns pour les autres, et faisaient assaut de politesse et de bons procédés. Il était impossible de voir plus d'harmonie entre des personnes étrangères et si différentes par leur esprit, leurs occupations et leur position sociale. Chez Lafayette tout le monde se sentait à l'aise: on se liait facilement de conversation et souvent même d'amitié, avec les personnes qu'on y rencontrait: on s'y trouvait réellement dans une atmosphère de bienveillance.

Les dames de la famille et celles qui avaient été présentées, parées avec autant de goût que de décence, assises en cercle, formaient une sorte de guirlande autour de ces charmantes réunions, dont elles étaient l'ornement, et qu'elles égayaient par les grâces de leur esprit. Quelquefois dans une des pièces voisines du salon, les jeunes personnes se livraient, au son du piano, aux exercices d'un petit bal improvisé.

Au milieu de ces assemblées nombreuses, paraissait le vénérable chef de la famille. Presque toujours debout, il était infatigable. Il semblait se multiplier pour recevoir avec politesse ou accueillir avec bonté les personnes qui se présentaient, ayant toujours quelque chose d'aimable ou d'affec-

tueux à dire à chacune d'elles. La chaleur était étouffante :
on faisait cercle autour de lui ; pour lui permettre de respirer, et pour mieux le voir ou saisir ses paroles. S'il voulait se
déplacer, recevoir quelque nouvelle visite, le cercle s'ouvrait à l'instant : on s'empressait de lui laisser le passage libre. L'intérêt, le respect, l'admiration, étaient empreints sur
toutes les physionomies. Vous dire les personnes distinguées
que j'ai vues chez Lafayette, serait chose impossible, elles
formaient la majorité dans ses réunions : vos compatriotes y
étaient en grand nombre. M. Fenimore-Cooper y assistait
souvent. C'est, je vous avoue, un des hommes que j'avais le
plus envie de connaître. L'expression de sa figure indique la
supériorité de son génie. Son regard semblait planer sur les
salons de Lafayette, qui ont dû lui fournir de bien précieuses
observations.

    Après la révolution de 1830, lorsqu'il était investi du com-
mandement des gardes nationales du royaume, Lafayette
recevait dans les vastes salons de l'état-major : la foule
y était encore plus grande. Revêtu d'un uniforme auquel se
rattachent tant de souvenirs glorieux et qu'il portait avec
dignité, il recevait les nombreuses députations des départements et savait toujours les remercier avec grâce et les entretenir, à propos, de ce qui pouvait les intéresser le plus. Il
accueillait ses compagnons d'armes avec cette cordialité que
lui inspirait son affection pour la grande et noble institution
qui les avait créés soldats-citoyens.

    En 1826, sous la restauration, Gohier, dernier président
du directoire exécutif, passait la soirée chez Lafayette. Son

œil observateur avait remarqué plusieurs personnes d'une réputation suspecte et dont il croyait la présence déplacée dans les réunions de son ami. Il lui en fit l'observation. « Que « voulez-vous, répondit celui-ci, il y a des gens qui ne peu-« vent pas me perdre de vue : il faut bien qu'ils sachent ce « qui se passe chez moi. Si j'habitais une maison de cristal, « je laisserais leurs envoyés dans ma cour. »

Souvent dans les salons de Lafayette on s'occupait d'œu-vres de bienfaisance ou d'utilité publique ; on y faisait des quêtes ; on y ouvrait des souscriptions ; on y plaçait les bil-lets de ces loteries improvisées dont le but est aussi honora-ble que les résultats en sont utiles pour les infortunés en fa-veur desquels on les ouvre.

Notre célèbre peintre de marine, M. Gudin, dont j'apprécie depuis long-temps la bonne amitié, était lieutenant d'artille-rie de la garde nationale, à l'époque des derniers désastres de la Pologne. Sensible à ces mouvements généreux qu'exci-tent les malheurs d'un peuple opprimé, il eut l'idée d'em-ployer son beau talent au soulagement des anciens alliés de la France. Il fit un tableau représentant un paysage d'Afrique, sous un ciel sombre et orageux, et l'envoya à Lafayette, avec une lettre pour l'engager à le mettre en loterie ; le montant devait en être transmis aux nobles enfants de la Pologne. La-fayette accepta avec joie cette occasion de faire une bonne œuvre ; il écrivit à l'artiste la lettre que je vous transcris :

« C'est avec tous les sentiments de reconnaissance pu-« blique et personnelle, monsieur, que j'ai reçu votre beau « tableau et votre excellente lettre. Le premier a été exposé

« à l'admiration des personnes qui viennent chez moi, et sa
« noble destination sera remplie. Le témoignage d'estime
« et d'amitié que vous me donnez me sont bien précieux.
« J'y réponds par une réciprocité de sentiment dont je vous
« prie d'agréer ici l'expression.

« LAFAYETTE. »

Paris, 24 mars 1831.

Lafayette se chargea lui-même de faire écrire les billets
qu'il eut bientôt placés parmi les personnes de sa société.
Le produit de cette loterie surpassa de beaucoup les espérances qu'il en avait conçues et les fonds furent envoyés au
comité polonais. Le sort, autant que je puis me le rappeler, favorisa madame de Flahaut, qui devint propriétaire
du tableau.

M. Gudin était lié depuis long-temps avec le général et
reçu dans sa famille. Élevé en Amérique, il avait puisé dans
votre pays, avec les éléments d'une bonne éducation, les
inspirations de son talent et ses premiers sentiments de vénération pour le caractère et les vertus de Lafayette.

L'affection que les Américains avaient, en effet, pour
Lafayette était générale, et ne s'est jamais démentie dans les
diverses circonstances où ils ont été à même de lui en
donner des preuves, soit comme nation, soit individuellement. Un de nos honorables compatriotes, qui a passé plusieurs années en Amérique, M. Delagrange, ancien avocat
à la cour de cassation, me rapportait il y a environ deux
mois des anecdotes relatives à Lafayette. Je le priai de me
transmettre par écrit les faits dont il avait été témoin, et je

me fais un plaisir de vous communiquer la lettre qu'il a eu
la bonté de m'écrire à ce sujet :

« Monsieur,

« Je me fais un devoir et un plaisir de vous retracer
quelques anecdotes que vous avez jugées dignes de figurer
dans votre *Vie privée* de notre grand citoyen, le général
Lafayette. Elles sont autant de preuves nouvelles de la touchante gratitude et de l'admiration presque religieuse que
la nation américaine lui avait vouées.

« Réfugié à Philadelphie, en l'année 1796, je fus invité
à une soirée chez le colonel Johnston. Les dames étaient
en cercle dans le salon ; je causais avec le colonel, devant
la cheminée, lorsque je m'aperçus que tous les regards de
ces dames se portaient sur moi, et qu'elles se parlaient à l'o-
reille. Inquiet, comme tant d'autres l'auraient été à ma place,
sur le motif de cette attention générale, je priai mon interlocuteur de s'en enquérir auprès de sa femme. Il revint
bientôt me dire de me rassurer ; que les regards et les conversations dont j'étais l'objet n'avaient rien que de flatteur
pour moi, puisqu'ils avaient pour cause *la ressemblance
que ces dames trouvaient entre leur bien-aimé général et moi.*
Le colonel ajouta, en plaisantant : « L'impression que cette
« ressemblance a faite sur ces dames, est telle, que je crois
« pouvoir vous assurer que, si vous n'étiez déja marié, il ne
« vous serait pas difficile de trouver ici une compagne. »

« Quelques années plus tard, lorsque certains nuages politiques, entre la France et les États-Unis, furent dissipés,

il fut question de nommer réciproquement des ministres
plénipotentiaires. Le brave et patriote vicomte de Noailles,
réfugié comme moi à Philadelphie, et dont je suis glorieux
d'avoir possédé l'amitié et la confiance, reçut de France
l'avis que son proche allié, le général Lafayette, avait été
nommé à la légation près les États-Unis. Devenue publique
en quelques heures, cette nouvelle excita une allégresse
universelle; et chacun de hâter, par ses vœux, l'arrivée du
ministre adoré. A quelques jours de là, on vit monter dans
la Delaware un bâtiment qui avait l'apparence d'une frégate; et, comme il fit et reçut le salut en passant devant
le fort Mifflin, on ne douta plus, précisément parceque
chacun le desirait, que ce ne fût une frégate française, ayant
à son bord le général Lafayette. En dix minutes, les quais
furent couverts de plus de vingt mille citoyens, jaloux
d'accueillir les premiers l'enfant adoptif du pays. Jugez
de leurs regrets et de leur désappointement, lorsque le
bâtiment, vu de plus près, fut reconnu pour un gros navire
revenant de l'Inde!

« Cette profonde et sincère affection des Américains pour
notre illustre général devait le suivre en France. Sans
parler de la commémoration annuelle du 4 juillet, où la
meilleure partie des vœux et des hommages était pour
lui, je dois vous citer un trait particulier, dont je ne per-
drai jamais le touchant souvenir. Conseil du général, j'é-
tais en conférence avec lui dans mon cabinet; survint un
citoyen des États-Unis, que mon sécrétaire invita à attendre, en lui disant que j'étais occupé avec le général

Lafayette. Lorsque nous sortîmes de mon cabinet, l'Américain, les yeux baignés de larmes, lui prit les mains, les baisa avec une respectueuse ardeur, en lui disant : « Le « vœu de toute ma vie est donc exaucé! J'ai le bonheur de « contempler enfin le bienfaiteur de mon pays, l'un des fon- « dateurs de nos libertés. J'étais enfant, lorsque vous com- « battiez pour notre indépendance. Je me souviens que mon « père me conduisit au camp, pour me procurer le bonheur « de vous voir. Mais cette impression légère de l'enfance « ne pouvait me suffire. Celle que je reçois aujourd'hui ne « s'effacera jamais de mon cœur! » Inutile de vous dire com- bien l'excellent général fut touché de cette rencontre; avec quelle affection il répondit aux hommages du bon et reconnaissant Américain.

« Veuillez agréer, monsieur, l'assurance de ma considé- ration distinguée.

« J. M. DELAGRANGE. »

LETTRE TREIZIÈME.

Paris, 18 novembre 1834.

Les hommes méchants ou égoïstes, étrangers aux affections douces, mais aussi aux grandes peines de l'ame, ont,
par cela même, une constitution moins susceptible d'être
dérangée par une foule de circonstances, que les hommes
bons et sensibles : mauvais cœur et bon estomac sont pour
eux les éléments de la santé robuste qu'ils conservent souvent
pour le tourment de leurs semblables. Nous allons trouver,
au contraire, une nouvelle preuve de l'influence fâcheuse
des affections morales sur la santé de Lafayette, dans l'histoire de sa dernière maladie. La sympathie, la vive affection qu'il avait pour les hommes qui se consacrent à l'utilité
publique, la profonde affliction qu'il éprouvait quand il
leur arrivait quelque malheur, furent, en effet, les causes
premières de la cruelle affection qui vient de le conduire
au tombeau.

Le duel politique qui coûta la vie à M. Dulong, député de
l'Eure, et auquel, en ma qualité de chirurgien, j'avais eu la
douleur d'assister, frappa cruellement le cœur de Lafayette.
Comme ce funeste événement se rattache à notre sujet,
sans entrer dans aucun détail sur les circonstances qui l'ont
amené et qui ont été rapportées dans les journaux, je vous

relaterai seulement les faits dont j'ai été témoin et dont le souvenir me pénètre encore de douleur. -

J'ignorais qu'une rencontre dût avoir lieu entre deux membres de la Chambre des Députés, M. Dulong et M. le général Bugeaud, lorsque le 28 janvier, à dix heures du soir, l'un de mes amis vint me demander, comme un service personnel, de vouloir bien assister à ce duel, qui devait avoir lieu le lendemain matin, au bois de Boulogne : on devait se battre au pistolet. Quelque répugnance que j'éprouve de me trouver à de semblables scènes, plus affreuses encore, je crois, pour nous, que ne l'est une exécution publique pour le pauvre ecclésiastique qui accompagne un condamné jusqu'au pied de l'échafaud, je ne crus cependant pas pouvoir refuser, dans l'espérance qu'en cas d'accident, mon ministère pourrait être utile à celui des combattants qui serait blessé. Je fus, je vous l'avouerai, très malheureux toute la nuit, en pensant au triste rendez-vous auquel j'avais promis de me trouver !

Le lendemain matin à 9 heures, une voiture vint me chercher : j'y montai avec mon ami le docteur Girou. J'y trouvai M. Dulong avec ses deux collègues, MM. George Lafayette et César Bacot, qui devaient lui servir de témoins. Nous fûmes d'abord à l'hôtel de M. Dulong, rue de Castiglione, pour chercher la boîte aux armes, et de là nous nous dirigeâmes vers le bois de Boulogne. Je connaissais peu M. Dulong ; je ne l'avais vu que trois à quatre fois chez M. Lafayette ou chez M. Dupont (de l'Eure) auquel j'avais donné des soins. J'éprouvai, en entrant dans la voiture, un sentiment pénible,

en pensant que ce jeune homme, d'une intéressante physionomie, dont tout le monde disait du bien, allait peut-être, à
la fleur de son âge, tomber victime d'un préjugé et d'un faux
point d'honneur, que toute la philosophie de notre siècle
n'est pas encore parvenue à détruire. J'avais une inquiétude
vague, et, je vous l'avouerai, une sorte de fâcheux pressentiment sur l'issue du combat pour le malheureux Dulong.
J'étais placé à côté de lui dans le fond de la voiture ; il était
calme, mais cependant ne paraissait pas exempt d'anxiété ou
de regrets. Les personnes qui l'accompagnaient paraissaient
encore plus péniblement affectées que lui. La conversation
fut, comme bien vous pouvez penser, relative à la circonstance dans laquelle nous nous trouvions, et souvent interrompue par le silence. M. Dulong nous dit avec beaucoup de
sang-froid, qu'en cas d'accident, il avait mis ordre à ses
affaires, et chargé l'un de ses amis de ses dernières dispositions.

Nous arrivâmes au bois de Boulogne par la porte Maillot,
et de là nous nous dirigeâmes vers le *Rond-Point du Cèdre*,
lieu du rendez-vous. La voiture s'arrêta ; elle était suivie
d'une autre, de laquelle descendirent M. le général Bugeaud,
ses deux témoins, MM. de Rumigni et Lamy, et le chirur-
gien-major de l'un des régiments de la garnison de Paris, que
ces messieurs avaient amené avec eux.

Onze heures sonnaient ; le ciel était couvert et sombre ; le
temps froid, et la brise du nord qui soufflait avec force semblaient avoir produit sur nous une sorte d'engourdissement.
Les salutations faites de part et d'autre furent polies ; peu

de mots furent échangés, et bientôt les adversaires et leurs
témoins s'enfoncèrent dans une étroite allée, pour chercher
un endroit favorable au combat. Après huit à dix minutes
de marche, on suivit à gauche un petit sentier qui s'enfon-
çait par une pente douce dans le taillis; ce sentier fut choisi
pour la rencontre.

Les adversaires paraissaient peu animés l'un contre l'autre;
les témoins peu disposés à les faire battre, et cependant
par une étrange fatalité, il n'y eut, à ma connaissance, aucune proposition d'accommodement! Ce n'était point un
combat à mort: les témoins semblaient espérer que le point
d'honneur serait satisfait sans accident.

On convint de placer les adversaires à quarante pas de
distance: le terrain fut mesuré; une canne d'un côté, un pa-
rapluie de l'autre, enfoncés sur le bord du sentier, servirent à
limiter l'espace à parcourir. Chacun devait se servir des armes
qu'il avait apportées, et ces armes furent chargées par les
témoins. Le général Bugeaud eut le haut du terrain et M. Dulong le bas. Ces messieurs devaient, à un signal convenu, marcher l'un sur l'autre et tirer à volonté, sans pouvoir néanmoins
s'approcher à plus de vingt pas.

Le signal est donné. Les adversaires, les armes levées,
s'avancent lentement l'un vers l'autre: M. Dulong a fait
deux pas, et M. Bugeaud trois quand il lâche son feu: une
faible détonation se fait entendre. M. Dulong est atteint. Je
le vois chanceler et tomber à la renverse sur la terre qui ré-
sonne de sa chute. Nous accourons aussitôt pour lui porter
secours. Hélas, il était frappé à mort! Le bord de son chapeau

était coupé par la balle; son arme encore chargée lui avait
échappé de la main et gisait à côté de lui sur le sol. A
gauche de son front, une large ouverture laissait échapper
des flots de sang et des portions de cerveau : quel horrible
spectacle! Ses yeux convulsivement agités étaient rouges,
saillants, et semblaient vouloir sortir de leur orbite; son visage
était livide, énormément gonflé, et une salive écumeuse
sortait de sa bouche : il aurait été impossible de reconnaître
la belle figure de Dulong! Le blessé était complétement privé
de connaissance, et faisait entendre un râlement affreux. Ses
membres étaient dans un tension convulsive, et son pouls se
faisait à peine sentir. Le général Bugeaud s'approcha à
quelque distance du blessé : il paraissait ému et malheureux
de l'état dans lequel il le voyait!

Nous étanchâmes le sang, et fîmes l'application du premier appareil : aidé des témoins, de M. Girou, et du
chirurgien militaire dont j'ai parlé, et dont le zèle nous a
été fort utile, je parvins, quoique avec difficulté, à placer
et à faire asseoir M. Dulong dans la voiture qu'on avait fait
avancer. Il était dans un état désespéré, et paraissait n'avoir
plus que quelques instants à vivre. Nous le soutenions avec
peine, et la voiture se remit en marche lentement, pour
éviter les secousses. Le pauvre blessé eut des nausées et de
fréquentes convulsions dans les bras; ses membres inférieurs
étaient presque entièrement paralysés. Pendant la route,
le pouls reprit de la force, et nous jugeâmes convenable de
pratiquer immédiatement une saignée. Nous nous arrêtâmes
devant un petit cabaret, seule maison sur la route qui fût

à notre portée. Les bonnes gens qui l'occupaient entou-
rèrent aussitôt la voiture; leurs visages exprimaient la peine
et l'horreur du spectacle qu'ils avaient devant les yeux. Ils
nous offrirent tout ce qui était dans leur habitation; nous
essayâmes, mais en vain, de faire boire au blessé quelques
gouttes d'eau : il fut largement saigné, et un saladier nous
servit à recueillir son sang.

Après cette première saignée, une légère amélioration se
manifesta : le malade exécuta quelques mouvements instinc-
tifs, porta sa main droite à son front, et croisa ses jambes.
Nous nous remîmes en route. La voiture fut bientôt suivie
et entourée par les amis de M. Dulong qui venaient au-
devant de lui; ils étaient consternés des réponses que
nous faisions à leurs questions empressées, et s'en retour-
naient la mort dans l'ame. Nous arrivâmes enfin au domicile
du blessé : la porte de sa maison était encombrée par d'autres
amis et par les personnes qui prenaient intérêt à sa position :
on monta le malade dans son appartement et on le mit
au lit.

On pratiqua une nouvelle saignée. La nuit fut très agitée.
Le malade ne reprit point connaissance. Un débridement
que je fis à la plaie fut suivi de l'évacuation de caillots de
sang, mais n'amena pas de soulagement sensible. Tous les
symptômes qui annonçaient une lésion profonde du cerveau
augmentèrent d'intensité, et le malade expira le 29, à cinq
heures du matin. Le général Lafayette était venu le voir
plusieurs fois, dans ce laps de temps. M. George Lafayette et
le docteur Girou ne l'avaient point quitté : plusieurs de nos

confrères avaient été mandés en consultation : mais sa blessure était trop grave pour qu'on pût avoir aucun espoir de le
sauver.

L'ouverture faite vingt-quatre heures après le décès nous
apprit que la balle, après avoir brisé le frontal, s'était cou-
pée sur cet os ; la plus grosse portion du projectile avait
traversé le cerveau jusqu'à l'occiput et se trouvait dans le
crâne avec plusieurs esquilles; l'autre portion de la balle,
plus petite, avait glissé sous les téguments et s'était arrêtée
derrière l'apophyse orbitaire externe.

Lafayette sentit vivement la perte de son jeune ami, et
pour rendre hommage à sa mémoire, n'écoutant que sa douleur et son patriotisme, il voulut suivre à pied son convoi,
depuis la rue de Castiglione jusqu'au cimetière de l'Est. Il ne
supporta qu'avec peine une marche aussi longue et qui dura
plusieurs heures. En rentrant chez lui il se sentit excessivement fatigué, éprouva du malaise et fut pris d'une ischurie
complète. Absent de Paris ce même jour, le 2 février dernier,
je ne pus le voir que le lendemain matin. Deux habiles chirurgiens, mandés dans la soirée, avaient déja fait d'inutiles
tentatives pour le soulager. Après l'avoir fait mettre dans un
bain, je fus plus heureux, et, quoique avec peine, je parvins
au but desiré. Il supporta avec courage et résignation l'opération, qui fut très douloureuse : l'organe affecté était frappé
de paralysie. Le malade fut retenu au lit et soumis au traitement usité en pareil cas. Depuis cette époque, je le visitai
tous les jours avec mes confrères, les docteurs Guersent
père, Nicolas, et Girou de Buzareingues.

Quelques jours après son accident, sous l'influence d'un traitement antiphlogistique et dérivatif, que nous lui fîmes d'abord subir, et plus tard sous celle des frictions stimulantes et des douches sulfureuses, Lafayette éprouva une amélioration sensible dans sa position. Les symptômes d'irritation locale avaient presque totalement disparu et l'organe affecté avait recouvré une partie de sa force de contraction. La santé du malade s'améliorait de plus en plus; seulement il était tourmenté par de légers accès de goutte erratique, qui se portait successivement sur les articulations des membres inférieurs, sur les bronches, les voies digestives, et les paupières.

Nonobstant ces accidents passagers et peu graves, les forces du malade se rétablirent assez pour qu'il pût se lever, s'asseoir à son bureau, reprendre une partie de ses occupations habituelles, voir sa famille et quelques uns de ses amis : je dis quelques uns, parceque nous avions restreint le nombre des visites qu'il recevait, ayant remarqué plusieurs fois qu'elles étaient suivies d'une excitation qui aurait pu lui devenir nuisible. Lafayette éprouvait de la peine de notre consigne, et il n'y avait guère de jours qu'il ne demandât à la lever, pour quelque ami qu'il desirait embrasser.

La maison de Lafayette était assiégée de personnes qui venaient s'informer de son état ou solliciter la permission de le voir. Maintes fois il me chargea de faire ses remerciements à plusieurs de nos amis communs qui venaient près de moi s'enquérir plus particulièrement de sa santé, et no-

tamment à mes honorables confrères MM. les professeurs
Ant. Dubois et Desgenettes.

Une dame, aussi remarquable par sa beauté que distinguée
par les charmes de l'esprit et les qualités du cœur, la princesse Christine de Belgiojoso (née Trivulzi), rendait à Lafayette
les soins les plus assidus, quand son état lui permettait de la
recevoir. Lafayette l'avait pour ainsi dire adoptée au nombre
de ses enfants : il avait pour elle cet attachement pur qu'inspirent toujours les qualités supérieures de l'ame aux personnes
qui savent les sentir et les apprécier. Je trouvai souvent cette
excellente femme au chevet de son lit : son instruction, aussi
solide que variée, l'agrément de sa conversation charmaient
ses ennuis, et lui faisaient oublier pour quelques instants ses
souffrances. Lafayette m'entretenait souvent du rare mérite
de cette dame, de la noblesse de son caractère, et de sa
bienfaisance envers ses malheureux compatriotes.

Quand il ne souffrait pas, Lafayette aimait à citer des
anecdotes dans le courant de la conversation. En voici deux,
entre autres, qu'il nous raconta pendant sa maladie. — Un
jour il se trouvait avec plusieurs seigneurs de la cour devant Louis XV qui faisait sa partie avec madame Dubarry :
sur un coup malheureux, la favorite s'écria : « Ah ! je suis
« frite ! » Le roi rougit de honte à cette exclamation et fut très
contrarié tout le reste de la soirée.

Lafayette se trouvait chez madame Dubarry au dernier
souper de Louis XV ; il fut témoin de l'évanouissement du roi
et de la scène d'alarme qui en fut la suite.

Lafayette se trouvait à un bal masqué de l'Opéra et donnait

le bras à la reine : celle-ci voulait connaître madame Dubarry et l'engagea à lui offrir l'autre bras. Après une longue
conversation, la reine, s'adressant à madame Dubarry, lui
demanda si elle la reconnaissait : « Fort bien, » répondit la
comtesse; « vous êtes, madame, le temps présent, et moi le
« temps passé. »

Bientôt nous jugeâmes convenable de faire respirer le
grand air à Lafayette, pour lui rendre des forces, et le tirer
de l'accablement dans lequel il tombait de temps à autre,
par la seule interruption des actes ordinaires de sa vie. On
lui prescrivit en conséquence de faire des promenades dans
une voiture fermée et très douce. Il se trouva bien de ce
genre d'exercice; son appétit devint meilleur; ses forces se
ranimèrent, sa gaieté reparut et l'organe affecté reprit encore
plus d'énergie. Tous les matins, il se faisait conduire à Beau-
séjour, maison de campagne située à l'entrée du bois de Boulogne. Il allait y passer la plus grande partie de la journée,
auprès de sa petite-fille, madame Adolphe Perrier, qui s'y
était retirée avec sa famille, pour soigner la santé de l'un de
ses enfants qu'elle a eu le malheur de perdre peu de temps
après la mort de son grand-père.

Pendant qu'il était forcé de garder le lit ou la chambre,
Lafayette lisait ou se faisait lire les journaux et les bro-
chures nouvelles, écrivait ou dictait des lettres, et dans
ses conversations s'occupait bien plus des intérêts généraux
de la France ou de ceux de ses amis que des siens propres.
Souvent aussi il nous parlait de l'Amérique, qu'il regardait
comme une seconde patrie, comme la patrie de son cœur.

Il avait un attachement vif et bien motivé pour les enfants de cette terre classique de la liberté, et il fut péniblement affecté, quand il apprit par les journaux les discussions qui s'élevaient entre le président Jackson et le sénat américain. Il espérait néanmois que la justice aplanirait les difficultés, et que les Américains, dans la raison desquels il avait pleine confiance, finiraient par s'entendre et continueraient de vivre en bonne harmonie. « Les Américains, » me disait-il un jour, « connaissent mon état ; ils savent que j'ai « besoin de repos et ne voudront pas le troubler. »

Plus tard, à une époque où il se sentait affaibli, on lui ordonna de prendre quelques cuillerées de vin de Madère. « Donnez-moi sur-tout de celui de Lagrange, » dit-il à Bastien, « il me fera plus de bien. » Le vin de Madère qu'il conservait à sa campagne lui avait été envoyé par vos compatriotes.

Lafayette eut beaucoup de chagrin quand on lui annonça la mort de madame Joubert, et il prodigua les consolations les plus touchantes à son mari qu'il aimait sincèrement. Plusieurs fois il nous parla des talents et des vertus de cette intéressante mère de famille. « La pauvre femme ! » me dit-il un matin, « c'est elle qui m'a fait ce joli tableau de Lagrange « que vous voyez là ! Quelle perte pour son mari, ses enfants, « et pour moi ! » Il n'avait pas alors le pressentiment que bientôt il devait la suivre dans la tombe. Je vous ai indiqué le tableau dont il parlait, en vous donnant la description de sa chambre à coucher.

L'état de Lafayette devenait de plus en plus satisfaisant, et nous avions lieu de penser qu'il pourrait se rétablir com-

plétement, ou du moins vivre avec une incommodité fort
supportable.

Une circonstance imprévue vint bientôt détruire notre
espérance. Le 9 mai, le ciel, qui avait été beau dans la ma-
tinée, ne tarda pas à se couvrir de nuages épais ; le vent
s'éleva, la température de l'air s'abaissa tout-à-coup, le tonnerre se fit entendre, et la pluie tomba par torrents. Lafayette
était sorti pour faire sa promenade habituelle à Beausé-
jour. Il ne prit pas assez de précautions pour se garantir du
changement brusque de l'atmosphère, s'exposa quelques instants au vent glacial qui soufflait avec violence du nord-
ouest, et fut mouillé par la pluie. A son retour, il éprouva du
malaise, de l'accablement, et ressentit des douleurs aiguës
dans les membres. Le lendemain matin, pendant ma visite,
un frisson général se manifesta, et fut suivi, une demi-heure
après, d'une forte réaction fébrile. Depuis cette époque, les
accès se renouvelèrent sans régularité, et se succédèrent
coup sur coup. Le coma et d'autres symptômes nerveux
vinrent encore aggraver la position du malade. Un gon-
flement douloureux se montra, pendant quelques jours,
dans le voisinage de l'organe primitivement affecté, et nonobstant l'emploi d'un traitement actif, suivi avec exactitude, les accidents généraux augmentèrent d'intensité et de
durée.

Lafayette se soumettait à tout ce que nous jugions convenable à son état. De temps à autre, il demandait quelques
explications, mais sans jamais faire de réflexions sur ce que
nous avions décidé. Même dans ses moments de souffrances,

il avait le sourire sur les lèvres, et sa figure en harmonie parfaite avec ses paroles, exprimait une patience résignée et la
plus sincère gratitude pour les soins qu'on lui rendait : il ne
donnait aucun signe d'impatience ou de mauvaise humeur,
comme cela s'observe chez la plupart des malades qui se
trouvent dans une semblable position.

Bastien, accablé de fatigues, s'endormait parfois sur un
fauteuil, pendant le jour : Lafayette, qui ne pouvait guère se
passer de ses services, ne le fit cependant jamais réveiller.
Lorsqu'on adjoignit à son fidéle valet de chambre un autre
garde-malade, on voyait qu'il souffrait de recevoir des soins
d'une main étrangère. Un jour que l'infirmier adjoint venait
de lui donner à boire, je l'entendis recommander avec douceur à Bastien de tout faire par lui-même, quand il ne dor-
mirait pas.

Un matin à mon arrivée, Lafayette me regarda en souriant, me tendit la main, et me dit : « La Gazette de Suisse
« vient de me faire mourir, et vous n'en saviez rien ? Eh bien !
« je vous apprendrai de plus, qu'afin de me faire mourir dans
« les formes, on a consulté le célèbre docteur ***, que je ne
« connais guère. » Puis il me présenta la feuille où se trouvait
cette fausse nouvelle, et ajouta : « Après cela fiez-vous aux
« journaux ! »

Pendant sa maladie, Lafayette caressait beaucoup une petite chienne blanche qu'il avait reçue, je crois, de madame
de Bourck, et qui ne le quittait pas. Cette chienne était douée
d'un instinct remarquable. Elle ne permettait à personne, si
ce n'était à Bastien, d'approcher des vêtements de son maître,

quand il était au lit : elle exprimait la joie ou la tristesse suivant qu'il se trouvait bien ou mal, et aurait pu servir de thermomètre à sa santé. Depuis la mort du général, elle a suivi Bastien à Lagrange, mais elle n'a pas repris sa gaieté.

Lorsque nous annonçâmes à Lafayette l'intention dans laquelle nous étions de réclamer les conseils de quelques uns de nos confrères, il nous répondit : « A quoi bon? « n'ai-je pas une entière confiance en vous, et peut-on rien « ajouter à l'intérêt que vous me portez, aux bons soins « que vous me donnez? » « Nous pensons, » lui dit M. Guersent, « faire ce qu'il y a de mieux pour vous soulager; mais « n'y eût-il qu'un moyen qui nous échappât pour abréger « vos souffrances, nous devons le chercher : nous voulons « vous rendre le plus tôt possible à la santé : nous sommes « responsables de votre état envers votre famille, vos amis « et tous les Français dont vous êtes le père. » « Oui, leur « père, » répondit le général en souriant, « à condition qu'ils « ne feront pas un mot de ce que je leur dirai. »

Nous appelâmes plusieurs fois en consultation nos honorables confrères les professeurs Fouquier, Marjolin et Andral. Il n'y eut point de dissidence d'opinion sur la nature et la gravité de l'affection, l'imminence du danger, et les moyens qui nous restaient à tenter pour nous opposer à la marche toujours croissante des symptômes. Ces moyens furent mis en usage, mais ils ne servirent qu'à prolonger de quelques jours l'existence du malade.

Lors de notre première consultation, Lafayette fit beaucoup d'accueil à notre confrère le professeur Andral, et

lui demanda avec intérêt des nouvelles de son beau-père,
M. Royer-Collard, pour lequel il avait une véritable
estime.

Quatre à cinq jours avant sa mort, Lafayette éprouva
de l'accablement et devint triste. Il fit entendre à son fils
qu'il connaissait sa position et qu'il devait s'entretenir en
particulier avec lui; mais cet état fut de courte durée; il
ne tarda pas à reprendre sa sérénité et l'espérance de se
rétablir brilla de nouveau dans ses yeux. Vers cette période de la maladie, il me dit: « La fièvre et la kinine, mon
« cher docteur, sont aux prises : donnez-moi beaucoup de
« kinine afin qu'elle ait le dessus. » Le lendemain, il revint
sur la même idée: « J'ai bien peur, ajouta-t-il, que la kinine
« n'ait tort, et que je ne sois obligé de payer les frais du
« procès. »

« Que voulez-vous, » me dit-il quelques instants après, « la
« vie est semblable à la flamme d'une lampe : quand il n'y
« a plus d'huile, zest! elle s'éteint, et c'est fini. »

L'avant-veille de sa mort, lorsque toute visite étrangère
était interdite, Lafayette dit à son petit-fils, M. Jules de
Lasteyrie: « Tu diras à cette bonne princesse de Belgiojoso,
« que je suis touché et reconnaissant de ses visites, et com-
« bien je souffre d'en être privé. » Depuis la mort du général,
la princesse continue de voir dans l'intimité la famille de
son illustre ami, et de mêler ses douloureux souvenirs aux
siens.

Le bon docteur Girou ne quittait pas Lafayette : depuis
deux jours aussi, je restais près de lui, afin de suivre et

d'observer de plus près les effets du traitement, et de disputer à la mort une vie si précieuse!

Le 20 mai, vers une heure du matin, les accidents augmentèrent encore de gravité. La respiration, qui depuis quarante - huit heures était fort gênée, devint plus difficile et la suffocation plus imminente. L'assoupissement, le léger délire qui étaient survenus, et la prostration, se prononcèrent de plus en plus, et Lafayette expira dans nos bras, à quatre heures vingt minutes du matin!

Peu d'instants avant de mourir, Lafayette ouvrit les yeux, les promena avec attendrissement sur ses enfants qui entouraient son lit, comme pour les bénir et leur dire un éternel adieu. Il me serra la main d'une manière convulsive, éprouva une légère contraction dans le front et les sourcils, fit une profonde et longue inspiration, immédiatement suivie du dernier soupir. Le pouls, qui avait conservé de la force, cessa subitement de battre : quelques bruissements se faisaient encore sentir dans la région du cœur : pour le ranimer, nous employâmes des frictions stimulantes ; efforts inutiles ; le général n'existait plus ! Sa figure reprit une expression calme, celle d'un sommeil paisible. Sa fin fut celle d'un homme de bien, qui abandonne ce monde sans crainte et sans remords, celle du sage de La Fontaine :

> Approche-t-il du but? quitte-t-il ce séjour?
> Rien ne trouble sa fin; c'est le soir d'un beau jour.

Digne héritier des vertus de son père, à l'ombre duquel il se tenait modestement, M. George Lafayette nous a offert, dans la circonstance pénible que je viens de rapporter, un modèle admirable de piété filiale. Il avait pour son père ce respect religieux qu'on n'accorde ordinairement qu'à la mémoire des personnes qu'on a chéries. Il connaissait, par expérience, ses hautes qualités, ses vertus domestiques, et lui prouvait son affection par un dévouement sans bornes à ses moindres desirs. Mais s'il était à bon droit glorieux de l'auteur de ses jours, le général de son côté sentait tout le prix d'avoir un véritable fils : il recueillait la récompense des soins qu'il avait pris de son éducation, des conseils et des exemples qu'il lui avait donnés.

Depuis long-temps M. George Lafayette s'était en quelque sorte attaché aux pas de son père ; il l'avait suivi dans ses voyages et avait été témoin de ses triomphes lors de sa dernière visite aux États-Unis. Qu'il dut jouir en voyant cette grande nation donner à son père des témoignages si éclatants et si unanimes de sa reconnaissance ! en la voyant confondre ses vœux avec les siens pour le bonheur et la conservation des jours de l'ami de Washington et de Franklin !

Digne élève de Washington, doué d'un caractère doux, mais plein de force et de franchise, M. George Lafayette supporta avec courage les inquiétudes qui le poursuivaient pendant la maladie de son père : il lui cachait ses angoisses, et comme un génie consolateur il ne quittait pas le chevet de son lit, s'acquittant des devoirs de l'amour filial, devoirs sacrés que la nature a profondément gravés dans les cœurs vertueux ; exemple touchant offert à notre siècle, où le respect pour les vieillards, les parents, et les

liens de famille, ont une si grande tendance à s'affaiblir ; où
l'esprit égoïste d'une indépendance illimitée et mal entendue, endurcit l'ame, et peut jeter dans des écarts non moins
funestes, que les abus de l'autorité dans les siècles d'ignorance et d'abrutissement. Lafayette était lui-même, comme
nous l'avons vu, un modèle parfait de ces sentiments honorables, qui élèvent autant qu'ils ennoblissent le cœur de
l'homme, et que le vice seul peut tourner en ridicule
chez des gens incapables ou indignes de les éprouver.

Dès que j'avais vu Lafayette dans un danger imminent,
j'en avais prévenu son fils, et à trois heures du matin toute
sa famille et quelques uns de ses plus intimes amis se
trouvaient réunis dans sa chambre. Tous portaient dans leur
regard, dans la pâleur de leur visage, dans l'expression de
leur physionomie, les marques de la plus cruelle inquiétude, de cette anxiété qui se sent mieux qu'elle ne
peut s'exprimer, lorsque nous sommes à l'instant d'éprouver un grand malheur. Ils gardaient un morne silence,
interrompu seulement de temps à autre par leurs soupirs
et les questions qu'ils nous faisaient, à voix basse, sur
la position du malade.

Le vénérable curé de l'Assomption était venu mêler ses
prières à celles de la famille.

Le jour qui commençait à paraître faisait pâlir la clarté
des lampes, pour éclairer ce lieu de douleurs. Nous parais-
sions tous sortir de ces rêves pénibles dont l'horreur nous
domine et nous fait douter encore, à notre réveil, si nous
sommes bien éveillés. Mais qui pourrait dépeindre la scène

déchirante dont nous sommes témoins, dès que l'heure fatale a sonné? Les sanglots retenus par le respect religieux des assistants, par la crainte qu'ils ont de troubler les derniers moments de Lafayette, éclatent de toutes parts: des cris perçants et suffoqués, expression si forte et si vraie de la douleur à laquelle le cœur est en proie, se font entendre de tous côtés: George Lafayette, les yeux immobiles, noyés de larmes, est comme frappé de stupeur: il ne sort de cet état que pour adresser à son père des adieux étouffés par les sanglots et comme arrachés par le désespoir: sa femme le soutient et l'aide à supporter le coup qui le frappe; mais sourd à tout autre sentiment et comme insensible, il reste muet aux consolations qu'elle lui prodigue. Qu'elle est noble sa douleur! Combien il sent la perte qu'il fait; que l'existence lui semble à charge! qu'il voudrait retenir la vie de son père ou unir son ame à la sienne pour le suivre dans l'éternité!

Les autres enfants du général, dans un état non moins violent, prosternés autour de son lit, lui baisent les mains qu'ils inondent de larmes : tous confondent leur douleur et leurs regrets: ils se serrent convulsivement dans les bras les uns des autres, comme pour consacrer une nouvelle alliance et resserrer encore leurs liens, en présence des restes inanimés de Lafayette. Ils oublient dans leur désespoir, qu'en leur donnant sa dernière bénédiction, le héros des deux mondes a déposé son auréole de gloire sur leur front et qu'il doit revivre en eux dans la postérité!

Comment les amis du général, dans cette affreuse circonstance, pourraient-ils ne pas ressentir les mêmes angoisses, et ne pas se croire, pour un instant, membres de sa famille dont ils partagent les douleurs ?

Bastien, qui n'a point quitté son maître un seul instant, ne reste pas étranger à cette scène de désolation. Il se tient au pied du lit : de grosses larmes roulent dans ses yeux : son désespoir est taciturne, mais non moins expressif.

L'accablement et le silence succèdent bientôt à ces premiers moments d'une douleur délirante. Les facultés des assistants sont anéanties, leurs forces épuisées.

Pour conserver les traits de l'illustre défunt, M. David, membre de l'Institut, en prit une empreinte en plâtre. D'un autre côté M. Scheffer en fit un portrait de grandeur naturelle, d'une parfaite ressemblance. L'expression de douceur et de calme que le général avait conservée après sa mort, est reproduite dans ce tableau avec une vérité qui vous attendrit douloureusement.

La fille aînée de Lafayette, madame de Maubourg, avait été la première à vouloir conserver les traits de son père. Son malheur semblait avoir, pour un instant, affermi sa constitution faible et nerveuse. Immobile, à genoux devant le lit mortuaire, elle traçait l'image du général, d'une main guidée par un sentiment indicible d'amour filial et de piété.

Plein du souvenir de la scène déchirante dont je venais d'être témoin, j'en traçai une simple esquisse. Mon ami Gudin s'est empressé d'en profiter pour en faire le dessin que je vous envoie. C'est un dernier hommage qu'il rend à la mémoire d'un homme dont il est heureux d'avoir admiré les

vertus et cultivé l'amitié. Son dessin est fait avec autant de
vérité que de sentiment et vous donne une image fidèle du
spectacle douloureux auquel nous avons assisté.

Les personnes que l'amitié ou leur admiration pour Lafayette avaient réunies dans sa maison, furent admises à le
visiter sur son lit de repos; elles purent le voir encore une
fois et lui dire un dernier adieu! Des larmes involontaires
qui s'échappaient de leurs yeux attestaient les sentiments
pénibles qu'elles éprouvaient.

Bastien avait eu l'idée d'honorer la mémoire du général,
en faisant brûler autour de son corps les bougies de lord
Cornwallis dont je vous ai déja parlé.

A peine la mort de Lafayette fut-elle connue, que par-tout
éclatèrent les mêmes expressions de douleur. Nous fûmes

témoins des regrets qu'occasionait sa perte, même chez les personnes dont les principes politiques étaient opposés aux siens.

L'annonce de la mort de Lafayette par les journaux de la capitale servit d'invitation pour ses funérailles. Ses parents, ses amis, tous ceux qui avaient su apprécier son beau caractère, étaient en effet trop nombreux pour être convoqués individuellement.

Toutes les personnes distinguées qui se trouvaient à Paris dans les deux Chambres législatives, les académies, l'administration civile et militaire, la garde nationale, les étrangers, les réfugiés, se réunirent pour assister à son enterrement.

Les ouvriers venaient de perdre un protecteur éclairé et puissant, les pauvres un bienfaiteur qui compatissait à leurs maux et soulageait leur misère; aussi leur concours fut-il nombreux.

La marche du convoi ayant été proclamée par les journaux, je m'abstiendrai de vous en entretenir. Les coins du drap mortuaire étaient portés par MM. Jacques Laffitte, Salverte et Odillon-Barrot, pour la Chambre des Députés; M. Eugène Laffitte, pour la garde nationale; M. le général Fabvier, pour l'armée; M. Barton, secrétaire de légation, en l'absence de son beau-père M. Livingston, pour les États-Unis d'Amérique; M. le général Ostrowski pour la Pologne, et un électeur de Meaux pour les colléges électoraux. Des faisceaux de drapeaux tricolores ornaient les angles du char funébre, que Bastien suivait immédiatement, portant sur un coussin de velours noir l'épée et les épaulettes de Commandant de la garde nationale qu'avait illustrées La-fayette.

Le corps fut accompagné par une foule immense depuis la rue d'Anjou jusqu'à l'église de l'Assomption. Les gardes nationales, en grande tenue, portant au bras l'écharpe de deuil, formaient avec les troupes de ligne une double haie de chaque côté du cortége. Le parvis de l'église était déja rempli de ces anciens soldats de Lafayette. Dès que le char funébre fut arrivé, ils se précipitèrent vers le cercueil, et se disputèrent l'honneur de le porter dans le sanctuaire. Chacun voulait approcher des dépouilles mortelles du géné-ral; chacun voulait au moins toucher son linceul en témoi-gnage de respect, de regrets et d'adieux.

La tenture de l'église était simple et sans distinction par-ticulière. Les assistants prirent tranquillement leurs places autour du corps, et le service divin fut célébré sans pompe, mais au milieu du recueillement le plus profond. Dans cette triste solennité, tous les rangs de la société étaient confon-dus, animés des mêmes sentiments, pénétrés des mêmes douleurs.

Le catafalque était riche, mais sans luxe, et entouré seule-ment de trophées de drapeaux tricolores. Quatre lampes funèbres se trouvaient à ses angles; leur flamme bleuâtre et vacillante contrastait avec la lumière qui descendait oblique-ment des vitraux sur cette scène religieuse, imposante et digne des pinceaux d'un grand maître.

Je me trouvais dans ce même temple il y a quatre ans.

Lafayette y assistait à la célébration du mariage de l'une de ses petites-filles avec le fils de son ancien compagnon d'infortune, M. Bureaux de Pusy. Que le caractère des deux cérémonies était différent! quel contraste pénible s'offrait à la pensée! Une sombre tristesse et des pleurs avaient remplacé la joie douce des assistants et les ferventes prières qu'ils adressaient alors au ciel pour le bonheur des jeunes époux!

Le service étant fini, le cortége se remit en marche, traversa la plus grande partie de la ville, par les boulevarts intérieurs jusqu'au cimetière de Picpus, où le général avait témoigné le desir d'être inhumé à côté de sa femme.

Pendant ce long trajet, la foule qui se porta sur le passage du convoi fut encore plus nombreuse que celle qui le suivait. Par-tout elle avait le même recueillement, et faisait entendre les mêmes exclamations de regrets; le deuil était public : un grand nombre des assistants répandaient d'abondantes larmes : les têtes étaient découvertes, bien que le soleil se fît sentir dans toute sa force. L'illustre auteur du *Génie du Christianisme,* M. de Châteaubriand, qui n'avait pas cessé d'estimer le noble caractère de Lafayette, voulut rendre hommage à ses restes inanimés et payer un dernier tribut d'honneur à sa mémoire; il alla se placer sur le boulevart Saint-Martin, lieu où pour la première fois, en 1790, il avait vu le général à la tête de son brillant état-major.

Le convoi étant arrivé aux portes du cimetière, une partie de la foule envahit cette enceinte, l'autre s'arrêta paisiblement au dehors. Le cercueil, porté à bras, traversa lentement le jardin et une longue allée de tilleuls, avant d'arriver au bord de la fosse où il fut placé à côté de celui de madame Lafayette. Aucun discours ne fut prononcé sur la tombe du général et ne vint troubler le repos des autres sépultures. Les pleurs, les gémissements de ceux qui l'entouraient, témoignaient assez de ses vertus et des regrets qu'il laissait parmi nous : quelle oraison funèbre aurait été aussi éloquente! quelles paroles auraient pu nous toucher et nous émouvoir autant!

Après les prières d'usage, la terre de France et celle que vos compatriotes avaient envoyée d'Amérique se confondirent pour entourer et protéger ensemble les restes vénérés de Lafayette; plusieurs décharges de mousqueterie se firent entendre pour lui rendre les honneurs dus à son grade, et les assistants s'éloignèrent en jetant un pénible et dernier regard sur la terre qui venait de le couvrir.

Les membres de la famille et quelques amis qui n'avaient pu les quitter, se réfugièrent dans le fond du jardin pour attendre l'écoulement de la foule. Celle-ci se retira dans un morne silence : elle venait d'assister à l'une de ces scènes douloureuses qui ébranlent profondément le cœur de l'homme, et le portent instinctivement à faire un retour sur lui-même.

Pendant la cérémonie on pouvait recueillir à tout instant les preuves de l'impression que causait sur l'esprit du public la mort de Lafayette : « C'était un homme si bienfaisant, » disait une jeune femme aux personnes qui l'entouraient, « qu'il n'y « aurait pas de pauvres à Paris, si tous ceux qui le suivent « avaient fait autant de bien que lui. »

« Maintenant qu'il est mort, » s'écriait d'un air contristé un

vieillard appuyé sur son bâton, « on va le regretter ; on ne
« connaît ce que valent les gens qu'après les avoir perdus ! »

Un homme, qui paraissait étranger à la capitale, demandait à un ouvrier « si le défunt était bien riche pour avoir
« tant de monde à son enterrement : « Non, » répondit le brave
artisan; « il nous a tout donné; les Français ne sont pas in-
« grats : ils viennent le remercier. »

Un homme, dont les habits presque usés attestaient néanmoins par leur propreté, plutôt l'indigence causée par des
revers de fortune que l'inconduite, voulait suivre immédiatement le char funèbre, et cherchait à se faire jour entre les
gardes nationales qui formaient la haie. « Vous voyez bien
« que ce sont les parents qui sont là, » lui dit-on en lui
refusant le passage. « Nous sommes tous de la famille, » répondit le pauvre homme, « puisqu'il nous aimait tous comme
« ses enfants. » L'expression naïve de ses bons sentiments lui
ouvrit les rangs ; on le laissa passer sans difficulté et suivre
immédiatement le char jusqu'au cimetière.

Dans l'après-midi je visitai les enfants de Lafayette. Retirés
dans une pièce isolée de son appartement, ils m'accueillirent
avec cette expansive amitié qui se montre dans les grands
chagrins de la vie, lorsque nous recevons les consolations
de ceux qui les partagent; témoignage du besoin irrésistible que nous éprouvons alors de nous attacher à tout ce
qui nous rappelle nos douloureux souvenirs. Vous jugez,
monsieur, combien ces marques d'amitié des enfants de Lafayette me sont chères : elles adoucissent le chagrin que
j'éprouve de la perte d'un homme qui m'avait donné tant de

preuves d'affection et auquel j'étais attaché par la plus sincère reconnaissance.

Le 18 juin dernier, je reçus de M. George Lafayette une
preuve d'amitié dont je fus touché. Il m'envoyait, au nom de
sa famille, la simple pendule que je vous retrace ici et qui
ornait le cabinet de son père. La lettre qui accompagnait cet

envoi est empreinte de l'ame aimante de M. George Lafayette ; quoiqu'elle contienne des expressions trop flatteuses
pour moi, je pense que vous aimerez à la lire et je vous
la transcris :

Paris, 18 juin 1834.

« Mon cher docteur, avant la longue et cruelle maladie
« qui a précédé notre malheur, je savais déja que vous
« étiez notre ami, et les preuves que vous nous aviez données
« de cette précieuse affection étaient trop multipliées pour
« que nous ne la regardassions pas comme nous étant en-

« tièrement acquise. Mais depuis, vous avez soigné mon père
« comme vous auriez soigné le vôtre : c'est dans vos bras qu'il
« a rendu le dernier soupir, et vous avez voulu supporter ce
« terrible choc avec nous, pour nous éviter le tourment de
« penser que tout ce qu'il avait été possible de faire n'avait
« pas été fait. Mon cher docteur, nous vous aimons, nous
« vous aimerons toute notre vie.

« Celui que nous pleurons vous aimait comme nous, et
« nous avons pensé qu'il nous serait permis de vous offrir un
« souvenir en son nom. En voyant ce souvenir, vous devine-
« rez le motif qui nous l'a fait choisir pour vous le présenter.
« Mon père l'affectionnait beaucoup, parcequ'il lui venait
« d'un oncle qu'il chérissait ; et depuis la mort du respectable
« M. de Tessé, la modeste pendule de son cabinet n'avait pas
« quitté celui de mon père. — C'est au nom de ma famille
« tout entière que je vous prie de l'accepter comme un gage
« de notre éternelle reconnaissance. Recevez l'expression de
« mes inaltérables sentiments pour vous.

« GEORGE-W. LAFAYETTE. »

Peu de temps après la mort de Lafayette, mon ami,
M. Pradier, me fit une petite statue de notre illustre concitoyen. Le dessin que je vous envoie et que j'ai placé à la tête
de ces lettres, a été fait d'après cette statue par M. Letellier :
je le trouve d'une grande ressemblance ; l'inscription que j'ai
mise au-dessous indiquera, je l'espère, la véritable position
sociale de Lafayette. J'aurai pu y placer également les réflexions suivantes de madame de Staël qui sont d'une parfaite
vérité : « Dans les prisons d'Olmütz, comme au pinacle du

« crédit, il a été également inébranlable dans son attache-
« ment aux mêmes principes. C'est un homme dont la ma-
« nière de voir et de se conduire est parfaitement directe.
« Qui l'a observé peut savoir d'avance et avec certitude ce
« qu'il fera dans toute occasion... C'est un phénomène sin-
« gulier qu'un caractère comme celui de M. de Lafayette se
« soit développé dans les premiers rangs des gentilshommes
« français. »

Pensant, monsieur, que vous verrez avec intérêt la
sépulture de Lafayette, je vous envoie les esquisses que
j'en ai prises sur les lieux.

Le cimetière particulier où le corps de Lafayette est déposé se trouve à l'extrémité du faubourg Saint-Antoine, rue de
Picpus, n° 15. On entre d'abord dans une vaste cour dont les
bâtiments sont occupés par une communauté religieuse, et au
fond de laquelle se présente une modeste chapelle ; on tra-
traverse ensuite un grand jardin couvert d'arbres fruitiers,
d'arbustes et de plantes d'agrément, avant d'arriver à une
longue allée de tilleuls, bordée de charmilles, qui conduit à
l'enceinte réservée pour le cimetière. Celui-ci, clos de murs,
représente un carré long dans lequel on peut entrer par
trois portes. Il ne contient que deux rangées de mausolées
appartenant à des familles distinguées (les familles de
Noailles, de Grammont, de Montaigu, Destillière, Fre-
teau, Gouy-d'Arsy, Rosambo, Lamoignon, de Périgord, etc.).
Un chemin sablé, à l'extrémité duquel s'élève une croix de
pierre, sépare ces deux rangées de tombes. A l'angle sud-est du
terrain se trouve la place réservée à Lafayette et à sa famille. En-

tourée d'une grille de fer, la tombe de Lafayette est peu
élevée au-dessus du sol et formée de deux grandes tables de
marbre noir, légèrement inclinées et formant un angle très
ouvert. Sur cet angle est une petite croix dont les branches
latérales s'étendent sur les deux côtés du monument qui
couvre comme un toit les deux époux réunis.

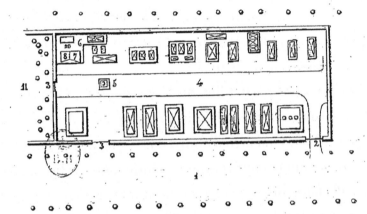

PLAN DU CIMETIÈRE.

1. La grande allée de tilleuls.

2. La porte d'entrée.

3. 3. les deux autres portes du
cimetière.

4. Allée moyenne qui sépare les
deux rangées de tombes.

5. La croix.

6. Terrain réservé à la famille
Lafayette.

7 et 8. Tombe commune de Lafayette et de sa femme.

9. Tombe de M. de Lasteyrie.

10. *Idem*, du fils de M. de Grammont.

11. Enceinte où sont enterrées
plusieurs victimes du tribunal révolutionnaire.

Voici la disposition de ces tables et les inscriptions en lettres d'or qu'elles portent :

M. A. F.	M. J. P. R. Y. G. D.
DE NOAILLES*,	LAFAYETTE**.
Née à Paris le xi Novembre MDCCLIX.	Lieutenant - Général, Membre de la Chambre des Députés, né à Chavaniac, Haute-Loire, le vi Septembre MDCCLVII, marié le xi Avril MDCCLXXIV,
Mariée le xi Avril MDCCLXXIV, A M. J. P. R. Y. G. D. LAFAYETTE.	A M. A. F. DE NOAILLES.
Décédée à Paris le xiv Décembre MDCCVII.	Décédé à Paris, le xx Mai MDCCCXXXIV.
Requiescat in pace.	Requiescat in pace.

Le terrain réservé à la famille Lafayette contient encore la tombe du colonel Lasteyrie, gendre du général, et celle de l'un des fils de M. de Grammont. Une plaque de marbre blanc est placée sur la muraille du fond : elle offre une inscription qui rappelle la mort de l'une des petites-filles de Lafayette, madame de Péron, née Maubourg.

Derrière le mur qu'avoisine le tombeau de Lafayette, s'élèvent des cyprès et quelques peupliers. Un de ces derniers, emblème de la mort, abandonne aux vents ses branches desséchées et augmente encore la tristesse de ce champ

---

* *Marie-Adrienne-Françoise.*
** *Marie-Jean-Paul-Roch-Yves-Gilbert de Motier Lafayette.*

de repos. La terre qui porte ces arbres renferme les dépouilles de nombreuses victimes du règne de la terreur,

TOMBEAU DE LAFAYETTE.

parmi lesquelles se trouvent les plus proches parentes de madame Lafayette. Cette dernière avait desiré être enterrée dans cet endroit : son vœu fut respecté, et détermina consécutivement le lieu de la sépulture de son mari.

La tombe de Lafayette, humble comme celles de ses amis Washington et Franklin, est tous les jours visitée par les personnes qui honorent sa mémoire, par les étrangers qui l'ont connu, et par ceux qui regrettent de n'avoir pu jouir de ce bonheur. Leurs noms couvrent un registre déposé chez le concierge du cimetière.

LETTRE QUATORZIÈME.

Paris, le 1er juillet 1835.

Il ne me reste plus, monsieur, pour compléter ce que j'avais à vous dire au sujet de Lafayette, qu'à vous parler de l'hommage que viennent de rendre à sa mémoire les gardes nationales de France.

L'enthousiasme que fit naître parmi les témoins des grandes scènes de l'Hôtel-de-Ville, en 1830, la noble conduite de Lafayette, leur inspira l'idée d'en perpétuer à jamais le souvenir, en lui consacrant un monument digne de sa gloire et des citoyens qui devaient l'ériger.

Une souscription fut bientôt ouverte et arrêtée pour assurer les moyens de réaliser cette pensée généreuse : les gardes nationales de Paris donnèrent l'exemple ; celles des départements ne tardèrent pas à les imiter.

On décida qu'un vase monumental et une épée seraient présentés à Lafayette au nom des milices nationales du royaume.

On nomma à Paris une commission centrale pour organiser la souscription et veiller à ce que l'exécution du vase et de l'épée répondît au vœu et à l'attente des souscripteurs. Les commissaires, pris parmi les notabilités de la garde nationale parisienne, tous Députés, et amateurs éclairés des beaux-arts, élurent pour trésorier

M. Jacques Laffitte, alors président du conseil des ministres.

La commission ainsi constituée choisit pour l'exécution du vase et de l'épée d'or qui devait l'accompagner, l'un de nos plus célèbres artistes en orfévrerie, M. Fauconnier.

La souscription fut ouverte à Paris dans le courant du mois d'octobre 1830, et annoncée au *Moniteur* le 19 novembre de la même année.

En janvier 1831, les modèles du vase furent présentés par l'auteur et agréés par les commissaires, qui envoyèrent aux commandants des différents corps de la garde nationale des départements la circulaire suivante :

Paris, 15 janvier 1831.

« Commandant,

« Le *Moniteur* du 19 novembre dernier a annoncé aux gardes nationales du royaume une souscription ouverte à l'effet d'offrir au général Lafayette un grand vase monumental en vermeil et une épée.

« Une commission a été nommée pour organiser cette souscription et veiller à ce que l'exécution répondît à l'attente des souscripteurs. M. Laffitte, président du conseil, a bien voulu se charger des fonctions de trésorier.

« La confection des dessins et modèles, confiée à M. Fauconnier, artiste distingué, a seule retardé jusqu'ici la plus grande publicité de cette souscription.

« Animés des mêmes sentiments que les gardes nationaux de Paris, MM. les gardes nationaux de votre département voudront s'associer à cette offrande vraiment nationale ; nous nous empressons donc de vous adresser le modèle des

feuilles destinées à recevoir les dons volontaires des souscripteurs. Toutes les offrandes seront accueillies avec le
même plaisir, *quelque faibles qu'elles soient*, aucune fortune
ne devant être privée du droit de concourir à rendre à la
gloire et aux services de l'illustre général l'hommage d'un
éternel souvenir et d'une profonde reconnaissance.

« Nous espérons, monsieur le commandant, que vous aurez
la bonté de faire parvenir, dans toutes les compagnies de
votre département, les feuilles ci-jointes, et d'adresser les
fonds à M. le président du conseil des ministres.

« Agréez, monsieur le commandant, l'assurance de la
haute considération et du dévouement avec lequel nous
avons l'honneur d'être,

« Vos très humbles

« et très obéissants serviteurs,

« Alex. DELABORDE,   Le Mis DE MARMIER,   DE SCHONEN,
Député, adjud.-major-   Colonel de la 1re légion.   Colonel de la 9me lé-
général.   gion. »

Le monument étant un hommage offert par toutes les
gardes nationales de France, à leur premier et ancien général,
ce fut d'abord et principalement parmi les soldats-citoyens
que les dons furent recueillis. Cependant un assez grand
nombre de personnes étrangères à nos institutions civiques
s'empressèrent de s'associer à cette œuvre patriotique.

Le vase a été conçu par M. Fauconnier qui, pour l'exécuter, se fit aider par les artistes les plus distingués de la
capitale, parmi lesquels il me suffit de citer MM. Garnaud,
Bovy et Chaponnière.—Aussi ce vase monumental qui se rat-

tâche à la haute orfévrerie, est-il, en style de l'art, *un tour
de force* et *un chef-d'œuvre de manutention.*

Commencé pour l'exécution matérielle en 1831, il ne fut
achevé qu'en février 1835. Des embarras inouïs de position
arrêtèrent plusieurs fois les travaux de l'artiste, et les prolon-
gèrent jusqu'à cette époque avancée.

DESCRIPTION DU VASE.

Le vase en vermeil et le socle en forme d'autel votif, du
même métal, ont environ quatre pieds de hauteur. Les anses
sont formées par deux forts ceps de vigne s'appuyant sur les
bords du collet, et supportés par deux têtes de lion. Le collet
est ceint d'une couronne civique, et le culot est orné de feuilles de plantes aquatiques, séparées par des tiges de canne à
sucre et de cafier. Sur l'un des côtés du vase, deux Génies,
celui des Beaux-Arts et celui de l'Industrie, entourés de leurs
attributs, soutiennent une draperie sur laquelle on lit:

LA FRANCE

AU GÉNÉRAL LAFAYETTE.

De l'autre côté apparaît au milieu d'une Gloire le millé-
sime de 1830.

Le socle est carré, à pans coupés; il est décoré de quatre
statues et de quatre bas-reliefs qu'on peut regarder comme
autant de petits chefs-d'œuvre de bon goût et d'à-propos
historique.

Les statues, qui représentent la Liberté, l'Égalité, la
Force et la Sagesse, sont placées debout, sur un avant-corps
préparé pour les recevoir.

1° LA LIBERTÉ est représentée sous la forme d'une jenne

femmc, entièrement drapée, et coiffée du bonnet phrygien : elle tient d'une main le drapeau national, et de

l'autre le glaive pour le défendre; elle foule aux pieds des chaînes brisées.

2° L'ÉGALITÉ. La déesse tient de la main droite le niveau,

mais s'appuie de la gauche sur la table des lois, et offre ainsi le symbole de l'égalité constitutionnelle.

3° LA FORCE; représentée par une femme dans la vigueur de l'âge, elle est coiffée et en partie vêtue d'une peau de lion qui retombe sur son dos et son épaule gauche, et s'appuie sur un faisceau de verges, pour indiquer qu'elle dépend de l'union.

4° LA SAGESSE. Cette vertu est représentée sous la forme d'une jeune femme d'une figure sévère, drapée avec goût, et couverte du casque de Minerve : sa pose calme et grave indique la réflexion.

Quatre bas-reliefs décorent les faces de l'autel. Ils sont relatifs à la vie de Lafayette et bien choisis; ils représentent:

Le premier, la capitulation de lord Cornwallis;

Le second, la Fédération de 1790;

Le troisième, la réception du duc d'Orléans, lieutenant-général du royaume, à l'Hotel-de-Ville, le 31 juillet 1830;

Et le quatrième, la distribution des drapeaux à la garde nationale au Champ-de-Mars, le 29 août 1830.

Ces bas-reliefs méritent de fixer un instant notre attention, et je vais revenir sur chacun d'eux en particulier, avec d'autant plus de plaisir, qu'ils sont aussi remarquables par leur composition que par leur exécution.

Premier bas-relief.

Lafayette avec les généraux et les états-majors des armées américaine
et française, après la capitulation de lord Cornwallis à York-Town.

Pour rappeler le sujet de ce bas-relief, je ne puis
mieux faire que d'emprunter à la relation d'un vieux soldat
de l'armée américaine, que M. Levasseur rencontra aux
environs de York-Town en 1824. La rencontre et la connaissance du voyageur français et du soldat américain s'étaient
faites au pied d'une pyramide, sur laquelle étaient inscrits en
gros caractères les noms de *Rochambeau, Viomesnil, Lauzun,*

Saint-Simon, *Dumas*, et enfin ceux de tous les principaux officiers des corps français qui avaient combattu et vaincu à York-Town. Après avoir rendu compte à M. Levasseur de la retraite de lord Cornwallis vers York-Town, où il s'enferma, le vieux soldat républicain continuait ainsi :

« MM. Duportail et Querenet à la tête des ingénieurs conduisaient les travaux du siége; M. d'Aboville commandait l'artillerie française, et le général Knox l'artillerie américaine. Malgré le feu de l'ennemi, la tranchée marchait rapidement; et, dès le 9 octobre, trois batteries étaient déja en état de jouer sur la place. Le général Washington mit lui-même le feu à la première pièce, et, à ce signal, les Américains commencèrent une vive cannonade, à laquelle les Anglais répondirent avec la plus grande vigueur. Le combat dura toute la nuit, et ne fut éclairé que par l'incendie d'une petite escadre anglaise, à laquelle des boulets rouges, tirés d'une batterie française, avaient mis le feu.

« Le 14 les Anglais ne possédaient plus d'ouvrages extérieurs que deux grandes redoutes : Washington résolut de s'en emparer. Après avoir fait détruire à coups de canon les abatis qui en défendaient les approches, et lorsque le feu de l'ennemi eut commencé à se ralentir, il jugea le moment favorable pour donner l'assaut. Lafayette, à la tête de l'infanterie légère américaine, fut chargé de l'attaque de la redoute de gauche des assiégés, et Viomesnil, à la tête des grenadiers français, de celle de droite. Lafayette pensa avec raison que, pour enlever avec de jeunes troupes des retranchements défendus par des soldats expérimentés, il ne fallait compter que sur l'audace et la rapidité de l'attaque; en conséquence il fit décharger toutes les armes de sa division, la forma en colonne, la conduisit lui-même, l'épée à la main et au pas de course, à travers les abatis, et, malgré le feu de l'ennemi, pénétra dans la redoute dont il se rendit maître en quelques minutes. Ce brillant succès ne lui coûta que quelques hommes. Il envoya aussitôt son aide-de-camp Barber, à Viomesnil, pour le prévenir qu'il était dans la redoute, et lui demander où il en était. L'aide-de-camp trouva le général français à la tête de sa colonne de grenadiers, attendant patiemment, l'arme au bras et sous le feu terrible de l'ennemi, que ses sapeurs lui eussent préparé méthodiquement un chemin à travers les abatis. « Dites à Lafayette, répondit Viomesnil, que je ne suis pas encore dans la mienne; mais que j'y serai dans cinq minutes. » En effet cinq minutes après, sa troupe entra, tambour battant et en aussi bon ordre qu'à une parade, dans les retranchements anglais.

« Le siége continua encore; mais, après une sortie inutile pour dissimuler la retraite qu'il voulait effectuer pendant la nuit, lord Cornwallis reconnut qu'il n'y avait plus pour lui d'espoir de salut, et le 17 octobre il demanda à parlementer. La capitulation portait que lord Cornwallis et son armée seraient prisonniers de guerre; que les troupes défileraient le fusil sur l'épaule, les drapeaux couverts, les tambours battant une marche anglaise ou allemande, et qu'elles viendraient déposer les armes en présence des armées alliées. Lorsque les Anglais sortirent de la ville, les Américains et les Français étaient rangés sur deux lignes, les premiers à droite et les seconds à gauche de la route : à l'extrémité de ces lignes étaient tous les officiers-généraux. Au moment où la tête de la colonne anglaise parut, tous les regards cherchèrent Cornwallis; mais, retenu par une indisposition, il s'était fait représenter par le général Ohara. Celui-ci, soit erreur, soit calcul, vint présenter son épée au général Rochambeau[1], qui d'un signe lui indiqua le général Washington, en lui disant : « que l'armée française n'étant qu'auxiliaire, c'était du général américain qu'il devait recevoir les ordres. » Ohara parut piqué, et s'avança vers Washington qui l'accueillit avec une noble générosité. »

L'auteur du bas-relief a représenté le moment où le général Ohara, le chapeau à la main, remet son épée à Washington en présence des généraux Rochambeau, Lafayette, et de l'état-major des armées alliées. Les troupes américaines et les grenadiers français forment groupe derrière l'état-major; leurs drapeaux sont déployés et flottent au gré des vents. La honte et le désespoir se remarquent dans l'attitude et l'expression de la physionomie des officiers qui suivent le général Ohara. Sur le devant du tableau un officier américain soutient et relève un blessé qui semble oublier ses douleurs pour assister au triomphe de sa patrie. Des pièces d'artillerie montées ou brisées et renversées occupent le devant du tableau, sur le dernier plan duquel on aperçoit la ville d'York-Town.

---

[1] D'autres historiens prétendent que ce fut à Lafayette qui portait l'uniforme américain, que Ohara, par erreur, voulut d'abord remettre son épée.

Second bas-relief.

Lafayétte prêtant le serment civique, à la Fédération Française,
le 14 juillet 1790.

Je ne puis mieux faire, pour vous rappeler, en peu de
mots, le sujet de ce bas-relief, que de vous citer le passage
suivant d'un historien moderne [1].

« Le vaste emplacement du Champ-de-Mars était entouré
de gradins de gazon occupés par quatre cent mille spectateurs.

---

[1] Mignet, Histoire de la Révolution Française, tom I, p. 69.

Au milieu s'élevait un autel à la manière antique; autour de l'autel, sur un vaste amphithéâtre on voyait le roi, sa famille, l'Assemblée et la municipalité; les fédérés des départements étaient placés par ordre, sous leurs bannières; les députés de l'armée et de la garde nationale étaient à leurs rangs et sous leurs drapeaux. L'évêque d'Autun monta sur l'autel en habits pontificaux. Quatre cents prêtres, revêtus d'aubes blanches et décorés de ceintures tricolores flottantes, se postèrent aux quatre coins de l'autel. La messe fut célébrée au bruit des instruments militaires; l'évêque d'Autun bénit ensuite l'oriflamme et les quatre-vingt-trois bannières.

« Il se fit alors un profond silence dans cette vaste enceinte; et Lafayette, nommé ce jour-là commandant-général de toutes les gardes nationales du royaume, s'avança le premier pour prêter le serment civique. Il fut porté entre les bras des grenadiers sur l'autel de la patrie, au milieu des acclamations du peuple, et il dit d'une voix élevée, en son nom, au nom des troupes et des fédérés : *Nous jurons d'être à jamais fidèles à la nation, à la loi et au roi; de maintenir de tout notre pouvoir la constitution décrétée par l'Assemblée nationale, et acceptée par le roi, et de demeurer unis à tous les Français par les liens indissolubles de la fraternité.* Aussitôt les salves de l'artillerie, les cris prolongés de *vive la nation! vive le roi!* le cliquetis des armes, les sons de la musique, se mêlèrent ensemble. Le président de l'Assemblée nationale prêta le même serment, et tous les députés le répétèrent à-la-fois. Alors Louis XVI se leva et dit : *Moi, roi des Français, je jure d'employer tout le pouvoir qui m'est délégué par l'acte* constitutionnel de l'État à maintenir la constitution décrétée par l'Assemblée nationale et acceptée par moi. La reine entraînée leva le dauphin dans ses bras, et, le montrant au peuple, dit : *Voilà mon fils, il se réunit ainsi que moi dans les mêmes sentiments.* Au même instant les bannières s'abaissèrent, les acclamations du peuple se firent entendre, les sujets crurent à la sincérité du monarque, le monarque à l'attachement des sujets, et on termina cette heureuse journée par un cantique d'actions de grâces. »

L'auteur du bas-relief a choisi le moment où Lafayette, monté sur l'autel de la patrie, prononce le serment civique : revêtu de l'uniforme de commandant en chef des gardes nationales, il est debout, découvert, tient de la main gauche son épée qu'il presse contre son cœur, et, de la droite, il appuie le serment qu'il fait. L'évêque d'Autun, revêtu de ses habits sacerdotaux, entouré des membres du clergé, étend les mains sur l'Évangile ouvert au pied de la croix, et répète le même serment, qu'accueillent, par des acclamations d'enthousiasme, le peuple, les députés, les gardes nationales qui se pressent autour de l'autel de la patrie.

Troisième bas-relief.

Visite du duc d'Orléans, lieutenant-général du royaume, à l'Hôtel-
de-Ville, le 31 juillet 1830 [1].

« Le duc d'Orléans, lieutenant-général du royaume de
France, se rendit accompagné des Députés, à l'Hôtel-de-
Ville, entouré de citoyens et de gardes nationaux pour tout
cortége. C'était un spectacle tout nouveau et digne d'admiration de voir une population immense pressée sur les quais

---

[1] *Moniteur* du 31 juillet 1830 (partie officielle).

depuis le Carrousel jusqu'à la place de Grève qui semblait
être un vaste amphithéâtre. Point de gendarmes, point
d'état-major; de simples citoyens formaient la haie, et cependant l'ordre le plus parfait régnait.

« Le général Lafayette, entouré de la commission munici-
pale, et de ces élèves de l'École polytechnique qui, si jeunes encore, ont acquis une gloire si belle et si pure, s'est
avancé au-devant du Prince; leur connaissance remontait à
l'aurore de notre glorieuse révolution, pour laquelle ils
avaient ensemble combattu; ils s'embrassèrent avec cordialité, et furent à l'instant entourés et presque étouffés par les
officiers de toutes armes qui encombraient les salles de l'Hôtel-de-Ville. Arrivés dans la grande salle d'armes, un cercle
s'est formé, et l'un des Députés, M. Viennet, a prononcé une
adresse pleine de franchise. Le Prince a répondu avec simplicité; il a rappelé toutes les garanties qui devaient être
accordées au pays, et, à cette énumération, on voyait la
vénérable figure de Lafayette s'épanouir, sa main s'approcher
de celle du Prince, et la serrer avec attendrissement. On ne
saurait se faire une idée de l'enthousiasme de la population,
lorsque le Prince, s'avançant à la fenêtre de l'Hôtel-de-Ville,
a agité ce drapeau tricolore, symbole de notre gloire et de
notre liberté. A la sortie du Prince, l'explosion de la joie publique a été générale. »

L'artiste du bas-relief a représenté le moment où le général Lafayette serre affectueusement la main du Roi (la
scène se passe sur le perron de l'Hôtel-de-Ville). Un officier
tient un drapeau tricolore au-dessus des deux principaux

personnages. Des gardes nationales, des soldats de la ligne, des combattants de Juillet sous les armes, des blessés, des citoyens de Paris, forment groupe autour du Roi et de Lafayette, et font entendre des cris d'enthousiasme. Un enfant, monté sur la base de l'une des colonnes de l'Hôtel-de-Ville, agite un drapeau national.

Quatrième bas-relief.

Distribution des drapeaux à la garde nationale de Paris, le 29 août 1830 [1].

« Le 29 août 1830, conformément à l'ordre du jour, donné

---

[3] *Moniteur* du 30 août 1830.

la veille par le général Lafayette, les légions de la garde
nationale de Paris se réunirent dans leurs arrondissements
respectifs et se dirigèrent ensuite vers le Champ-de-Mars,
où elles prirent, dans leur ordre de numéro, la position qui
leur avait été assignée.

« En même temps, de tous les points de la capitale et des
environs, se dirigeait vers le même lieu une foule immense
d'habitants. Bientôt les talus du Champ-de-Mars, les avenues
voisines, les quais et les hauteurs qui font face à l'École-
Militaire, furent occupés par une multitude innombrable.

« A midi et demi, au bruit d'une salve d'artillerie, le Roi,
accompagné du duc d'Orléans, du duc de Nemours, d'un
brillant état-major et d'un nombreux cortège d'officiers-généraux, partit du Palais-Royal et arriva au Champ-de-Mars,
précédé et suivi par quatre escadrons de la garde nationale
à cheval.

« Le Roi, étant arrivé devant l'École-Militaire, fut reçu dans
une tente qui lui avait été préparée, et près de laquelle se
trouvait un pavillon occupé par la famille royale. Près de
cette tente on reconnaissait, avec le plus touchant intérêt,
deux détachements de braves citoyens blessés dans les journées de Juillet, et réunis sous un drapeau commémoratif de
leur victoire.

« Les acclamations qui n'avaient cessé d'accompagner le
Roi sur son passage, s'élevèrent alors du milieu des légions;
et à l'instant, sur toutes les lignes, on vit les bonnets, les scha-
kos mis au bout des baïonnettes aux cris de *vive le Roi !*

« Les députations des bataillons s'avancèrent alors pour la

distribution des drapeaux; les chefs de légion et de bataillon étaient placés au centre de leur députation.

Le Roi leur adressa les paroles suivantes :

« Mes camarades,

« C'est avec plaisir que je vous confie ces drapeaux, et
« c'est avec une vive satisfaction que je les remets à celui
« qui était, il y a quarante ans, à la tête de vos pères, dans
« cette même enceinte.

« Ces couleurs ont marqué parmi nous l'aurore de la li-
« berté; leur vue me rappelle avec délice mes premières
« armes : symboles de la victoire contre les ennemis de
« l'État, que ces drapeaux soient à l'intérieur la sauvegarde
« de l'ordre public et de la liberté; que ces glorieuses cou-
« leurs, confiées à votre patriotisme et à votre fidélité,
« soient à jamais notre signe de ralliement. *Vive la France!* »

« Les cris de *vive la France! vive le Roi!* répondirent à
cette allocution. Le général Lafayette, tenant les quatre
drapeaux par légion, qu'il avait reçus des mains du Roi,
prononça la formule du serment, les chefs de légion et de
bataillon répondirent : *Je le jure.* Les colonels et les députations retournèrent ensuite vers le front de leurs corps
respectifs, et lorsque tous les détachements furent arrivés, et les drapeaux à leur rang, chaque colonel reçut le
serment de sa légion au bruit des décharges d'artillerie mêlé
aux acclamations des gardes nationales et des citoyens. »

Le bas-relief représente le Roi et Lafayette, placés sur une
estrade. Le Roi, à la droite, entouré des ducs d'Orléans et

de Nemours et d'officiers supérieurs, soutient le drapeau national, et reçoit le serment des chefs de légion. Lafayette, placé à la gauche, remet au colonel d'une légion un drapeau qu'il presse avec ardeur contre sa poitrine. Un groupe de blessés se voit à la gauche du tableau. Des généraux, des officiers d'ordonnance groupés autour du Roi et de Lafayette, des drapeaux déployés complètent ce joli bas-relief.

Toutes les parties de ce beau vase, qui doit rester comme un monument de l'histoire, sont exécutées avec un talent plein de noblesse et de dignité. Le coq français, l'aigle américaine, les fruits et les fleurs de l'Europe réunis en guirlandes avec ceux du Nouveau-Monde, se font remarquer parmi ses ornements et ceux de son soubassement. Les bas-reliefs sont d'une belle exécution, et exempts de confusion et de désordre dans les sujets qu'ils représentent.

La composition du vase Lafayette plaît autant par la parfaite harmonie de tous les détails, que par l'élégance, la pureté et la grâce des formes. On n'en saurait assez admirer la figure entière, à-la-fois si simple et si somptueuse: il est aussi hardiment et noblement conçu qu'il est bien exécuté.

Le 7 avril 1835 les trois commissaires de la souscription, MM. Delaborde, de Marmier, de Schonen, se sont transportés au domicile de M. George Lafayette, où la famille entière était réunie, et là ils lui ont fait la remise de ce monument du vœu national. M. de Schonen, organe de la commission, a dit:

« Messieurs,

« En 1830, les gardes nationales de France, reconstituées
« par les soins du général Lafayette, souscrivirent d'une voix
« unanime à un vase monumental et à une épée d'or, qui de-
« vaient être offerts en leur nom à leur illustre chef.

« Pendant que l'artiste travaillait pour enfanter une œuvre
« digne de ceux qui donnent et de celui qui devait recevoir,
« la mort, qui n'attend pas, frappait...

« Et l'hommage ne peut être aujourd'hui déposé que sur
« une tombe...

« Voilà pourquoi l'épée ne s'y trouve pas réunie...

« C'est donc ce douloureux devoir que nous venons ac-
« complir.

« Nous confions à vos pieuses et fidèles mains cet hommage
« de la reconnaissance nationale.

« Il y restera comme un souvenir des plus nobles actions
« et des plus héroïques sacrifices, et comme un saint encou-
« ragement à suivre un aussi digne modèle.

« Dans cette solennité, qui aurait pu être si heureuse, c'est
« au moins une consolation pour nous d'associer notre dou-
« leur à la vôtre, et de rendre, au nom de la France, témoi-
« gnage de celle qu'elle a ressentie pour votre irréparable
« perte. »

M. George Lafayette a répondu :

« Messieurs,

« C'est avec une vive gratitude que nous recevons le pré-
« cieux dépôt que vous voulez bien remettre entre nos mains;

« et la famille du général Lafayette vous remercie de ce que
« vous l'avez jugée digne de recueillir un si noble héritage.
« Messieurs, de grands souvenirs se rattacheront toujours à
« ce gage de l'estime et de l'affection des gardes nationales
« de juillet 1830 pour leur Commandant-Général, et notre
« reconnaissance pour cette masse de bons citoyens que vous
« représentez ici deviendra le patrimoine aussi de nos arrière-
« petits-enfants.

« Messieurs, permettez-moi d'espérer que vous voudrez bien
« agréer des remerciements particuliers, qui, sans le cruel
« malheur qui nous a frappés, vous seraient adressés par un
« autre que moi. Je ne puis le remplacer, mais je vous remer-
« cie de l'avoir aimé; je vous remercie de venir le pleurer
« avec nous; et croyez bien, du moins, que si les principes
« de mon père n'étaient pas aussi les miens, que si je n'étais
« pas sûr d'être toujours fidèle à sa mémoire, je n'aurais pas
« accepté l'honneur que vous me destinez aujourd'hui. »

Ces discours ont été interrompus plusieurs fois par l'émotion de ceux qui les prononçaient et de ceux à qui ils s'a-
dressaient. Il est impossible de la peindre.

Quelques jours après cette scène touchante, pendant laquelle MM. les commissaires se sont si dignement acquittés
de leur mission, et ont si noblement exprimé les douloureux
hommages des souscripteurs à la mémoire de Lafayette,
le vase fut de nouveau confié à son auteur, et demeura exposé
pendant six semaines environ aux regards du public. Des
hommes distingués de toutes les classes, de hauts personnages, des amateurs, des étrangers accoururent en foule dans

les ateliers de l'artiste pour admirer son chef-d'œuvre. Vers la fin du mois de mai, le vase fut transporté au château de Lagrange et inauguré dans la bibliothèque du général.

Certes, à la vue d'un si bel ouvrage, il est permis de faire des vœux pour l'encouragement public de l'orfévrerie française. Toutes les industries honorent un pays, on le sait : mais celle dont le développement sert à sa gloire et à sa fortune, celle où l'art domine ainsi relevé par de grands talents, doit être plus chère et plus importante à nos yeux ; et si jamais un artiste a mérité des encouragements, c'est à coup sûr l'auteur du vase Lafayette. J'ai eu de fréquentes occasions de le voir, de causer avec lui, et son histoire est assez curieuse pour ajouter encore au bienveillant intérêt qu'il inspire par ses ouvrages.

Lorsqu'il commença à se faire distinguer par la belle exécution des pièces sorties de ses mains, il y avait déja long-temps que M. Jacques-Henri Fauconnier, *fils de ses propres œuvres,* après avoir long-temps fabriqué pour les autres, travaillait pour son propre compte, non pas dans le seul intérêt mercantile, mais pour l'avancement de sa profession et le retour de l'art et du goût un instant méconnus par les fabricants d'orfévrerie française. Malgré ses succès, et quoiqu'il ait au suprême degré le sentiment et la passion de son art, toujours aussi modeste qu'il est habile, M. Fauconnier n'a fait en dehors de sa profession que très peu d'efforts pour intéresser l'opinion publique. Il n'a jamais possédé le talent de se faire valoir.

Surnommé par ses connaissances *le Fou de l'orfévrerie,* il

en est réellement le Benevenuto Cellini, avec lequel il a plus d'un trait de ressemblance : ses titres sont nombreux ; ses progrès sont attestés depuis long-temps par des ouvrages qui lui ont mérité, à toutes les expositions nationales, et notamment en 1819 et 1834, la médaille d'or, premier prix d'orfévrerie.

Avant la révolution de Juillet, M. Fauconnier possédait un établissement qu'il avait créé, élevé et bâti lui-même, et où il avait jeté son avoir, celui de sa femme et ses économies si péniblement acquises. Son établissement avait un immense développement, et il pensait y réaliser le rêve de sa vie d'artiste, son idée fixe, celle de créer une véritable école de haute orfévrerie française, Atelier de ciselure, de sculpture, salles d'études pour toutes les parties du dessin, ouvriers habiles, élèves spéciaux, tout se trouvait réuni dans son atelier ; mais il se montrait plus artiste que marchand ; aussi, malgré l'affluence empressée des gens du monde dans sa fabrique, il arriva tout naturellement que sa prospérité financière ne suivit point la même progression ascendante que l'estime pour ses ouvrages : de là ses revers de fortune. Les humiliations ne lui furent point épargnées ; et, après des pertes nombreuses qu'il ne put réparer, il fut, en février 1832, enlevé à ses ateliers ; et, après en avoir été brutalement expulsé, il vit saisir et vendre tout chez lui. Le vase Lafayette était loin d'être achevé ; il courut le risque de n'être pas exécuté.

Heureusement pour le pays, MM. les commissaires de la souscription nationale eurent le bon esprit de laisser ce travail à M. Fauconnier, la patience d'attendre qu'il fût débarrassé, et la noble générosité de l'aider de leurs propres deniers. Les noms de MM. de Schonen, Marmier et Alexandre Delaborde figurèrent encore sur la liste d'une souscription privée, pour racheter les instruments, le matériel de la fabrication de M. Fauconnier, vendus à l'encan par quelques créanciers impitoyables. Deux honorables banquiers, MM. Mallet frères, souscrivirent aussi; de plus, ils se chargèrent généreusement de recueillir les fonds, et de tous les détails administratifs. M. le baron de Montmorency soutint notre artiste de sa bourse et de son influence; il se mit à la tête de cette nouvelle souscription; Madame Adélaïde, sœur du Roi, dont l'ame sait compatir à tous les genres d'infortune que sa bienfaisance s'empresse toujours de soulager, fournit généreusement à Fauconnier une de ses maisons [1], afin qu'il pût y recueillir les débris de son ancien établissement. Plein de reconnaissance pour ses bienfaiteurs dont il aime à proclamer la générosité, l'artiste est enfin parvenu à y remonter ses ateliers, fournis maintenant d'un matériel considérable, et d'une riche collection de modèles remarquables par leur bon goût et l'élégance de leurs formes. Un jour M. Fauconnier me racontait, avec toute l'ardeur d'un véritable artiste, les malheurs de sa vie, ses tribulations, ses combats contre ses créanciers : son visage s'anima, ses yeux brillèrent de cette expression qui indique à-la-fois l'indignation et la force de l'ame pour braver les

---

[1] Rue de Babylone, n° 16.

obstacles qu'on oppose au génie. « Eh bien, oui ! » s'écria-t-il
en parlant de ses créanciers, « s'ils fussent parvenus à me
« mettre en prison, j'aurais, à leur nez, forgé de l'orfèvrerie
« sous les barreaux de mon cachot ! »

Lafayette appartient aux hommes illustres qui honorent
l'humanité, et sa mort est une perte irréparable pour le monde
entier. Faisant abstraction complète de lui-même et de ses
affections particulières, il n'a envisagé l'espèce humaine que
des hautes régions où son intelligence et ses vertus l'avaient
placé. Aussi, peu d'hommes l'ont bien compris; la plupart l'ont mal jugé. Bien des gens l'ont méconnu, en-
traînés qu'ils étaient par leurs préjugés et leurs passions
politiques; car les opinions politiques et religieuses ont
cela de commun, qu'en excitant les passions haineuses les
plus violentes, elles étouffent la raison et tout sentiment de
justice dans leurs sectaires, qui frappent de la même répro-
bation l'homme public et l'homme privé dans celui dont les
principes sont contraires aux leurs. Peut-être même, à l'heure
où j'écris ces lignes, les vertus de Lafayette sont-elles mieux
appréciées par les étrangers, et sur-tout par vos compatriotes
qui viennent de lui rendre un si touchant hommage, que par
ses propres concitoyens. Les Français sont à la vérité pleins
d'ame et de générosité; ils aiment autant qu'aucun autre
peuple ce qui est grand et sublime, et sont toujours prêts à
servir d'exemple quand l'occasion s'en présente : mais, il faut
l'avouer, ils sont légers; leur enthousiasme s'éteint aussi vite
qu'il s'était allumé, et on pourrait prendre pour de l'ingratitude ce qui n'est chez eux qu'un oubli du passé, par le bé-

soin continuel qu'ils éprouvent de s'élancer dans l'avenir. Poussés sans cesse par leur ardente imagination, ils estiment principalement ce qui est loin d'eux dans le temps ou dans l'espace : leur esprit les transporte presque toujours au-delà de ce qui les entoure, pour y chercher des objets qu'ils admirent; ils dédaignent les trésors qu'ils possèdent, parcequ'ils sont trop près d'eux, qu'ils peuvent les voir et les toucher. Néanmoins on doit convenir, à leur avantage, que depuis un demi-siècle leur raison a fait de grands progrès : leur esprit a gagné en solidité ce qu'il a peut-être perdu en grâce et en brillant; leur poésie tous les jours se change en prose, et leur jugement commence à conduire leur imagination, au lieu de se laisser guider et souvent égarer par elle. La société en France est devenue plus sérieuse et plus sensée. Le spectacle des abus des gouvernements qui ont précédé, les crimes, les malheurs qui ont accompagné et suivi notre première révolution; les essais chèrement payés que nous avons faits de plusieurs régimes politiques, et les vices que nous y avons reconnus; la vanité de notre gloire militaire démontrée par d'épouvantables désastres, humiliée par un dernier revers qui couvre encore la France de deuil, et par la perte d'une portion de notre territoire; la destruction successive des pouvoirs qui nous ont mal gouvernés, expliquent les changements survenus dans l'esprit des Français; les progrès incontestables de leur raison et de leur éducation politique; leur entraînement vers les sciences, les arts, l'industrie, l'agriculture et le commerce, qui leur assurent une véritable indépendance, et l'attachement sincère qu'ils ont pour le gouvernement constitutionnel, le seul qui, étant franchement mis en pratique, soit compatible avec la sûreté des gouvernants, la liberté, les intérêts et le bonheur des peuples.

Dans un discours qu'il prononçait en 1819 à la Chambre des Députés, Lafayette, en parlant de l'influence de la révolution sur l'état général de la France, s'exprimait ainsi : « l'Assemblée constituante trouva impossible de rien réformer, « sans tout changer. Si les reconstructions furent imparfaites, « les principes généraux étaient sans doute, quoi qu'on en « dise, bien salutaires : car, malgré tout ce qu'on perdit en- « suite par l'anarchie, le terrorisme, le *maximum*, la banque- « route et la guerre civile; malgré une lutte terrible contre « toute l'Europe, il reste une vérité incontestable : c'est que « l'agriculture, l'industrie, l'instruction publique de la « France, l'aisance et l'indépendance des trois quarts de sa « population, et, je le répéterai, les mœurs publiques, se sont « améliorées à un degré dont il n'y a pas d'exemple dans au- « cune période de l'histoire, ni dans aucune partie de l'an- « cien monde. »

Un jour on reconnaîtra la prodigieuse influence que Lafayette a exercée sur la vraie civilisation : un jour viendra où les Français le connaîtront mieux, regretteront qu'on ne lui ait pas rendu plus de justice pendant sa vie, et lui élèveront des statues. En cela il aura partagé le sort de la plupart des grands hommes, sort écrit dans le cercle éternel où roulent les choses humaines. La France et l'Amérique uniront leurs vœux pour honorer ensemble la mémoire d'un homme qu'elles seront fières, l'une d'avoir porté, et l'autre d'avoir adopté. Il ne manque à Lafayette qu'un historien : heureusement il est impossible que ses vertus ne trouvent pas d'écho dans le cœur d'un homme de talent capable de les proclamer. Le génie de Plutarque, l'amour de la vertu et le besoin de lui élever un autel, sauront inspirer cet écrivain. Il ne sera pas nécessaire que les académies réveillent son admiration : de plus nobles sentiments que l'appât d'une récompense littéraire sauront échauffer son ame et donner à Lafayette un historien digne de lui.

Je desire, mon cher monsieur, que vous trouviez dans les renseignements que je vous ai donnés sur Lafayette, la preuve de ma bonne volonté pour répondre au vœu que vous m'avez exprimé. Pour moi, je m'estime heureux, en payant une dette de reconnaissance à sa mémoire, d'avoir trouvé l'occasion d'établir avec vous des rapports plus intimes d'estime et d'amitié, et je vous prie de recevoir l'assurance sincère de l'une et de l'autre.

Jules CLOQUET.

P. S. Vous trouverez ci-après : 1° une lettre que madame Lafayette écrivait des prisons d'Olmütz au docteur Bollmann, et que j'ai retrouvée dans la correspondance de Masclet. Si j'avais eu plus tôt connaissance de cette pièce, je l'aurais placée immédiatement après la lettre confidentielle du général Latour-Maubourg. 2° Quelques lignes de l'écriture autographiée des principales personnes dont il est question dans mes lettres, savoir : de Lafayette, de M. George Lafayette, de mesdames Lafayette-Maubourg et

Lafayette-Lasteyrie, de madame George Lafayette, de Latour-Maubourg, de Bureaux de Pusy, de Masclet, et du commandeur Mello-Breyner.

LETTRE DE Mᵐᵉ LAFAYETTE AU DOCTEUR BOLLMANN.

Olmütz, 22 mai 1796.

Je puis donc enfin vous écrire, monsieur, je puis vous parler de tous les sentiments dont nous sommes pénétrés; et le premier besoin de mon cœur est de vous offrir l'expression de ma reconnaissance.—Je suis aussi bien pressée de vous témoigner mes regrets de ne l'avoir fait plus tôt. J'avais appris dans les prisons de Paris, votre généreuse entreprise, et je savais que vous et M. Huger étiez dans les fers; mais nous avions été, nous étions encore en France sous une oppression si tyrannique, on mettait tant de prix à étouffer le souvenir de celui dont les principes et les exemples rappelaient le devoir de la résistance à cette oppression, et la terreur avait tellement paralysé tout le monde, qu'il était impossible, surtout dans ma position personnelle, d'obtenir beaucoup de détails sur M. Lafayette et sur vous.—J'étais d'ailleurs moi-même anéantie par les plus affreux malheurs que le cœur d'une fille et d'une sœur puisse ressentir; et, pour retrouver quelques facultés de mon ame, il fallait que je vinsse ici reprendre des forces.

J'obtins enfin un passe-port pour les États-Unis, et un vaisseau américain me conduisit à Hambourg. C'est de là que j'aurais dû vous écrire; mais, n'y recevant encore qu'une relation imparfaite de tout ce qui avait rapport à vous, persuadée ensuite, par ce qu'on me dit à Vienne,

que je correspondrai facilement d'ici, et ayant, je l'avoue,
ainsi que mes filles, la tête tournée de l'idée d'y arriver,
nous crûmes que l'expression de notre sensibilité vous serait
plus agréable au nom de tous les quatre; et vous jugez
bien que dès les premiers instants de notre réunion nous
eûmes à satisfaire l'avide impatience qu'avait M. Lafayette
d'entendre parler de vous. C'est de lui que nous apprîmes,
avec attendrissement et admiration, toutes les circonstances
dont nous n'avions encore connu qu'une partie : nous savions
tout ce que vous aviez fait en Prusse : nous sûmes alors combien de temps, d'efforts et d'adresse, il vous fallut à Olmütz
pour correspondre avec lui ; nous connaissions votre coura-
geuse tentative ; mais nous ignorions avec quelle générosité
vous-adoptâtes cette idée de Lafayette, avec quel zèle, après
avoir épuisé tous les moyens de le servir à Vienne, vous
aviez préparé cet enlèvement.

Je ne puis vous peindre à quel point nous avons été
émues par tous les détails de cette journée, dans laquelle
vous et M. Huger avez été si intrépides, si délicats, si
indifférents à votre propre sûreté, et si dévoués à l'unique
idée de sauver celui qui nous en parlait avec un bien juste
enthousiasme : il voudrait pouvoir vous expliquer lui-même
comment, après s'être arrêté sur la route, malgré ce que
vous lui avez dit, pour vous voir à cheval; obligé de marcher ensuite, parceque le sang et la boue attiraient l'attention sur lui, s'étant arrêté de nouveau, et même, dans son
inquiétude pour vous deux, étant revenu un moment sur ses
pas, il avait été forcé de retourner vers Sternberg ; et, ayant

des raisons de croire que vous aviez coupé à travers champ,
il avait cherché à vous rattraper avant cette ville, quoiqu'il
souffrît beaucoup de sa première chute; comment, enfin, ne
connaissant pas le nom de Hoff, connaissant la route directe
de Silésie, par laquelle il était venu en voiture, et ne pouvant
pas faire beaucoup de questions sans être remarqué, sur-tout
avec l'étrange figure qu'il avait, il finit par être arrêté. Il
eut, du moins, alors la consolation momentanée d'entendre
dire que vous étiez tous deux sauvés; car ce n'est qu'à Olmütz
qu'il apprit l'arrestation de M. Huger, et il ne fut même assuré de la vôtre que dans cet interrogatoire auquel, *par égard
pour vous deux,* il consentit à répondre, et dans lequel, ayant
refusé de parler sur la correspondance secrète, il fallut lui
montrer que le chirurgien et vous-même aviez tout dit.— Je
n'essaierai pas de vous peindre tout ce qu'il a éprouvé pour
vous pendant votre horrible captivité : quoique nous l'ayons
trouvé un peu rétabli, sur-tout depuis qu'il avait su votre
délivrance, on ne voyait que trop ce que son cœur avait eu
à souffrir de toutes les tortures morales qu'on a si lâchement
accumulées sur lui, et qui à moi-même, témoin et victime en
France, de la plus scélérate et tyrannique anarchie, me paraissent être un des plus cruels raffinements que la haine ait
pu calculer.

Votre ame est trop sensible, monsieur, pour ne pas
juger tout ce qu'ont été, dans cette absolue solitude de
M. Lafayette, le moment de nous réunir, les consolations
que nous lui portions, et les déchirantes nouvelles qu'il m'é-
tait reservé de lui apprendre; car jamais la communauté de

douleur ne fut plus juste ni mieux sentie. Je ne vous dirai
rien non plus de sa situation avant notre arrivée, ni de celle
que nous partageons à présent avec lui; mes précédentes
lettres à nos amis vous en instruiront, ainsi que de nos inquiétudes sur sa santé et celle de ses compagnons; mais
comment ne pas vous dire avec quelle sensibilité nous récon-
naissons vous devoir encore les secours de ces amis généreux et zélés qui, depuis un an, épiaient le moment de faire
pénétrer quelques lignes dans ce tombeau, et qui, depuis
mon arrivée, forment un lien nécessaire entre nous et le reste
du monde ! Que ne puis-je vous exprimer toutes nos obligations envers eux ! Vous les connaissez vraisemblablement
tous : celui qui conduit à Vienne une affaire délicate, celui
qui a bien voulu entreprendre un voyage long et pénible,
mais bien essentiel sous tous les rapports; ceux qui, plus près
de nous, veillent à nos intérêts; et sur-tout celui envers qui
nos inexprimables obligations se répètent tous les jours, qui
a tant de titres à notre confiance, et que nous chérissons de
tout notre cœur.

Il nous eût été doux de profiter plus tôt de cette correspondance pour vous écrire, mais nous apprîmes par le
premier billet de notre ami que vous aviez déjà passé les
mers, et que, pour vous remercier de tant et de si grands
services en Europe, il fallait attendre que vous nous en eus-
siez rendu encore de nouveaux en Amérique. On nous assure
que vous serez à Londres au mois de juin, et comme notre
confiance est sans bornes, ainsi que votre intérêt pour nous,
je vais vous donner toutes nos idées sur l'objet qui vous oc-

cupe avec une constance et une ardeur si touchantes. Nos amis exigent que l'écriture de M. Lafayette ne sorte pas d'ici : vous aimerez cependant à penser que ma lettre a du moins l'avantage d'être écrite près de lui, et de vous exprimer fidèlement tous ses sentiments.

Les circonstances qui ont précédé, accompagné et suivi l'arrestation de M. Lafayette et de ses deux amis, vous sont tellement connues, vous avez été si activement associé à toutes les démarches faites pour eux, vous connaissiez si bien les moyens de les servir dans tous les pays; et nous devons déja tant à votre courage, à vos lumières, et à votre généreux dévouement, qu'il paraîtrait plus convenable de ne vous parler que de notre reconnaissance. S'il vous manquait quelques détails sur ce qui s'est passé depuis le mois d'août 1792 jusqu'à l'entreprise du 8 novembre, et depuis votre délivrance jusqu'à présent, vous trouverez les premiers dans la correspondance secrète de M. Lafayette avec madame d'Hénin, des lettres à moi que M. Masson a dû envoyer à Londres, une du 27 mars 1793 à M. d'Archenholtz, et du 4 juillet à M. Pinkney ; et les seconds dans ma lettre à M. Pinkney, à madame d'Hénin, au général Fitzpatrick, aux aides-de-camp de M. Lafayette, et dans une copie faite par ma fille de ma correspondance ministérielle. Vous en trouverez aussi dans les lettres secrètes de M. de Maubourg. Je vous répéterai cependant ici ce que sans doute il est superflu de vous dire, mais que votre inépuisable amitié ne se lassera pas d'entendre. Il est évident que la détention de Lafayette a été une mesure commune des puissances, soit ouvertement soit secrètement, alliées contre la France, ou plutôt contre la liberté : on convint, dit-on, dans un conseil coalitionnaire, *que son existence était dangereuse au repos des gouvernements de l'Europe ;* et tant qu'ils se renvoyaient sa personne et celles de ses amis, ou les réclamations en leur faveur, il était plus difficile de former un plan ; mais à présent la plupart d'entre eux sont devenus, à force de coups, les amis, ou au moins les serviteurs de la France : les prétendants de la famille de Bourbon ne paraissent plus être comptés que comme objets de charité ; et quoique l'Empereur, en me permettant de venir ici, m'ait dit que *l'affaire de Lafayette était fort compliquée,* quoique M. Thugut ait beaucoup marmotté le mot *d'importance* en parlant de lui, il est bien sûr que, malgré la haine de tous ces gouvernements, il n'y a plus que celle de Vienne et de Londres qui puisse ici nous persécuter. Vous savez que la cour de Vienne, outre son aversion héréditaire pour toute espèce de liberté, en a pour Lafayette une très particulière, et qu'à tous les motifs qui sont connus, on peut ajouter les impressions secrètes constamment données par la feue reine ou de sa part. La conduite envers les trois prisonniers, envers vous et nous-mêmes, n'est pas dépendante de la disposition de cette cour ; mais l'action de la malveillance paraît concentrée dans le cabinet intérieur, et j'espèrerais des avantages si ce parti lui-même n'était pas, comme on l'écrivait de Vienne, *dans la plus servile dépendance de l'Angleterre.* C'est là qu'est le principal ennemi de Lafayette ; Pitt et lui se sont jugés depuis long-temps, et ce ministre, aussi pervers dans ses moyens

que dans ses vues, a sur les gouvernements qu'il dirige tous
les genres de supériorité. Mais pour considérer les deux cours
à part, vous connaissez mieux que moi les moyens détermi-
nants dans celle-ci. Ce ne sont pas ceux de société, que pourtant on ne doit point négliger, et parmi lesquels je rangerai non
seulement mes amies mesdames de Windeshgratz et d'Ursel,
et le bon prince de Rosenberg, ni les ministres sans crédit,
tels que M. Cobenzel, qui n'a pas même osé me voir, quoique
sa cousine, qui a une société nombreuse et de plusieurs partis,
ait été extrêmement obligeante pour moi. Vous jugerez, comme
nous, que l'authenticité des réclamations américaines, les
témoignages d'amitié dans d'autres pays, les reproches publics à nos geôliers, doivent produire un excellent effet. Les
dénonciations de l'opposition anglaise en font beaucoup à ces
cours, qui voient en elle un ministère futur. On dit le ministre
danois bien disposé pour nous, et vous avez vu des adresses
américaines, dont la seule publication serait déja, sous tous
les rapports, un grand bien ; mais nous pensons, comme vous,
que l'on ne réussit à Vienne que par l'intrigue et l'argent. Il
y a eu déja quelques avances de faites, et il a été question
assez à propos de quarante mille écus dont ma fortune ré-
pond ; et comme ici on ne trouve de sauvegarde que dans le
caractère diplomatique, nous avons donné l'idée d'obtenir
une petite commission danoise pour un ami qui viendrait
pousser cette négociation de concert avec ceux qui ont eu
le courage de la tenter.

J'ignore quelles instructions vous rapportez des États-
Unis, mais il est bien sûr que la présence d'un envoyé

américain, outre l'avantage de la démarche elle-même, aurait celui de fournir une occasion, un prétexte, une protection à toutes celles qu'on ferait secrétement en notre faveur. Il est vrai que, soit comme puissance, soit comme banquier, le gouvernement anglais sera toujours le plus fort, et, pour lui faire lâcher prise, il faut le presser chez lui; là du moins l'opinion publique est un peu comptée, et puisque notre but doit être, non de caresser ou de persuader M. Pitt, mais de lui faire sentir plus d'inconvénients personnels à ce que Lafayette soit prisonnier que libre, il ne faut négliger aucun moyen de soulever à cet égard l'opinion publique contre lui; c'en est un grand, sans doute, que l'étendue et la nature du commerce avec les États-Unis, et les rapports intimes entre les négociants américains et leurs associés de Londres et des autres villes. — J'en parle avec d'autant plus de confiance, que dans tous les particuliers que j'ai vus, j'ai reconnu un vrai désir de faire, de signer, de payer même tout ce dont on les aviserait pour l'utilité de leur concitoyen. Quant aux réclamations officielles, vous portez vraisemblablement quelque chose de précis, et quoique Lafayette persiste à demander qu'aucune espéce d'intérêt ne soit sacrifié au sien, il pense toujours que la dignité des États-Unis exige que toute réclamation en leur nom soit ferme, simple, nette (dût-on ne pas réussir), très authentique. J'ajouterai que si leur influence à Vienne se borne aux égards que se doivent deux pays en paix, il n'en est pas de même de l'Angleterre, à qui la situation, le commerce et la politique des États-Unis im-

portent trop pour que le ministère ne soit pas intéressé à les
ménager. — Ses fautes en ce genre sont convenablement
relevées par les patriotes anglais, et nous croyons devoir répéter ici ce que Lafayette n'a pas cessé de dire, que la bienveillance des amis de la liberté, dans tous les pays, ne peut, en
se manifestant, rien apprendre à nos ennemis qu'ils ne sachent déja, et que celle de l'opposition lui a toujours paru,
non seulement très flatteuse et très précieuse pour lui, mais
aussi très utile. La seule précaution à prendre doit être, suivant lui, de communiquer à ses défenseurs les papiers et
les renseignements qui peuvent prévenir des inexactitudes
involontaires, ou même des adoucissements bénévoles. Per-
mettez-nous aussi de répéter que Lafayette, plein de la plus
tendre reconnaissance envers ses amis, exige seulement d'eux,
au nom de cette même amitié, qu'ils ne parlent jamais de lui
que d'une manière scrupuleusement conforme aux principes
et aux sentiments qui ont si constamment animé toutes les
actions, tous les écrits, toutes les paroles, toutes les pensées
de sa vie entière; mais, tandis qu'on doit se plaindre par-tout
de ce que dans la délivrance de tous les prisonniers de la
révolution, il n'y a eu d'exceptés que Lafayette et ses deux
amis, il faut avouer qu'on peut en être plutôt scandalisé que
surpris. — M****, par exemple, ne fut un des principaux Jacobins que depuis leur création, six mois après le 11 juillet 1789,
jusqu'au 21 juin 1791, et devint alors le confident principal
de la correspondance secrète entre la cour de Vienne et les
Tuileries; sa détention m'étonne et non sa délivrance. — Lafayette, plus qu'étranger à ces deux moyens, toujours haï des

Jacobins et de ces cours, n'a pu, ainsi que MM. de Maubourg et Pusy, se réclamer que d'amis de la liberté, qu'on
opprimait par-tout; je ne m'étonne pas moins que la Convention, ayant l'avantage du canon, seule chose respectable pour ces gens-ci, ait tant tardé à se faire rendre un ambassadeur enlevé en pays neutre, un général d'armée vendu
par Dumouriez, des députés victimes de la même trahison.
— Il y avait parmi ces députés, direz-vous, deux ou trois
meurtriers du roi; mais eussent-ils été, je ne dis pas Danton,
car il appartenait à ces cours, mais Robespierre et Marat,
que sont les crimes de ceux-ci, auprès d'une vie consacrée à
revendiquer, à défendre les droits de l'humanité dans tous
les pays, auprès de la déclaration des droits, du devoir de
la résistance à l'oppression, auprès de cette institution des
gardes nationales, si redoutable, soit qu'on l'imite, soit qu'on
ne l'imite pas, et tant d'efforts pour mettre la liberté et l'é-
galité sous la sauvegarde de l'ordre légal? Car tout ce qu'il
a fait pour la justice et l'humanité, pour la souveraineté
nationale et les autorités constituées, ne sont-ce pas autant
de torts de plus envers ceux qui souhaitaient que la France
fût désorganisée, la cause du peuple souillée, la liberté
méconnue? La situation de MM. de Maubourg et Pusy ne
leur a pas donné autant d'occasions d'être haïs; mais, outre
que leur tendre et généreuse amitié a exigé que leur cause
ne fût pas un instant séparée de la nôtre, ils sont haïs sans
doute aussi, puisqu'ils ont voulu toujours établir cette
liberté vertueuse qui donne à une nation le bonheur, et à
ses voisins un grand exemple.

Ce n'est pas en parlant à des amis, qui ne se découragent point, que nous devons dissimuler les obstacles et les dangers; ce n'est pas, fermant eux-mêmes les yeux, qu'ils empêcheraient nos ennemis de voir, ni en faisant des combinaisons d'honnêtes gens, qu'ils devineront ces gouvernements. N'est-il pas nécessaire de vous dire que si Lafayette n'était pas relâché avant la paix, ou du moins par ces préliminaires qu'on exécute avant la conclusion, qu'il n'y a pas de chicanes, de prétextes et même de résolutions funestes, qu'on ne puisse craindre de ces gouvernements sans foi? Quand je vois, d'un côté, nos raisonnements et notre espoir tant de fois trompés, et de l'autre des exemples d'iniquité de ce genre; et que je pense que plusieurs de nos moyens seront moins influents à la paix dans ce pays-ci, et que des événements probables en Europe deviendraient de nouveaux motifs pour nous retenir encore, je ne prévois plus rien de certain, que la continuation d'une haine invétérée, des inquiétudes de la tyrannie et la facilité de les exécuter. Les craintes ne vous paraîtront pas imaginaires à vous, monsieur, qui avez pris tant de soins pour connaître, dans divers pays et auprès des différents partis, la vraie situation de Lafayette; vous ne serez pas rassuré par un avis récent et secret, dont la vérité ne sera pas douteuse pour vous, et qui vous démontre que dans un lieu où il n'était pas question de propos vagues, M. Thugut, principal ministre et dévoué à Pitt, représentait, il n'y a pas quinze jours, Lafayette *comme dangereux à la tranquillité publique de l'Europe*, expression qui ne se rapporte pas à la guerre qui existe, mais à la liberté qu'on craint; et qui rappelle votre intéressante conversation avec M. Luchesini, presque mot à mot, ce qui fut dit il y a presque quatre ans dans le conseil des coalisés, et que l'on a su récemment par une indiscrétion du baron de Breteuil, qui était présent. Ce n'est pas une raison pour étouffer l'intérêt des amis de la liberté, ce qui ferait perdre des moyens aussi honorables qu'utiles, sans rien gagner du tout; mais c'en est une très puissante pour ne différer aucune démarche, n'épargner aucune dépense, pour que, s'il y a des négociations, notre sortie doive précéder une conclusion définitive de la paix.

Nos amis pensent, j'espère, avec nous, qu'en employant énergiquement à Londres tous les moyens qui peuvent obliger le gouvernement, et sur-tout Pitt, à lâcher prise, et en se hâtant de mettre à Vienne dans la plus grande activité, les moyens officiels et secrets, il convient aussi que si les puissances belligérantes font rencontrer leurs envoyés quelque part, il y ait là un homme sûr qui puisse, au nom des États-Unis, réclamer hautement Lafayette, et déterminer un article préalable, après lequel il n'y aurait plus qu'à venir ici bien vite et presser l'exécution. Mais nous conjurons les Américains de ne pas oublier que MM. de Maubourg et de Pusy ne sont qu'un avec nous, que leur intention annoncée, pendant quatre années d'emprisonnement pour la liberté, de devenir, en sortant, citoyens des États-Unis, leur en donne déja les droits, et que l'addition formelle de nos deux amis qui s'obtiendra facilement alors, est néanmoins une précaution indispensable pour compléter notre déli-

vrance. Vous me demanderez, monsieur, comme étant nou-
vellement sortie de Paris, ce que, dans un congrès de paix,
les députés des deux républiques feraient pour nous? si
celui de Hollande est un vrai et ancien patriote, il aura eu
depuis dix ans, par lui-même ou par ses amis, des relations
avec Lafayette, et vous pourriez le connaître par M. Adams,
ou à Hambourg par M. Aberna. Quant à la France, objet
plus délicat à traiter, je vous dirai confidentiellement quelques mots.

Il est bien sûr qu'excepté les aristocrates et les désor-
ganisateurs, Lafayette avait pour lui toute la nation, et le
peu qu'elle a fait, malgré cette immense majorité, pour l'aider et prévenir tant de maux, n'est que trop expliqué par ce
qu'elle a supporté depuis collectivement et en détail. Cela
cependant a dû produire encore des comparaisons, des souvenirs, et quelques calculs sur ce que les mêmes succès extérieurs auraient pu coûter de moins, mais ne servira guère
à notre délivrance, 1° parceque les citoyens encore étour-
dis de cette cruelle époque d'inquisition et de tyrannie
n'osent pas penser tout haut, et que, quoique nos principaux adversaires se soient rejoints aux ennemis, ou déchi-
rés entre eux, il existe encore des hommes intéressés à
écarter tout ce qui rappelle leurs crimes, et la vraie source
des malheurs; 2° parceque Lafayette, quoique peu entêté
des combinaisons secondaires des gouvernements, puisque
celle qu'il a dû maintenir n'était pas la plus conforme à ses
inclinations, quoique fort éloigné de toutes ces intrigues
dont la liberté n'est pas l'unique but, et plus indépendant

que jamais par sa résolution d'aller en Amérique, ne consentira jamais à ce que ses amis en France (et il y en a peu à qui il confiera sa procuration) hasardent un seul mot, non seulement en son nom, mais même en sa faveur, qui compromît en rien les grands principes de la liberté et de la justice défendus par lui, qui évitât de marquer la place de ceux qui ont violé ces principes, et de ceux qui sont morts pour eux; ou qui excusât, sous le nom d'*erreur*, une fidélité prévoyante et réfléchie à ces droits éternels de l'humanité dont la déclaration fut dans cette révolution un de ses premiers services, et sur lesquels son inflexibilité lui paraît être un devoir, non seulement envers lui-même, mais envers la France.

Vous jugerez par-là, d'après les complaisances dont les plus honnêtes gens usaient encore à mon départ pour faire un peu de bien, qu'on ne peut guère compter que sur un article général pour la délivrance de tous les prisonniers : il y a néanmoins beaucoup de personnes fort bien intentionnées pour nous, que les aides-de-camp de Lafayette connaissent comme moi. Si par exemple, les affaires passent par M. Barthélemy, je dois vous confier que, outre notre opinion très ancienne en sa faveur, nous avons eu des assurances récentes de sa disposition à faire, pour nous être utile, tout ce qui dépendra de lui. Vous savez déja peut-être que la belle-mère de M. de Pusy a épousé un de nos plus anciens amis, M. Dupont, et que nous avons en France un beau-frère, M. de Grammont, qui, sous tous les rapports, a notre entière confiance.

Nous attendons avec bien de l'impatience les détails de votre voyage en Amérique. Nous vous en demandons aussi sur mon fils, dont nous n'avons pas de nouvelles depuis le mois d'août, et qui aura eu, j'espère, le bonheur de vous embrasser, ainsi que M. Huger, à qui je n'ose pas écrire ainsi qu'à mon fils, pour ne pas exposer le secret et le sort de nos amis, aux accidents d'une aussi longue route.

Ce serait un grand service de plus à nous rendre, monsieur, que de faire parvenir à l'excellent et généreux M. Huger l'expression de notre reconnaissance, de notre admiration et de notre tendresse à tous les quatre, et tous les sentiments qu'inspire à M. Lafayette l'idée d'avoir une telle obligation au fils du premier homme qui l'ait reçu et du premier ami qu'il ait eu en Amérique. Voulez-vous bien vous charger de parler à M. Pinchney de notre reconnaissant attachement pour lui, ainsi que de notre confiance, et de dire mille et mille tendresses à notre charmante amie madame Church? nous connaissons trop l'amitié de son mari pour n'être pas bien sûrs qu'il est aussi bien occupé de nous.

Adieu, monsieur; quand nous sera-t-il possible de vous parler nous-mêmes des sentiments que nous vous devons à tant de titres, et dont nos cœurs sont à jamais pénétrés pour vous?

NOAILLES-LAFAYETTE.

Nous savons que M. votre frère s'est occupé de nous pendant votre absence, avec bien de l'intérêt, et nous vous prions de lui dire combien nous y sommes sensibles.

AUTOGRAPHES.

————««««00000©0000»»»»————

N°° 1. Lettre de Lafayette, en français. 1826.

2. Fin d'une lettre de Lafayette à Masclet, écrite en anglais.
Cette lettre se trouve insérée à la page 116.

3. Fin de la lettre de madame Lafayette au docteur Bollmann,
insérée à la page 345.

4. Fin d'une lettre de M. George Lafayette.

5. Fin d'une lettre de madame Lafayette-Maubourg.

6. Fin d'une lettre de madame Lafayette-Lasteyrie.

7. Fin d'une lettre de madame George Lafayette (Tracy-
Lafayette.)

8. Fin d'une lettre de Latour-Maubourg, à Masclet.

9. Fin d'une lettre de Bureaux de Pusy, à Masclet.

10. Fin d'une lettre de Masclet, signant Éleuthère.

11. Fin d'une lettre du même avec son paraphe.

12. Fin d'une lettre de M. Mello-Breyner. Lorsqu'il écrivait
cette lettre, M. Mello-Breyner était atteint d'une ophtalmie
très grave, suite de lectures prolongées, qui l'avait
presque complétement privé de la vue et le forçait,
comme il le disait lui-même, de guider sa plume à tâtons.
Il me priait dans cette lettre de venir le raccommoder
avec ses yeux sur lesquels il avait exercé des abus d'autorité dont il avait regret.

N° 1.

Lagrange 7 aoust 1826.

Je m'adresse avec confiance à Monsieur Jules
Cloquet pour une bonne œuvre qu'il fera, j'en
suis persuadé, autant qu'il dépendra de lui.
Le porteur de ma lettre, mon voisin à Rosay, est
un pauvre père de quatre enfants qu'il suffit de
voir pour juger qu'il a grand besoin des
meilleurs soins médicaux. Son vœu serait d'être
reçu à l'Hospice St Louis. Je m'empresse de lui
donner ce billet de présentation à Monsieur
Cloquet à qui je renouvelle tous mes remerciements et toutes mes amitiés

Lafayette

N° 2.

You may no doubt Be chosen on Your Legislative List of Arrondillemens — in the Tribunate there will be for a long while no Vacancy — But the — Nomination of Many Senators Cannot fail Leaving Several prefectures to be disposed of — should You intend to pay a Visit to Tallyr, I will Have a Great pleasure to See You and in the Mean While J. offer my Best Compliments to Mrs Maslie and to Both of You those of the Whole family — Most Heartily J am, my Dear — Maslie for Ever

Your Sincere grateful friend

Lafayette

N° 3.

Ce seroit un grand Service de plus a vous
rendre, Monsieur, que de faire parvenir a
l'excellent et généreux M' Huger, l'expression de notre Reconnoissance, de notre —
Admiration, et de notre tendresse a tous —
les quatre, en toutes les sentiments qu'inspire
a M. LF. l'idée d'avoir une telle Obligation
au fils du premier homme qui l'ait reçu
et du premier Ami qu'il ait eu en Amérique. Voulés vous bien vous charger de parler
à M' Pinkney de notre Reconnoissance Attachement pour lui, ainsi que de notre Confiance et de dire mille et mille tendresses à
notre charmante Amie M⁰ Church, nous —
connoissons trop l'amitié de son Mari pour —
n'être pas bien sure qu'il est aussi bien —
occupé de Nous.
Adieu Monsieur quand nous sera-t-il
possible de vous parler nous même des senti-
mens que nous vous devons à tant de —
titres, et dont nos cœurs sont à jamais pénétrés pour vous.
                        Noailles Lafayette.

N° 4.

je pense que votre ami desiroit
entendre nomément la discussion
à propos des interpellations, car
s'il en étoit autrement, et qu'il
voulut seulement voir une
séance de la chambre, en tems
ordinaire, rien n'est plus facile.
recevez donc mon cher docteur,
l'expression de mes regrets, et de l'amitié
que je vous ai vouée pour la vie.
                    George W. Lafayette

N° 5.

excusez moi donc de mon importunité et
veuillez bien recevoir les compliments de ma
fille et les miens, et l'assurance de tous les senti
ments que nous partageons Monsieur, avec toute
notre famille pour vous.
                    La Fayette Maubourg

N° 6.

je mets mon espérance
dans la bonne visite qu'il
va vous faire et je vous
prie encore monsieur de
recevoir l'expression de toute
ma reconnaissance.

Lafayette Lasteyrie

N° 7.

si vous voulez bien venir je vous en
serai très obligé tous les jours de 5 à 6
vous serez sûr de nous trouver recevez je
vous prie mes compliments et remerciements je
souhaite que votre santé ne souffre pas de
ce froid menaçant pour notre avenir.

Tracy Lafayette

N° 8.

Victor se porte assez bien quoiqu'encore affecté de son épouvantable blessure Il va partir pour son Régiment et nous allons passer deux jours ensemble à la Grange. — Toutes nos femmes desireroient fort voir revenir ici Madame Masclet au souvenir de laquelle elles vous prions de les rappeller. ne m'oubliez pas auprès d'elle je vous prie et surtout mon cher Masclet ne doutez pas de mon inviolable attachement

Ce 19 Pluviose an 10. /.   Latour Mauboury

N° 9.

Elle me charge de vous en remercier Et d'offrir à Madame Masclet et à vous ses complimens les plus expressis. j'y joins mes hommages à Madame et je vous embrasse de tout mon Coeur.

Nº 10.

croyez vous que les gens —
qu'on appelle — Democraty —
l'ayent jamais cru capable
de se flétrir aux yeux de —
l'Europe et de la Posterité
par la lâche et impolitique
Vengeance d'un empoisonnement?

Eleuthère

Nº 11.

Je renouvelle à M. B. et le prie
de faire agréer à Mme l'assurance de
ma reconnaissance personnelle et de mon
dévouement —

MLF

N° 12.

Venez me voir je vous prie mon cher ami demain matin s'il vous est possible: vous tâcheyez de nous raccommoder: de mon côté je ferai tout mon possible. En attendant agreez les sentim[ents]

Votre bien obligé et ami

Mello Freyner

Le 3 Aout

TABLE ANALYTIQUE.

LETTRE TROISIÈME.

LETTRE QUATRIÈME.

LETTRE CINQUIÈME.

LETTRE SIXIÈME.

LETTRE SEPTIÈME.

LETTRE HUITIÈME.

LETTRE NEUVIÈME.

LETTRE DIXIÈME.

LETTRE ONZIÈME.

LETTRE DOUZIÈME.

LETTRE QUATORZIÈME.

LETTRE QUATORZIÈME.

25

TABLE

NOMS PROPRES CITÉS DANS CET OUVRAGE.

C

D

E

F

G

H

I

J

K

L

M

V

W.

Z

Lightning Source UK Ltd.
Milton Keynes UK
UKOW05f1918250117
292900UK00007B/237/P